산의 세계를 담은 닥터 부부의 여행기

여행에 미친 닥터부부 ③

이하성·이형숙 부부 공저

도서출판 예가

추천인의 글

2004년부터 미주한국일보에 게재되며 시작된 이하성·이형숙 동문 부부의 여행기가 세 번째 출간하게 된 것을 진심으로 축하드립니다.

사막을 횡단할 때 필요한 것은 무엇일까요? 타는 갈증을 풀어줄 물, 뜨거운 햇볕을 막아줄 그늘, 밤낮의 일교차를 극복할 수 있는 옷 등 여러 가지가 있겠지만, 그래도 가장 중요한 것은 이런 것들을 포함한 '오아시스'가 아닐까 생각합니다.

그렇다면 우리의 일상에서는 무엇이 이와 같은 존재일까요? 그것은 바로 쉼이며, 특히 반복된 일상 속에서 벗어나는 여행이 '사막의 오아시스'와 같다고 생각됩니다.

황량한 사막과 같이 반복되고, 사라졌다가 다시 생기며 빠르게 변하는 모래 언덕처럼 우리의 일상은 결코 녹록지 않습니다. 이런 삶속에서 앞만 보고 달리기만 한다면 우리는 쉽게 지치고 쓰러지게 될 것입니다. 그렇기에 오아시스에서 쉬면서 또다시 거친 사막을 건너기 위한 힘을 재충전해야 합니다.

여행은 반복된 일상에서 벗어나 새로운 풍경을 바라보며 쉼을 갖는 것입니다. 그러나 달리 말하자면 세상을 바라보는 새로운 눈을 얻어오는 것이라 할 수 있습니다. 그동안 달려온 걸음을 잠시 멈추고 정말 제대로 달려왔는지 조금 뒤로 물러나서 바라보는 것입니다.

이 여행기는 미지의 세계에 대한 호기심으로 문명의 발상지를 찾는 이야기입니다. 이번에는 히말라야 산맥을 끼고 있는 네팔과 티베트를 비롯해 잉카 문명의 요람 페루와 남미의 제일 끝자락 파타고니아, 아프리카 대자연을 품고 있는 탄자니아까지 담고 있습니다. 전 세계 산악인들의 성지라 말할 수 있는 히말라야산맥, 잉카 문명을 품은 안데스산맥, 아프리카 최고봉 킬리만자로까지 어느 곳 하나 쉽게 찾을 수 없는 곳들입니다.

이번 여행기 역시 화려하고 아름다운 관광지를 담은 것이 아니라 서로 다른 환경에서 여러 모양으로 살아가는 사람들의 모습과 그들이 만들어낸 문화, 그리고 오랜 세월 속에 대자연이 그려낸 경이로움까지 담담하게 담고 있습니다.

이하성·이형숙 동문 부부의 여행기는 이웃을 위한 아름다운 마음도 품고 있습니다. 지난 두 권의 출간으로 결식아동을 지원하였으며, 이번에는 탈북민과 차세대 여성 리더를 지원하고 여성 인권을 위한 활동을 돕는다고 합니다. 연세에서 배운 섬김의 리더십을 묵묵히 펼치고 있는 두 동문께 감사드립니다.

빨리 가려면 혼자 가고 멀리 가려면 함께 가라는 말처럼 세 번의 여행기가 나오기까지는 이하성·이형숙 동문 부부가 함께 여행하며 힘이 됐기 때문일 것입니다. 앞으로 어떤 이야기를 들려줄지 기대가 되며, 이 흥미로운 이야기가 계속될 수 있도록 건강하시길 기원합니다.

박삼구

연세대학교 총동문회 회장
금호아시아나그룹 회장

추천인의 글

투명한 수채화로 되살아나는
나그네 길의 추억

한곳에 붙박이처럼 머물러 있으면 좀처럼 마주칠 수 없는 사람과 풍경을, 떠나면 비로소 만나게 됩니다. 어제와 오늘, 그리고 내일의 일상이 별스럽게 다르지 않은 되풀이로부터 떠나야 새로운 세상과 맞닥뜨릴 수 있습니다. 낯선 곳으로의 떠남, 여행은 어쩌면 기다리는 연습에 다름 아닐 겁니다. 그 기다림에서 스스로를 가만히 들여다보는 일이 여행이 아닐까 하고 생각해 봅니다.

이하성, 이형숙 부부가 힐링 여행의 발자취를 되짚어 우리에게 깊은 울림을 주는 새로운 여행기를 하나 더 펴냈습니다. 이 여행 기록은 히말라야 산맥을 끼고 있는 네팔과 티베트, 야생동물의 왕국 탄자니아, 그리고 남미의 끝자락 숨겨진 땅인 파타고니아와 잉카 문명의 발상지 페루에서의 나그네 길을 빼곡히 담고 있습니다. 사랑하면 알게 되고, 알면 보이고, 또 달라지기 마련입니다. 두분은 스스로 고백하였듯이, '가볍지 않은 나이'에 고지대인 이곳들을 돌아보기 위해서 여행을 떠나기 전 3년 남짓 캘리포니아 집에서 가까운 산으로 또 콜로라도의 로키산에 오르면서 공들여 왔습니다.

이 여행기가 여기저기에서 넘쳐나는 여느 여행기와 크게 다른 점으로 세 가지를 꼽을 수 있습니다.

먼저, 허리를 굽혀서 풍경과 사람살이의 모습을 찬찬히 바라보고 있습니다. 그녀는 발길 닿는 곳에서 살아가고 있는 사람들의 일상을 보고 그들과 함께하는 세상의 일원으로서 어떻게 살아야 하는지를 성찰하면서 또 다른 삶을 보고 있습니다. 타인의 삶에 맑은 눈길을 준다는 것은 그것을 바라보는 내 자리를 깨닫는 일이기도 합니다. 이 부부는 여행지에서 만난 낯선 이들에게 스스럼없이 곁을 내주며 동행하고 있습니다. 함께 어울림이 얼마나 멋진 일인지 행동으로 옮겨 실천하고 있습니다.

둘째, 같은 방향을 바라보며 먼 길을 걸어온 부부가 함께 쓴 부부의 삶의 쉼표입니다. 삶과 여행의 짝으로서 이들 부부는 바람을 맞고 햇살을 받으면서 나이테를 켜켜이 늘려가듯이 이르러 닿은 노년(老年), 아니 여년(餘年)을 아름답게 사는 과정을 즐기고 있습니다. 부부 간에 서로 격려하고 용기를 북돋아 주면서 나이가 들어갈수록 고집스러워지는 게 아니라 오히려 더 너그러워지고 있음을 확인하고 있습니다. 이렇게 아름다운 동행이 이하성 박사의 건강을 회복시킨 힘이라고 믿습니다.

셋째, 해상도 높은 사진을 적절하고 풍부하게 배치함으로써 마치 투명하고 깔끔한 수채화를 마주보고 있는 듯한 생생한 느낌을 담고 있습니다. 그뿐만 아니라 지은이가 시적 감수성으로 세상을 품고 다양한 에피소드를 실어서 여행 '길라잡이' 역할을 톡톡히 해내고 있습니다.

짧지 않은 여정에서 여행길이 편안함만으로 채워질 수는 없을 겁니다. 때로 지치기도 하고 예상치 못한 어려움에 빠지기도 합니다. 그런 때일수록 오히려 비우고 내려놓는 지혜가 필요합니다. 마음의 소리에 귀 기울이지 않는다면 자신이 듣고 싶은 것만 들으려고 하고, 믿고 싶은 것만 받아들이려고 할 겁니다. 비우면 채워지는 넉넉함이 있습니다.

진정한 여행은 새로운 풍경을 보러 가는 것이 아니라 세상을 바라보는 또 하나의 눈을 얻는 것이라고 합니다. 이하성, 이형숙 부부가 가슴 벅찬 희망으로 오랫동안 준비하면서 기다려 왔던 이번 나그네 길에서 새롭게 심안을 얻었을 것으로 믿습니다. 여러분께 이분들의 맑고 투명한 나그네 마음이 고스란히 담긴 이 여행기의 일독을 권면해 드립니다.

김한중
차병원그룹 회장
전 연세대학교 총장

PREFACE

저 산은 내게 우지마라우지마라 하고
발아래 젖은 계곡 첩첩산중
저 산은 내게 잊으라잊어버리라 하고
내 가슴을 쓸어내리네
아 그러나 한줄기
바람처럼 살다가고파
이 산 저 산 눈물구름 몰고다니는
떠도는 바람처럼…

위 글은 한계령의 노랫말로 굴곡진 우리들의 인생사를 위로하고 충고하는 아름다운 글입니다. 숨이 턱까지 차오르게 산을 오르고 다시 일상으로 돌아오는 무한 반복의 까닭을 참으로 아름답게 표현하고 있지요. 산을 오르면 무거운 마음도 가벼워지지만 나를 되돌아보는 귀중한 시간도 가지게 됩니다. 얼마나 많은 사람에게 사랑을 받아왔는지 감사한 마음도 들고 받은 사랑을 나누는 사람, 베푸는 사람이 되어야겠다고 다짐하게 되지요. 사랑하는 사람들과 함께 자유롭게 여행 다닐 수 있었던 저는 정말 축복받은 사람입니다. 참으로 많은 나라를, 오지를 정열적으로 여행했던 시절도 있었습니다. 대자연 앞에 한없이 작아지는 나를 발견한 적도 있었고 처음 만나는 사람들과의 일상적인 대화가 나를 성장하게 했습니다. 이처럼 여행 중에 느낀 점을 일기장처럼 써 내려가던 것을 좀 더 많은 사람들과 나누고 싶은 생각에 쓰기 시작한 '여행에 미친 닥터부부' 1권(2009년)에 이어 2권(2012년도)이 나온 지도 5년이 훌쩍 넘어 이제 3권이 탈고를 마치고 발간을 기다리게 되었습니다. 정말 우여곡절도 많았고 영원히 출판되지 못하는 것은 아닐까 하는 우려도 있었지요. 이제 한 겹 한 겹 감싸 두었던 베일을 벗고 출판만을 기다리고 있으니 가슴이 설렙니다.

언젠가 방송에서 인터뷰를 했을 때
"시청자 여러분! 가슴이 떨릴 때 여행하세요. 세월이 지나 두 다리의 힘이 약해져 떨리게 되면 여행을 못 합니다."라고 했던 말이 새삼 가슴에 와 닿습니다.
킬리만자로 산이 있는 탄자니아 여행을 마지막으로 병마와 마주해야 했던 남편은 여행은 커녕 일상 생활도 자유롭지 못하게 되었습니다. 곁을 지키는 것 외에 도움이 될 수 없었던 저 역시 마음 고생이 이만저만 아닌 정말 힘든 시간

이었습니다. 그러나 슬픔에만 잠겨 있을 수 없었습니다. 절망과 슬픔에 잠겨 있을 때 남편과 함께 여행을 하며 만들었던 소중하고 아름다운 수많은 기억들이 힘든 투병 생활에 신선한 산소처럼 다가와 지친 나의 몸과 마음을 가다듬을 수 있었습니다.

가슴이 꽉 막히고 답답할 때 에베레스트 베이스캠프에 서 있었던 생각을 하며 깊은 심호흡을 하면서 마음의 위로를 받았습니다. 어둠이 엄습해 돌파구가 보이지 않을 것 같은 절망속에서도 안데스의 푸른 창공을 나는 새, 높은 하늘을 유유히 날고 있는 콘도르 새를 생각하며 나를 세상에 맡겨 보았습니다.

파타고니아의 눈부신 하얀 산들, 강이나 호수에 둥둥 떠다니는 시리도록 푸르른 빙하를 떠올리며 나의 뜨거운 머리와 가슴을 진정시킬 수 있었습니다.

여행을 하면서 만났던 수많은 사람들과 자연에서 받은 순수한 에너지가 나에게 활력소가 되었고 그들에게서 배운 지혜가 내가 쌓아온 가치관에 놀라운 변화를 불러왔습니다. 또한 힘든 시간도 함께 지탱해 주었지요.

에베레스트 산을 등반하기 위해 5년 동안 남가주 인근 산이나 콜로라도 13peaks 라는 높은 산을 원정 다니며 고도에 적응하는 준비 산행을 오래도록 했는데 돌아보니 돈으로 살 수 없는 귀중한 시간들이었습니다.

킬리만자로가 있는 탄자니아를 가기 위해 황열병, 장티푸스 예방 주사 및 말라리아 예방약을 한 움큼 복용해야 했고 그 밖에 항생제를 비롯한 많은 약품을 준비해야 했지만 전혀 귀찮지 않았습니다. 그리고 독충에 물리는 것을 방지하기 위해 그곳에서 입을 옷도 특수 약물에 빨아 가는 수고도 생각해 보니 즐거운 일이었습니다.

도로 사정이 열악한 파타고니아에서는 자동차 사고로 발을 다쳐 지팡이를 짚고 다니며 빙하 등반까지 했던 열정도 잊지 못할 아름다운 추억으로 다가옵니다.

그 정열의 불씨를 살려 아직 가보지 못한 곳, 전쟁 등으로 사정이 여의치 않은 곳을 향해 다시 배낭을 둘러 맬 날을 오늘도 가슴 설레게 고대해 보며 '여행에 미친 닥터 부부 3'을 마칩니다.

바쁘신 가운데도 흔쾌히 추천서를 써 주신 존경하는 박삼구 연세대학 동창 회장님, 김한중 전 연세대학교 총장님께 깊은 감사를 드립니다. 또한 재촉하지 않고 오랫동안 말없이 기다려 주시고 '여행에 미친 닥터 부부 3'이 세상에 나올 수 있게 많은 힘을 써 주신 예가 출판사 윤다시 사장님과 직원 분들에게도 이 자리를 빌어 감사의 말씀을 드립니다.

1권과 2권은 결식 아동을 돕는 '함께 나누는 세상'이라는 재단을 통해 아름다운 일에 동참하기 위해 출판되었고 이번 3권은 여성 인권과 차세대 여성리더를 돕는 '여성의 새 물결'과 탈북인을 돕는 단체인 '북한 이탈 주민 글로벌 교육센터'를 통해 세상을 밝히는 일에 동참하게 됩니다. 이 재단을 통해 도움이 필요한 사람들에게 사랑과 행복이 피어나길 꿈꾸어 봅니다.

힘든 여행길에 늘 함께 해 주었던 남편, 여행에 많은 정보와 조언을 주었던 나의 아이들, 내 동생 옥이, 특별히 오지 사람들의 필요한 물건을 이것저것 마련해 준 내 친구 로사에게 감사 드립니다. 늘 용기와 격려를 주는 아름다운 나의 친구들과 가족들에게 감사드리며 이 책이 여러분의 여행길에 조금이라도 도움이 되는 책으로 남게 되길 소원해 봅니다.

2018년 6월
이 데레사 형숙

CONTENTS

네팔 Nepal

나마스테 14 · 카트만두 19 · 스와얌부나트 사원 20 · 쿠마리 궁 23 · 두르바르 광장 24
파슈파티나트 힌두 사원 27 · 부단난트 파고다 30 · 치트완 33 · 파탄 44 · 박타포 49

티베트 Tibet

서론 58 · 장무 63 · 니얄람 67 · 라오 팅기리 71 · 에베레스트 베이스 캠프 76 · 시가체 84
시가체의 타쉬룸포 사원 88 · 간체 92 · 남체 호수 97 · 얌드록염 호수 101 · 라싸 104
조캉 사원과 바코거리 107 · 세라 사원 111 · 포탈라 궁 114 · 노블링카 여름 궁 118

페루 Peru

아마존 ❶ 126 · 아마존 ❷ 132 · 리마 144 · 쿠스코 151 · 마추픽추 162
푸노 178 · 우로스, 따뀌야 섬 187

파타고니아 Patagonia

숨겨진 땅 파타고니아 200 · 마블 더 성당 203 · 토르텔 209 · 밀로돈 동굴 215
토레스 델 파이네 국립공원 219 · 그레이 호수 224 · 버나도 오히긴 국립공원과 쎄라노 강 227
아르헨티나의 엘 칼라파테 232 · 아르헨티나으 빙하공원 237 · 페리토 모레노 빙하 243
아르헨티나의 엘 찰튼 251

탄자니아 Tanzania

동물의 왕국 탄자니아 256 · 킬리만자로 산 ❶ 259 · 킬리만자로 산 ❷ 263 · 게임 사파리 267
하드쟈베족과 다투가족 271 · 마사이족 275 · 올두바이 계곡 279 · 빅토리아 호수 282
옹고롱고로 분화구 287 · 세렝게티 국립공원 ❶ 293 · 세렝게티 국립공원 ❷ 300
만야라 호수 국립공원 304 · 타랑기리 국립공원 307

네팔
Nepal

나마스테 Namaste

세계의 지붕이라 불리우는 눈 덮인 히말라야 산맥이 있고, 세계에서 가장 높은 10개의 산 중에 8개가 있어서 산악인들이 꿈을 안고 정복하려는 높고 험난한 봉우리들이 즐비하게 서 있는 곳이 네팔이라고 이야기하면 아마 많은 사람들이 고개를 끄덕일 것이다.

신(God)들이 사람보다 많고 사원이 집보다 많다는 신들의 도시, 카트만두는 신과 인간이 더불어 사는 독특한 도시이다. 카트만두(Kathumandu)에 가면 꼭 만나 많은 축복을 받으라는 살아있는 여신 쿠마리(Kumari)를 비롯하여 독특한 건물 형식의 고대 사원과 탑 등의 유적지들이 위엄을 보이며 도시 한복판에 자리 잡고 서 있고 신을 섬기며 분주히 살아가고 있는 네팔인 일상의 모습

에서 나는 또 다른 삶을 본다.

한 번도 남의 식민지로 살아온 적이 없다는 네팔인들은 그들의 찬란한 역사와 문화 그리고 전통을 자랑스럽게 생각한다.

네팔은 북으로는 티베트 고원과 동서남 쪽으로는 인도로 둘러싸여 있는 직사각형의 땅으로 가로 880km×세로 200km, 면적이 147,000㎢로 우리나라 면적의 약 65%이고 인구는 약 3천만 명이 살고 있다.

세계에서 가장 높은, 우리에게는 에베레스트(Mtn. Everest, 8,848m) 산으로 더욱 귀에 익은 싸가마타(Sagamatha) 산을 위시하여 로체(Lhotse), 마갈루(Makalu), 칸첸중가(Kanchenjunga), 다우라기리(Dhoulagiri), 마나슬루(Manaslu), 안나푸르나(Annapurna), 초유(ChoOyu)처럼 8,000m가 넘는 산이 수두룩해 웬만한 높이의 산은 이름조차 없이 그냥 봉우리로 불린다는 믿기지 않은 사실엔 숙연해질 수밖에 없었다.

히말라야 산이 있어 추운 나라라고만 여겼는데 해발 1,200m 아래는 열대성 기후로 정글이 있고 해발 4,400m 이상은 북극같이 추워 여름과 겨울이 함께 공존하는 나라로 계절도 봄, 여름, 몬순, 가을, 겨울로 나뉜다.

국민의 80%가 힌두교이고 11%가 불교 나머지는 모슬림, 기독교 등으로 나뉜다. 60여 소수 민족이 살고 있으며 공식언어는 네팔어(Nepali)이지만 소수 민족들은 그들만의 언어를 사용한다.

기원전 623년 석가모니가 네팔의 룸비니(Lumbini)에서 태어났다는데 어찌 이들은 불교를 멀리하고 힌두교에 귀의해서 살까?

예수님도 자기 고향에서는 대접을 받지 못했다는데…

9000년 전부터 히말라야 지방에 인간이 살았다지만 주로 카트만두 계곡을 중심으로 발전한 것을 엿볼 수 있었다.

고대 네팔에는 여러 왕국이 공존해 있었는데 18세기에 들어와 고르카(Gorkha)왕국의 샤(Shah)왕이 이를 통합하여 2008년 부패해진 왕권이 무너지고 민주 공화국이 세워지기 전까지 왕권이 지배하였다.

고르카의 마지막 왕인 12대 지아넨드라(Gyanendra)왕은 고르카 샤왕의 13대 후손으로 왕좌에서 밀려나 지금은 평민으로 살고 있다.

2010년 5월 13일 새벽 00:20에 LA를 떠나는 비행기로 서울까지 13시간 그리고 아침 8시 40분에 서울을 떠나 네팔의 수도 카트만두까지 7시간을 날라와 5월 14일 오후 12시 20분에 도착했다(참고로 한국 항공으로는 대한항공만이 일주일에 3회 카트만두로 들어간다).

공항에서 네팔 입국 비자(Visa on arrival)를 받을 수 있는데 15일 체류를 할 경우에는 요금이 $25이며 사진 한 장이 필요하다.

공항을 빠져나와 기다리고 있던 안내인과 호텔로 가는 동안 차창 밖으로 사람들이 마스크를 쓰고 다니는 모습을 보고 조류인플루엔자도 없을 텐데라는 생각을 했는데 잠시 뒤 이곳의 매연은 아주 심각하다는 것을 깨달았고 우리도 여행하는 동안 수건으로 입과 코를 막고 다녔다.

세계에서 가장 깨끗한 공기와 아름다운 산을 갖고 있을 거라는 기대감이 산산이 부서져 버리는 순간이었지만 조금만 교외로 나가면 금세 시골 같은 풍경일 거라고 혼자 위로해 보았다.

네팔에만 오면 어디에서나 위풍당당하게 서 있는 에베레스트 산이 보일 거라고 생각했는데 비행기 안에서도 땅에서도 보이지 않아 안내인에게 에베레스트 산은 어느 방향에 있느냐고 물어보았다. 손으로 가리키는 쪽을 보니 뿌연 매연 속에 아무것도 보이지 않았다.

오늘은 날씨가 좋지 않을뿐더러 특히 오후에는 잘 보이지 않는다는 안내인의 말에 정말 실망이 이만저만이 아니었다. 안내인 시바(Shiva)의 말로는 자기가 어렸을 때는 매일매일 눈 덮인 산과 푸른 하늘을 볼 수 있었는데 이제는 이곳도 지구 온난화의 영향으로 산이 보이는 날이 그리 많지 않다고 한다. 아마 내일 아침 일찍 일어나서 보면 볼 수 있을 거라고 위로해 준다.

우리가 타고 다니는 차는 여행객(tourist)이라는 사인을 달고 다녔는데 그렇지 않을 경우 경찰의 조사를 자주 받게 되기 때문이란다.

지금은 많이 변하였지만 몇십 년 전만 해도 네팔인들은 아이를 낳아 이름을 지을 때 그 아이의 미래가 신처럼 축복받는 삶이 되기 바라며 주로 힌두교 신들의 이름을 사용하였다고 한다. 그래서 길에서 큰 소리로 "시바"라고 부르면 많은 사람이 자기를 부르는 줄 알고 돌아본다는 웃지 못할 에피소드도 있다.

네팔 여인들은 인도의 싸리 같은 의상을 입고 귀걸이와 코걸이로 예쁘게 장식하였고 앞이마에는 꼭 빨간 점을 칠했다. 남자들은 통 좁은 하얀 바지에 엉덩이까지 오는 셔츠를 입고 그 위에 재킷을 걸치고 모자를 쓴다.

카트만두는 도시 전체가 세계문화 유산으로 지정된 유적지여서 볼 것이 아주 많다. 불교인들의 메카(Mecca)라는 스와얌부난트 사원(Swayambhunath Temple), 티베트 사람들의 메카

카트만두 시내

(Mecca)라는 부단나트 파고다(Boudhananth Giant Pagoda), 카트만두의 두르바르 광장(Durbar square), 하누만 도카 궁(Hanuman Dhoka Palace), 힌두교의 총 본산인 파슈파티나트 사원(Pashupatinath Temple), 파탄(Patan)과 박타포(Bhaktapur)를 들려 오래된 사원과 아름다운 목조 건축물들을 볼 예정이다.

북서쪽에 있는 포까라(Pokhara)라는 도시에 가면 호수에서 보트를 타고 눈 덮

인 히말라야 산맥의 봉우리를 볼 수 있고, 남서쪽으로 내려가면 치트완(Chitwan)이라는 도시에서 코끼리 사파리(safari)를 하며 재수가 좋으면 뱅글호랑이(Bengal tiger)나 외뿔소(rhinoceros)도 볼 수 있다고 한다.

국경이 접해 있는 인도와는 비자 없이 왕래할 수 있어서인지 네팔에서는 많은 인도 사람들을 볼 수 있다.

힌두교에서는 신성시하며 섬기는 세 명의 신이 있는데 그게 바로 시바(Shiva), 브라마(Brahma) 그리고 비쉬누(Vishnu) 신이다.

서 티베트(Western Tibet)에 있는 카이라시(Kailash) 산은 그 시바(Shiva) 신이 있는 곳으로 이들이 매우 신성시 하는 곳이다.

그래서 인도에 사는 많은 힌두교 인들은 일생에 한 번은 그곳에 가서 기도하며 또 산 밑에 있는 마나스로바(Manasrovar) 호수에서 목욕하고 오는 것이 소원이다. 이렇게 함으로써 그들이 지은 모든 죄의 사함을 받는다고 믿기 때문이다.

카이라시 산을 가기 위해서는 꼭 네팔을 지나야 한다. 긴 여정이기 때문에 많은 사람이 쉬엄쉬엄 가서인지 네팔의 여기저기에 많은 인도인을 만날 수 있다. 또 에베레스트 산을 등반하지 않아도 경비행기를 타고 히말라야 산 정상을 돌아볼 수 있으니 꼭 산악인이 아니라도 가 볼 만한 이유가 다양하다.

이번 여행에는 네팔(Nepal)을 거쳐 육로로 티베트(Tibet)의 라싸(Lhasa)까지 가는 여정으로 도중에 티베트 쪽에 있는 해발 5,200m 고지의 에베레스트 베이스캠프(Everest base camp)를 갈 예정이므로 네팔에서의 에베레스트 베이스캠프는 가지 않기로 했다.

카트만두 Kathmandu

카트만두는 '나무'라는 뜻의 카트와 '집'이라는 뜻의 만두가 합하여 '나무 집'이란 뜻이 있다. 그래서인지 카트만두에 있는 사원이나 궁전 등의 유적지는 모두 나무로 지어진 목조 건물들로 모든 나무 문이나 창틀 등은 매우 정교하게 조각을 해 놓아 건물 그 자체가 '예술품'들이었다.

전해 내려오는 신화에 의하면 지금의 카트만두는 예전에 호수였다고 한다. 그런데 불교의 고승이 날카로운 마법의 칼로 호수를 내려쳐 물이 다 빠지게 했고 그곳에 사람들이 모여들어 살기 시작했다.

그때 한 곳에서 빛이 나기 시작하였는데 고승은 부처님의 계시라 하여 그 자리에 그 유명한 스와얌부나트(Swayambhunath) 탑(Stupa)을 지었다.

후에 그 고승이 죽자 고승의 긴 머리카락은 나무가 되어 이 사원 주위를 둘러싸고 무성하게 자랐고 그의 머리카락 속에서 자라던 이(lice)들은 모두 원숭이로 변해 이곳을 지키고 있어 이 사원을 일명 '원숭이 사원(Monkey temple)'이라고도 부른다.

이곳에서는 스와얌부나트 사원을 비롯하여 두르바르 광장, 하누만 도카 궁전, 쿠마리 궁전, 파슈파티나트 힌두사원 그리고 부단나트라는 티베트인들의 탑을 볼 수 있다.

스와얌부나트 사원
Swayambhunath

외국 관광객들을 위한 상점들이 즐비한 따멜(Thamel) 거리에 숙소를 정했기 때문에 이곳에서 그리 멀지 않은 곳에 있는 불교인의 메카(mecca)라는 스와얌부나트 사원으로 갔다. 높은 언덕에 세워진 이 사원에는 금색으로 칠한 높은 스투파가 있는데 이는 카트만두를 지키는 중심에 서 있는 정신적 지주 같은 곳으로 불교인, 힌두교인 모두가 즐겨 찾는 곳이다.

정문에서는 일 년을 상징하는 365개의 계단을 걸어 스투파로 올라 갈 수가 있고 후문에는 이보다 훨씬 적은 45개의 계단이 있어 우리는 조금만 걸어도 되는 후문을 이용했다. 2000년 전에 지었다는데 얼마나 관리를 잘하였는지 마치 몇 년 전에 지은 것처럼 보였다.

스와얌부나트 사원을 올라가는 계단과 사원 입구

스와얌부 ―나트 사원의 스투파

지구를 상징한다는 제일 밑단의 사각형 받침대 위로 우리가 사는 데 꼭 필요한 4가지 요소인 땅, 불, 공기 그리고 물을 상징하는 흰색의 둥근 조형물 위로 부처님의 자비로운 눈이 그려진 황금색의 사각 탑이 있다.

그 바로 위에는 위로 올라갈수록 작아지는 13개의 둥근 금색 나선형 계단(spiral wheel)이 있는데 이는 갈수록 어려워지는 13단계의 도를 상징하는 그리고 이를 모두 도통해야만 열반으로 가는 경지에 이른다는 것을 상징한다고 했다.

그 위로 열반을 상징하는 둥근 우산처럼 생긴 것 위에 영생을 뜻하는 뾰쪽한 탑이 세워져 있다. 그리고 그 높은 탑에서 아래로 불경을 쓴 룽다(lungda)라고

21

사원 주위에 있는 탑들과 놀이에 여념없는 어린 동자승

부르는 다섯 색깔의 사각 천 조각이 바람에 날리고 있어 이 깃을 단 많은 사람들의 소원이 이루어지기를 염원하는 듯하였다.

또한, 이 탑 주위에는 마니통들이 세워져 있어 수많은 사람들이 "옴마니 받메홈(Om mani padme hum)"의 경을 외면서 마니통을 돌리며 탑 주위를 도는 것을 볼 수 있다. 사원 주위로 크고 작은 여러 개의 탑이 있고 네팔과 힌두교 냄새가 물씬 풍기는 물건들이 진열된 기념품 가게가 즐비하다.

어린 동자승이 매달아 놓은 룽다(lungda) 밑에서 혼자 무엇에 열중하며 놀고 있는지 여념이 없다.

사원이 있는 언덕에 서서 아래를 내려다보니 카트만두 시내가 한눈에 들어온다. 일명 '원숭이 사원'이라는데 어떻게 원숭이가 한 마리도 보이지 않을까? 낮 동안 먹이를 구하러 나간 원숭이들은 저녁이 되어야 이곳으로 돌아온다는 것이다. 이 원숭이들이 바로 고승의 긴 머릿속에서 살던 이(lice)들의 변신이였다는데….

쿠마리 궁 Kumari Palace

카트만두에는 여러 신이 있지만 살아있는 신은 쿠마리밖에 없다. 만나서 눈길 한 번만 받아도 축복을 받는다는 살아있는 여신 쿠마리(Kumari)는 나에게는 무척 생소한 이야기였다.

쿠마리로 선택되는 조건으로 첫째는 석가모니의 혈통이어야 하고 둘째로 왕과 같은 손금을 가져야 하며 마지막으로 흠 없이 건강하고 예쁜 여자아이이어야 한다니 그리 쉽지는 않으리라. 한번 선택된 쿠마리는 쿠마리 신전에 살며 곱게 화장을 하고 화려하게 장식을 한 신의 모습으로 자신의 모습을 사람들에게 보여주며 축복을 나누어 준다는데 초경이 시작되면 더는 신으로서가 아닌 여인으로 돌아가고 다음 쿠마리에게 자리를 물려준다.

쿠마리 궁전은 10세기에 건축된 건물로 카트만두의 두르바르 광장 옆에 있다. 입장권을 사서 좁은 대문을 통해 들어가면 가운데 정사각형의 마당이 있고 마당을 주위로 'ㅁ'식의 3층 목조 건물이 서 있다.

안에는 벌써 많은 사람이 들어와 쿠마리의 얼굴을 보기 위해 기다리고 있었다.

조금 있으니 마주 보이는 위층의 창문으로 붉은 의상에 붉은 화장을 한 예쁜 여자아이의 모습이 드러나더니 마당에 기다리고 있던 사람들을 한번 '쓰-윽-' 보고는 사라져 버린다. 그것뿐이었다. 그러나 그 여신을 보는 것만으로도 축복이라니 제일 앞에 서 있었던 나도 분명 축복을 받았을 꺼다.

절대 사진을 찍을 수 없다고 하며 안내인 시바는 쿠마리 얼굴이 있는 우편엽서를 몇 장 사 준다. 우편엽서에 찍혀있는 살아있는 여신 쿠마리는 화려하게 치장을 한 귀엽고 예쁜 아이의 모습이었다.

지금 카트만두의 쿠마리는 4살 된 소녀이니 앞으로 몇 년은 더 신으로서 살아야 할 것이다.

두르바르 광장 Durbar square

카트만두에서 가장 번화한 중심지인 두르바르 광장에는 말라(Malla) 왕조와 샤(Shah) 왕조 시대에 지은 고대 사원들과 유적지가 한자리에 모여있어 이곳을 들어오는 순간 잠시 타임머신을 타고 옛날로 되돌아온 듯한 느낌이 드는 그런 곳이다. 많은 관광객과 기념품 가게들, 일상생활을 하는 사람들로 인해 활기찬 광장은 고대와 현대가 함께 공존하고 있었다.

사람보다 더 많은 신과 집보다 더욱 많은 사원으로 빼곡한 이곳은 골목골목 마다 사원이요, 사원 속에 만들어 놓은 신들로 인해 넘칠 지경이다.

수많은 힌두교 신들에게 바쳐질 사원들을 위해 인간은 그들의 가장 순수하고 고결한 마음으로 정성을 다하여 아름답게 짓고 정교하게 조각한 코끼리, 가루다 등으로 사원을 장식하여 신들에게 선물로 바쳤다. 그래야지만 신들이 인간 세상으로 내려와 그들에게 많은 축복을 준다고 믿었기 때문이다.

말라 왕조 때 네팔인들은 이곳에 자라고 있던 거대한 티크 나무를 베어버리고 바로 그 자리에 3층 높이의 사원을 지었는데 이 사원이 바로 이 두르바르 광장의 중심에 서 있는 카시타만답(Kasthamandap) 사원이다.

16세기에 지은 이 사원은 현존하고 있는 가장 오래된 목조 건물르서 티크 나무 한 그루에서 나온 나무만을 사용해서 지었으며 시바 여신에게 바쳐졌다. 그리고도 남은 목재를 이용하여 그 옆의 건물도 지었다고 하니 얼마나 큰 나무였는지 상상이 되지 않는다.

카트만두 사원과 그 옆에 서 있는 이스턴 하우스(Eastern house)도 정교하게 조각한 문과 창문 그리고 기둥 하나하나가 너무나 아름다워 열린 입이 다물어지지 않는다.

골목 골목에 있는 수많은 사원 앞에서 시주를 하는 사람들
차가 다닐 수 없는 이곳에서 가장 손쉬운 교통수단인 자전거 인력거들
무겁고 큰 짐을 묶은 띠를 이마에다 메고 땀을 흘리며 짐을 나르는 짐꾼들

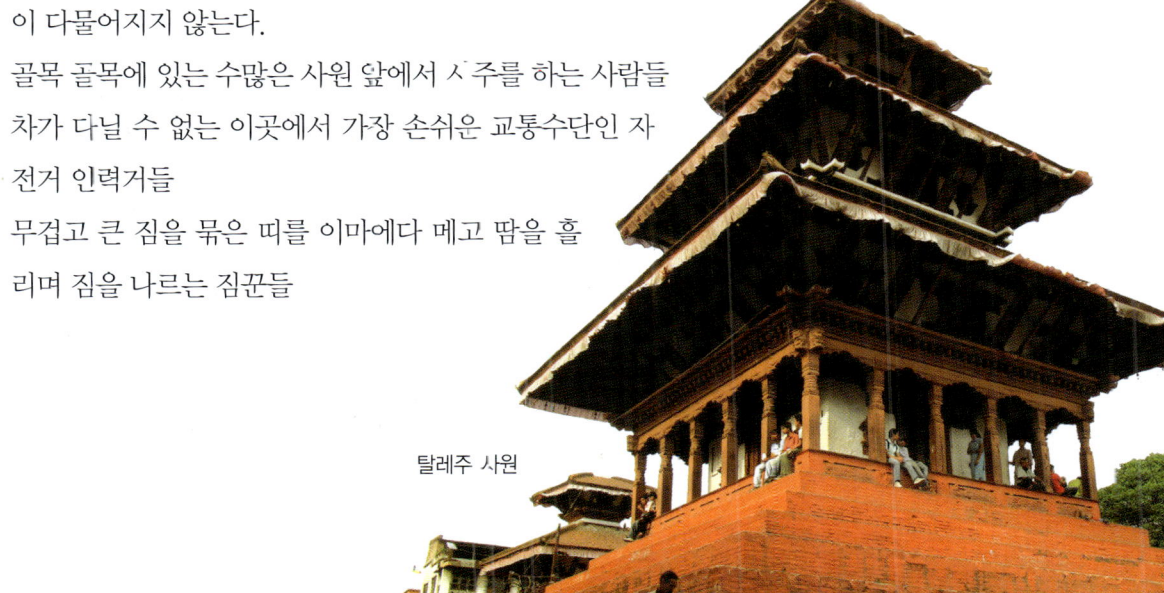

탈레주 사원

신에게 바칠 고운 꽃들을 파는 꽃시장의 여인들
고목 나무 밑에서 한가롭게 쉬고 있는 노인들
도심의 사원들 사이를 어슬렁어슬렁 걸어 다니는 소들
사원 계단에 걸터앉아 담소하는 젊은이들
사원 난간과 계단을 누비며 뛰어놀고 있는 아이들의 맑은 웃음소리
그들에게 신은 두려운 존재가 아닌 마치 생활의 일부분인 것 같았다.
고르카 시대의 독특한 복장을 한 군인이 지키고 있는 하누만 도카 궁.
궁 후문 왼쪽에 세워놓은 다산(fertility)의 상징인 신은 수많은 사람의 발길을

멈추게 하고 그 옆에 세워진 목조로 된 탈레주 사원은 사람들의 쉼터로 자리 잡았다.

모든 사원은 돌로 쌓아 만든 축대 위에 세워져 있는데 사원 안으로 들어가는 아름다운 문양으로 조각된 작은 나무문들은 굳게 잠겨 안을 볼 수 없어 그 안에 무엇이 있는지 궁금증을 자아내게 하였다.

파슈파티나트 Pashupatinath 힌두 사원

파슈파티나트(Pashupatinath)는 가장 성스러운 힌두교 사원으로서 세계에서 가장 크며 네팔에서는 가장 오래된 사원으로 카트만두 동쪽에 자리 잡고 있다.

시바(Shiva) 신의 사원으로 파고다(Pagoda) 형식의 건축물이며 지붕이 매우 독특하다.

두 개의 정사각형(cubic)의 지붕으로 위에 하나 있고 그 밑으로 또 다른 지붕을 만들어 마치 이층 탑 같은 형상인데 지붕은 나무 위에 동(copper)을 입히고 그 위를 다시 금(gold)으로 입혔다고 한다.

그리고 사원을 들어가는 입구의 문 역시 나무문 위로 은(silver)을 입혔다고 하니 얼마나 화려하고 아름다운지 모른다.

5세기에 세워진 이 사원이 전쟁으로 파괴되어 명맥만 유지하다가 19세기에 와서 현재의 사원으로 복원되었고 지금은 유네스코(UNESCO)가 지정한 역사적 유적이다. 2008년까지는 이 사원의 주지 스님을 인도에서 모시고 왔지만 2009년부터는

코르카 복장의 군인

네팔인이 주지 스님으로 계신다고 하였다.

이 사원에 관해 전해 내려오는 전설에 의하면 카이라시(Kailashi) 산에 살던 시바(Shiva) 신이 그곳이 싫증이 나서 도피할 곳을 찾다가 카트만두를 발견하였단다. 그는 아무에게도 말하지 않고 몰래 카이라시에 있는 궁에서 나와 이곳에 자리 잡고는 다른 신들이 그를 찾아 다시 끌려 돌아가지 않기 위해서 아무도 알아볼 수 없게 사슴으로 변신해서 살았다고 한다.

그는 동물의 신 즉 파슈파티(Pashupati) 신으로 살면서 다른 신들이 도움을 요청해도 돕지 않고 조용히 살기를 원했다. 이에 마음 상한 다른 신들이 비슈누(Vishnu) 신에게 파슈파티 신의 제거를 요청했고 비슈누 신은 사슴의 뿔을 꽉 잡은 후 사슴을 여러 갈래로 찢어 죽이고 그의 뿔은 링가(linga)를 만들어 강둑에 버린 후 사원을 차지했다.

세월이 흐르고 더는 아무도 이 사원을 돌보지 않자 사원은 황폐해졌고 사람들과 신들의 기억에서 사라져 버렸다. 그러나 한 마리의 소가 바로 사슴이 죽었던 곳에 와서 매일 매일 자기의 우유를 흘려 넣어 주기를 얼마 동안 하였다. 그리고는 어느 날 소가 주둥이와 발로 땅을 파헤쳐 흙 속에서 잃어버렸던 링가를 찾기에 이른다.

링가를 찾은 소는 이곳에다 파슈나티 신을 경배하는 마음으로 시바 신이 살던 곳을 보수하였고 그리하여 파슈파티나트 사원이 생기게 된 것이라 한다. 힌두

강 옆에 놓인 화장할 시체와 그곳에 사는 원숭이들

교인 외에는 절대로 들어갈 수가 없어 관광객이나 다른 종교인들은 강 건너에서 사원을 바라 볼 수 밖에 없다.

이 사원 앞에는 바그마티 강(Bagmati River)이 흐르고 있는데 이 강이 인도의 갠지스(Ganges) 강의 상류이다. 이 강을 따라 죽은 힌두교 인을 화장하는 장소가 여러 군데 설치되어 있었다. 힌두교 인들은 모두 화장(cremation)을 해서인지 카트만두에서는 공동묘지를 보지 못했다.

얼굴에 여러 가지 색깔로 분장을 하고 긴 수염을 길렀으며 머리는 늘어뜨리거나 둥글게 감아올린 성자처럼 보이는 사람들이 제법 있었다.

그러나 황색의 의상 또는 도사 같은 복장을 한 사두(sadhu-성자)들의 외모를 흉내 내 관광객들과 함께 사진을 찍기도 하고 또 포즈도 취해주며 사례를 받아 챙기는 가짜 성자도 있어 그들 자체가 볼거리다.

사원 주위에 사는 원숭이들이 나무를 타고 다니기도 하고 강 속으로 뛰어들어 더운 몸을 식히기도 한다.

강 저쪽에서는 화장이 시작되는지 붉은 불꽃과 더불어 뿌연 연기가 하늘로 올라간다.

호곡하는 가족들의 울음소리도 더는 들리지 않는다.

이렇게 우리 모두 한 줌의 재로 돌아가는 인생인 것을……

부단난트 파고다
Boudhananth Giant Pagoda

티베트인들이 많이 사는 동네로 카트만두에서 동북쪽으로 약 7마일 떨어져 있는 곳에 세워놓은 36m 높이의 부단난트 파고다는 모든 네팔에 사는 티베트인들에게는 일생에 한 번 꼭 이곳에 와서 마니통을 돌리거나 아니면 오체투지(prostration)로 탑을 돌기를 원하는 티베트 종교의 메카(Mecca)이다. 이 파고다의 또 다른 이름은 얌부 쵸르탄 쳉포(Yambu Chorten Chenpo)라 하는데 이는 티베트의 큰 탑이라는 뜻이다.

예전에 티베트와 카트만두를 왕래하며 장사를 하던 많은 티베트 사람들이 꼭 이곳을 거쳐 머무는 곳이기도 하다. 지금은 중국으로부터 이주해 온 많은 티베트인이 이 주위에 자리 잡아 티베트 촌을 이루었고 다른 사원도 여러 개가 있지만, 이 탑을 돌며 기도하면 모든 소원이 이루어진다고 믿는 사람들로 인해 항상 인산인해를 이룬다.

이 탑은 5세기경 '아지마(Ajima)'라는 여인이 혼자 지었다고도 하고 아버지를 죽인 네팔의 왕자가 속죄하는 뜻으로 지었다고 하는데 전자가 더 신빙성이 있다고 한다. 어떻게 젊지도 않은 나이 든 여인 혼자서 이 탑을 세웠다는 것일까? 아지마에게는 4명의 아들이 있었는데 티베트의 왕이 된 첫째 아들 '숭천감포', 네팔의 왕이 된 둘째 아들 '드라탕 감포', 학자인 셋째 아들 '삼코다' 망나니였던 막내 '랑다마'인데 이들은 모두 환생한 사람들이었다고 한다.

불교만이 오직 종교였던 시기에 불교를 없애 버리려는 막내를 코끼리로 변신

네팔 복장의 남자와 티베트 복장의 여인

한 셋째 삼보다가 죽임으로 그 이후 불교는 더욱 번성하게 되었고 그 후 삼보다는 인도와 티베트의 언어를 만들어 그들이 사용하게 하였다.

둥근 그릇을 엎어놓은 듯한 형상의 밑단 위로 각 면에 부처님의 자비로운 눈이 그려져 있는 사각 건축물이 있고 그 위로는 열반에 이르는 13개의 관문을 상징하는 피라미드형의 사각 제단이 위로 올라갈수록 작아져 마치 열반에 이르려면 도를 닦아 좁고 어려운 관문을 통과해야 하는 것을 상징하였다. 그리하여 도를 다 마친 후에야 마지막 열반에 이른다는 형상을 하고 있다는 것이다.

탑 위에서 아래로 매달려 펄럭이는 룽다라는 불경의 기도문이 적힌 헝겊이 수많은 영혼을 위로해주고 있는듯하고 "옴마니 반매홈"을 외며 마니통을 돌리는 수많은 티베트인, 그들의 염원은 과연 무엇일까? 생각해 본다.

치트완 Chitwan

치트완은 인도와 근접해 있는 도시로 카트만두에서 약 250km 남쪽에 있으며 아열대 기후로 아주 무덥고 비가 많이 오기 때문에 정글이 여기저기에 많다. 몬순(monsoon) 계절인 6월 중순에서 9월 말 사이는 2,500mm의 강우량으로 비가 올 때는 마치 양동이로 물을 퍼붓는 듯하다고 한다.

1950년까지 이곳은 왕족들의 사냥터로 겨울만 되면 몇 달씩 왕족들이 이곳에 머무르며 호랑이, 사슴, 코뿔소 등을 사냥했었는데 1973년에 비로소 국립공원으로 지정하고 많은 동식물의 포획을 제한하므로 벵골 호랑이(Bengal Tiger), 코뿔소(Rhinoceros), 악어를 비롯하여 부엉이, 매 등의 수 천 종류 동물들의 보금자리가 되었다.

이곳에서는 야생 동물들을 직접 볼 수 있는 코끼리 사파리가 있는데 네팔이라고 하면 눈 덮인 히말라야 산들만 상상하지 누가 이런 정글이 있다고 생각할 것인가? 거리는 멀지 않지만 도로 사정이 좋지 않아 약 5시간 정도 걸린다 하여 아침 일찍 카트만두를 떠났다.

치트완이란 이름이 지어진 동기가 된 몇 개의 전설이 내려온다. 원래 이곳에는 치타와(cheetah)라는 맹수가 우글우글 하였다고 한다. 정글이 네팔말로 완(van)이라고 하니 치타와가 많은 정글이란 뜻으로 '치타완'이라 불렀던 것이 변형되어 지금의 '치트완'이 되었다는 설과 또 하나는 옛날 이곳에는 치트라(Chitra) 왕조가 자리 잡고 있었기 때문에 치트라 왕조가 있던 곳의 정글이란 뜻으로 '치트완'이라 부른다고 한다. 그러나 네팔 말로 치트완이란 뜻은 '정글의 심장(Heart of the Jungle)'이라 한다.

겨자와 겨자기름이 많이 생산되고 기후가 좋고 토양이 비옥하여 쌀은 일 년에 3모작 할 수 있으며 옥수수, 밀 등이 많이 생산된다. 특히 이곳은 박정희 대통령 시절 가난한 한국을 잘사는 나라로 만들어 보자는 취지에 따라 만든 '새마을 운동'을 도입해 실시하고 있는 곳이다.

고아원 아이들

1960년에는 전염병 말라리아(malaria)가 발병되어 이곳의 원즈민인 따루족(Tharu)들이 거의 다 죽어 황폐해지자 정부에서는 무상으로 땅을 나누어 즈며 이주를 권장해 지금은 따루족 외에 다른 족들도 살고 있다. 치트완으로 가는 남쪽 방향으로 내려가면서 네팔의 시골 동네도 구경 할 수 있었다.

길은 이 차선이었고 마주 오는 차들은 고두 화려한 그림으로 장식한 버스와 트럭들이 꼬리에 꼬리를 물었다. 버스 지붕 위에도 여러 명의 승객들이 타고 있어 산 모서리를 돌 때마다 그들이 떨어지지 않을지 염려된다. 버스나 트럭은 인도에서 만든 것들인지 모두 '따따(Ta Ta)'라는 표시가 되어있었다.

산허리를 잘라 만든 꼬불꼬불한 길은 끝도 없고 한도 없이 내려만 간다. 도대체 얼마나 가야 평평한 길이 나오려는지 모르겠다. 길가에는 웨스턴 송금회사(Western Union) 그리고 한국의 엘지(LG)회사 광고가 드문드문 보인다.

족히 두세 시간은 오니 이제 겨우 길이 평평한 평지가 나오고 길 왼쪽은 산, 오른쪽은 강이 흐르는 경치로 바뀌었다. 건기이라서인지 강에 흐르는 물은 실줄기 마냥 가늘고 돌과 자갈이 가득한 강바닥이 황량하고 처량하게 보이지만 남쪽으로 내려갈수록 강폭도 넓어지고 강물 줄기도 커진다.

몬순계절엔 이 강에서 래프팅 한다는 말을 듣고 자세히 보니 래프팅 광고 사인도 보이고 고무보트도 보인다.

'신의 아담(Adam of God)'이라는 동네에 잠깐 들렸다.

두 소년이 바나나를 팔러왔기에 어려 보이는 소년에게서 바나나를 샀는터 돈을 받은 어린 소년이 쪼르르 달려가 큰 소년에게 돈을 건네주는 것을 보니 아마 형제인가 보다. 바나나는 작았지만 아주 달고 맛이 있었다.

네팔 사람들은 달밭(Dal Phat), 로티(Roti) 그리고 난(Nunn)을 주식처럼 먹는다. 달밭은 밥과 삶은 렌틸콩 그리고 카레 소스를 넣고 요리한 야채와 고기를 곁들인 요리이고 로티는 팬 케이크 같은데 속에 얇게 썬 감자를 넣었다.

내가 즐겨 먹은 난(Nunn)은 그냥 빵으로 피타빵(pita bread) 처럼 가운데가 비어 있다. 우리가 먹는 하얀 밥은 차왈(chawal)이라 하는데 이곳 사람들은 음식에 주로 카레나 요구르트를 넣어 만들어서인지 음식에서 카레 냄새가 많이 난다.

제법 큰 시장이 서는 모린(Moulin)이라는 동네에 도착해 잠시 차에 급유 하는 동안 이곳에서 북쪽으로 나 있는 길은 포카라(Pohkara)로 가고 치트완(Chitwan)으로 가는 길은 남으로 갈라지는 마치 천안 삼거리 같은 도시임을 알았다. 포카라는 큰 호수가 있고 그 호수에 비치는 안나푸르나를 비롯한 눈 덮인 산을 볼 수 있는 휴양지라 한다.

그러나 나는 어차피 에베레스트 베이스 캠프(Everest base Camp)를 가기 위해 히말라야(Himalaya) 산맥을 지나가면서 눈이 시리도록 이런 경치를 볼 수 있을 것 같아 이곳은 들리지 않았다.

오후 4시가 되어서야 치트완 국립공원 숙소에 도착했다. 얼마나 더운지 가만있어도 땀이 줄줄 흐른다. 종업원이 시원한 주스를 갖다 준다.

리치(leech), 망고(mango) 열매가 주렁주렁 매달린 나무들이 아름드리 서 있는 정원을 지나 2층 방으로 들어가 미지근한 물에 샤워하니 살 것 같다.

점심 식사가 준비되어 있다는걸 보니 우리가 오는 길을 너무 지체했나 보다.

시원해지면 코끼리 사파리를 떠날 것이니 좀 쉬라고 한다. 침대에 누우니 창문으로 바람이 솔솔 부는 게…… 깜빡 잠이 들었나 보다.

문 두들기는 소리에 깨어보니 빨리 사파리 갈 준비를 하고 나오란다. 인도에서 왔다는 우리 옆방 손님도 우리와 동행을 할 거라며 어제 사파리 여행에서는 어미 코뿔소와 새끼 코뿔소를 보았는데 오늘도 보았으면 좋겠다고 호들갑을 떤다.

우리 호텔에서는 우리를 포함해 4명의 손님을 태운 차가 다른 호텔들을 들러 사파리 가는 손님을 더 싣고 숲 속으로 냅다 달린다.

정글에 도착해서 조금 기다리니 왼쪽 숲 속에서 마치 영화의 한 장면 같이 코끼리 떼가 한 줄로 서서 걸어 나온다. 한 코끼리에 손님 4명과 코끼리 몰이 한 명 이렇게 5명이 한 조가 되어 12마리의 코끼리가 앞서거니 뒤서거니 하며 일렬로 개울을 건너 정글로 들어갔다.

코끼리 키보다 훨씬 높게 자란 갈대숲을 헤치고 저벅저벅 걸어가는 코끼리 등 위에 앉아 '무슨 동물을 볼 수 있을까?' 하는 기대감으로 두리번거렸다.

목에는 망원경과 카메라를 걸고 만반의 준비를 마쳤지만 아무것도 보이지 않고 코끼리는 그냥 갈대 숲 속으로 걸어가기만 한다. 하기야 야생동물이 우리를 기다려 주고 있지는 않겠지만 말이다.

정글 속의 코끼리

　드디어 무엇을 보았는지 우리 코끼리 몰이꾼이 방향을 바꾸어 빨리 가도록 쇠갈퀴로 코끼리 귀에 신호를 준다. 저 나무 뒤로 사슴 한 마리가 보인다. 우리 집에서도 실컷 볼 수 있는 사슴을 보고 사람들은 마치 대단한 것을 본 것처럼 아우성이다. 영어, 인도어, 스페인어, 네팔 등 각자 자기가 할 수 있는 말로 "사슴"이라 떠들어대니 숲 속이 갑자기 부산스럽다.
　약 두 시간 동안 이 정글 속을 돌아다닌다는데 우리는 과연 무엇을 볼 수 있을까? 공작 한 마리, 여러 마리의 사슴과 토끼들, 하늘을 날아다니는 새들 그리고 끝없이 펼쳐져 있는 억센 갈대밭 그러나 정작 내가 보려고 하는 호랑이나 코뿔소는 어디 있는 걸까?
　움직이는 동물을 사진찍기는 어려울 텐데….
　항상 사진을 찍을 수 있게 카메라 작동을 켜 놓았는데 너무나 찍을 게 없어 고사리밭이나 찍어 본다.
　정글에서 고사리와 갈대만 보았다고……
　동행한 인도에서 온 사람은 어저께 본 코뿔소 이야기를 하며 은근히 자랑한다.
　그럭저럭 갈대밭과 숲 속을 다니는 동안 한 시간 반이 후딱 지나 돌아갈 시간이 다 되었다.

특별한 동물을 보지 못하게 되자 코끼리 몰이꾼은 코뿔소를 비롯하여 호랑이, 표범을 본 이야기를 하며 호랑이는 먼저 사람을 공격하지 않는다고 지루해 보이는 우리에게 말을 건넨다.

다시 밀림 쪽으로 가니 코끼리를 탄 다른 관광객들은 다 어디로 갔는지 보이지 않고 넓은 밀림 속에는 우리를 태운 코끼리와 저만치 서 있는 다른 코끼리 한 마리 이렇게 둘이만 남았다. 이럴 때 벵골 호랑이라도 나타나면 어쩌나 하고 생각하니 갑자기 잔등이 오싹하다.

우리를 태운 코끼리가 저만치 서 있는 코끼리를 찾아가는 도중 드디어 어미 코뿔소와 아기 코뿔소가 나란히 서 있는 모습이 내 시야에 들어왔다. 새끼를 보호하려는 어미와 무서워 자꾸 어미 밑으로 들어가는 새끼가 보인다.

얼른 사진기를 꺼내 찍어보지만, 자꾸 움직이는 동물을 찍기가 쉽지 않을 것 같아 제일 앞에 앉은 몰이꾼에게 사진기를 주며 찍어 달라고 부탁하고 나의 두 눈은 그들을 따라가며 보기에 바빴다.

난생처음으로 회색 갑옷을 입은 코뿔소와 어미와 똑같은 모습의 새끼도 보았

다. 비싼 값에 흥정 되는 코뿔소 뿔을 구하기 위해 밀렵꾼들이 몰래 사냥을 해서 당국이 골머리를 앓고 있다는데 용케도 잘도 피해 새끼까지 친 어미 코뿔소를 보니 대견스러웠다.

지금은 당국의 보호로 그 수가 약 600마리로 늘었다고 하지만 밀렵꾼들의 마구잡이 사냥으로 인해 한동안 그 수가 현저하게 줄은 적도 있다고 한다.

약 15분 동안 이들을 따라다니며 구경을 하고 정글을 나왔다.

그렇게 자랑하던 옆방 손님은 어제는 멀리서 봐 자세히 못 보았는데 오늘은 아주 가깝게 볼 수 있어 너무 신이 난다고 실토(?)를 한다. 내가 탄 코끼리의 이름이 '행운(lucky)'이어서 그 코끼리를 탄 우리에게도 행운이 온 것일까? 어떤 사람은 3번이나 와서 한 마리의 코뿔소도 못 보았다는데…. 비록 이 정글의 왕이라는 벵골 호랑이는 만나보지 못했지만 난생 처음으로 야생 코뿔소를 본 것만으로도 난 대만족이다.

저녁에는 따루(Tharu)족의 문화센터에서 공연이 있다. 보통 숙소에 손님이 많으면 이들이 숙소로 오는데 그렇지 않으면 우리가 공연장으로 가야 한다. 무대장치가 있는 것도 아니고 조명이 있는 것도 아니다.

따루족의 전통춤

그냥 아무런 장식도 없는 무대에서 소박한 그들의 전통 악기인 북으로 장단 맞추고 함께 노래하며 춤을 추는 것이다. 공연진은 모두 남자들로만 구성되어 있다. 하얀 상의와 바지에 빨간 머리띠와 허리띠를 하고 양손에 막대기를 들고 하는 율동인데 이는 따루족의 전통춤이라 한다.

따루족들의 집은 갈대를 엮어 기초를 세운 다음 그 위에 붉은 진흙을 발라 벽을 만들고 지붕은 갈댓잎이나 지푸라기로 엮어 만들었다. 집집이 소나 염소 그리고 닭을 키우고 있고 어떤 집은 낙타 또는 코끼리를 키우고 있는 집도 보인다.

고사리는 높은 산에서만 나는 줄 알았는데 이곳 정글에도 고사리가 많이 자생하고 있었고 따루족은 고사리를 먹는다. 그런데 요리 방법이 우리와는 사뭇 다르다. 우리는 일단 삶은 후 물에 담가 독성을 우려낸 다음 깨끗이 씻은 후 말려 놓았다가 요리할 때 다시 삶아 부드러워진 고사리에 마늘, 기름, 소금, 통깨 등을 넣고 요리해서 먹는 데 비해 이들은 그냥 살짝 삶아 마늘을 넣고 기름에 볶아 먹는다.

통통한 고사리가 먹음직스러워 맛을 보니 약간 떨떠름하고 쓴맛이 나는데다 미끌미끌한게 담백한 고사리나물 맛이 안 난다. 혹시 다음에 이곳을 다시 찾았을 때 한국식 고사리 나물을 맛보게 되기를 기대해 보며 한국식 고사리 요리법을 설명해 주었다.

이튿날 아침은 일찍 통나무를 다서 만든 배를 타고 정글 주위를 감싸고 흐르는

강을 내려가면서 강가에 서식하고 있는 여러 종류의 새들과 악어 그리고 물고기 등을 볼 수 있었다.

이른 새벽부터 아낙네들은 염소들에게 먹일 부드러운 풀을 베러 낫을 들고 강둑으로 나왔다. 안내인 비슈누(Vishnu)는 이곳에 서식하고 있는 새들에 대해 서만은 둘째 가라면 서러울 정도로 웬만한 조류 박사보다 더 박식하다. 그는 어느 나무에 무슨 새가 살고 있는지까지도 정확하게 알고 있다.

정글 속에 드문드문 보이는 황금 모래 둔덕 같은…. 어떤 것은 내 키보다 더 높은 집을 지어 사는 흰개미들(termite), 그들의 집을 흰개미 성(termite castle)이라 부른다.

외벽은 단단하기가 마치 콘크리트같이 딱딱하다. 그러나 그 성 속에는 사람들이 좋아하는 버섯이 자라 사람들은 성(castle)의 한 부분만 부수고 그 버섯을 채취한단다. 그래야지만 그곳에서 버섯이 다시 자랄 수 있기 때문이다. 흰개미들은 부수어진 성을 다시 복원한다는데 색깔만 조금 다를 뿐이다. 몇 년 아니

개미성

몇십 년에 걸쳐 짓는다는 이 흰개미의 성들은 참으로 독특했다.

정글 밖으로 나오니 강물 속으로 코뿔소(rhinoceros) 한 마리가 유유히 걸어 들어가는 모습이 보인다. 웬 횡재람…. 이것은 수놈이란다.

금세 대여섯 명의 관광객과 3명의 군인이 뛰어온다. 안내인들끼리 서로 전화 연락을 하여 달려온 것이다. 만약의 사태에 대비하기 위해 군인들은 총을 가지고 온 것인데 코뿔소는 매우 공격적이기 때문에 만약 코뿔소를 마주 보고 서 있을 때는 매우 주의를 하고 얼른 피해야 한다고 충고한다.

어제는 내가 저보다 큰 코끼리 위에 앉아서 꼼짝 못했는데 오늘은 상황이 달라 저보다 작아 보이는 내가 만만하게 보일 수도 있어 매우 조심해야 한다. 정말 오랫동안 코뿔소의 이모저모를 사진에 담을 수 있어 기분이 썩 좋은 아침이다. 콧노래가 저절로 나온다.

파탄 Patan

네팔에서 3번째로 큰 도시인 파탄, 일명 라립포(Lalitpur)는 카트만두시 중심에서 약 5km 남쪽에 있으며 바그마티 강(Bagmati river)을 경계로 강북은 카트만두 강남은 파탄으로 갈라진다.

예술의 도시, 미의 도시라는 찬사를 받고 있는 파탄의 두르바르(Durbar) 광장에는 목조 공예, 석조 공예로 지어진 불교 사원과 힌두 사원 그리고 그 사원을 장식한 조형물로 꽉 차 있어 왜 유네스코가 이곳을 유적지로 정했는지 쉽게 공감이 간다.

원래 이곳은 파탄(Patan)의 왕족들이 사는 곳이었다. 도시 한가운데로 나 있는 길을 사이로 한편은 왕궁이 그리고 다른 편은 종교 예술의 극치인 아름다운 사원들과 조형물이 서 있다. 그중에서도 크리스나 신(God Krishna)에게 바쳐진 돌로 만든 사원은 정말로 아름다웠다.

이 사원은 16세기 말라(Malla)왕조의 나라싱가(Narasingha) 왕 때 지은 것으로 21개의 뾰쪽뾰쪽한 탑이 있어 마치 유럽에서 볼 수 있는 건축 형식과 비슷하였다. 12세기에 베르마(Verma)왕 때 지었다는 불교 사원인 황금 사원(Golden Temple)의 화려한 모습도 눈에 띈다. 지붕 위 가운데서 처마까지 길게 내려오는 금속 장식(우리네 옛날 옷장 연결 부분의장식품과 비슷함)이 유난히 눈을 끈다. 사원을 더욱 화려해 보이게 장식하는 일종의

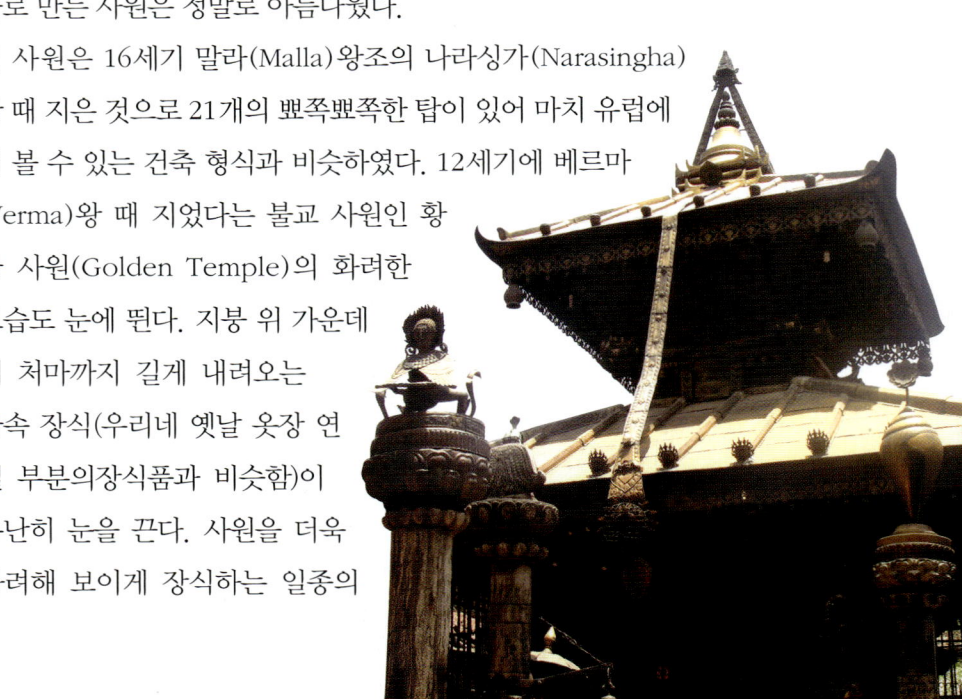

'띠'인 것이다. 내가 가 본 어느 나라의 사원에서도 이러한 장식은 보지 못했으며 이곳에서 본 네팔의 건축기는 과히 예술적 경지에 다달았다는 느낌을 받았다.

사원 입구에는 수호신처럼 돌사자를 정교하게 조각하여 두 마리씩 짝을 지어 세워 놓았고 몇 계단 올라가면 또 다른 사자 한 쌍이 있어 모두 4마리의 사자를 통과해야만 사원 아래층으로 갈 수 있다. 자세히 보니 독에 방울을 단 것은 수놈 사자이고 가슴에 두 개의 유방이 댕그랗게 매달려있는 것은 암사자로 성별에 따라 달리 조각했음을 발견할 수 있다.

그 외에도 코끼리, 원숭이, 가루다 등의 동물을 정교하게 조각하여 사원과 광장에 세워놓았다.

두르바르(Durbar) 사원 동쪽에 테라코타 타일(terracotta tile)을 사용하여 지은 천불동 사원은 부처님의 모습을 조각해 놓은 불교 사원으로 16세기에 지었다는데 지진으로 무너진 것을 1934년에 다시 복원했다고 한다.

사원들 사이로 보이는 드높은 동상 하나가 나의 눈길을 사로잡았다. 청동으로 만든 연꽃 방석 위에 앉아있는 왕의 모습이 높게 만든 받침대 위에 놓여있는데 왕의 뒤에는 코브라 뱀이 꼿꼿이 서 있고 서 있는 뱀의 머리 위에는 새 한 마리가 앉아 있었다.

처음에는 비둘기가 앉아 있는 줄 알았다. 왜냐하면, 이곳 사람들은 곡식을 가지고 가서 사원이나 신에게 바치며 기원을 하는데 이 곡식들은 새나 동물의 먹이가 되니 사원 주위에는 항상 동물 특히 새가 많이 들끓는다. 그러니 새가 그곳에 앉아 있다고 생각한 것은 너무나도 당연하다.

그런데 이 새는 영원히 죽지 않고 살아 있는 네팔 특히 파탄 사람들에게는 영적으로 지주가 되는 부파틴드라 말라(Bhupatindra Malla)왕의 모습이라 한다.

어떻게 죽지 않고 영원토록 사는 사람이 있을까? 16세기에 말라왕은 자기의 동상을 만들고 뱀 머리에 새를 한 마리 앉혀 놓았다. 그리고 "이 새가 날라 가지 않고 나와 함께 있는 한 나는 영원히 죽지 않고 네팔인들과 함께한다"는 신

화를 만들었다.

금속으로 만든 새가 날아갈 리가 없으니 그는 영원히 죽지 않을 수밖에…. 말라왕은 오늘도 파탄에 사는 많은 그의 백성들을 내려 보며 왕의 자비를 베풀고 있다. 조금 더 내려가면 종이 대달려 있는 종각(bell tower)이 있다. 종을 쳐서 종소리가 멀리 퍼진다는 것은 행운을 불러 오는 것이라며 가는 사람 오는 사람 모두가 종을 친다.

특히 1997년 왕궁을 개조해 만든 파탄 박물관 안에는 많은 고대 네팔 특히 말라 왕조시대에 만들어진 작품들을 포함하여 인도, 티베트의 불교와 힌두교의 종교를 바탕으로 한 조각 작품들이 전시되어 있었다. 무쇠나 청동에 보석까지 박아 정교하게 만든 신들은 마치 살아있어 액자 속에서 금방이라도 튀어 나올 것만 같았다.

또 힌두 사원에 사용되었던 정교하게 조각된 나무판, 신들의 마스크, 왕이 앉았던 금으로 만든 용상 등 귀중한 문화재가 약 900여 점 전시되어 있다.

골목길을 다니며 보니 보통 사람들이 사는 집의 대문이 유난히 낮게 느껴졌다. 그러나 이런 집도 다 신의 집이기에 들어갈 때 신을 존경하는 뜻으로 머리를 숙이고 들어가는 것은 너무나 당연하지 않으냐는 대답엔 할 말이 없다.

그들은 그토록 신들과 밀접한 매일매일의 생활을 하고 있음을 보여준다. 그래서 이들의 행복지수가 그렇게 높은 걸까?

네팔 유적지에 산재해 있는 이러한 건축물들은 대부분이 느와리(Newari)식 건축이라 한다. 독특한 느와리 건축 형식으로 지은 사원들의 특색은 사원을 짓고 사각 지붕을 만든 후 지붕 위로 사각형의 방을 만들고 그 위로 다시 지붕을 만드는 것을 반복하여 보통 3~5층을 짓는데 이는 신의 위엄을 나타내며 또 하늘로 올라가기 쉽도록 그리 만들었다고 한다.

이런 네팔 건축 양식이 후에 중국으로 건너갔고 다시 한국을 통해 일본까지 전해졌다고 한다. 그러고 보면 일본의 많은 사원도 네팔의 사원과 흡사한 건축

양식인 것이 기억난다. 그러니까 말하자면 자기들의 건축 양식이 동양 건축의 원조라는 것(?)이다.

다른 나라에서라면 이러한 유적지엔 담장을 쌓아 아무나 쉽게 접근하지 못하게 하지단 신들과 함께 사는 이들은 수시로 이 사원에 올라가 쉬기도 하고 낮잠도 자며 마치 자기 집인 양 지낸다. 언뜻 이들의 신과 함께하는 생활방식이 이해가 되기도 하고 한편으로는 이해가 가지 않는 부분도 많다. 신이 있는 사원에서 신의 가호를 받으며 낮잠도 자고 뛰어 놀기도 하고 앉아 두런두런 이야기도 하니 나와 신이 늘 함께 한다는 마음이 든다면 참으로 행복하지 않겠는가?

박타포 Bhaktapur

네팔에서 가장 아름다운 도시(city of most beauty), 문화의 도시(city of culture), 쌀의 도시(city of rice), 깊은 신앙심을 가진 사람들이 많이 있는 도시(City of devotee), 살아있는 네팔 역사의 현장(living heritage) 등의 수식어가 더덕더덕 붙어있는 도시가 바로 박타포다. 가장 많은 문화유산이 산재해 있는 도시인 박타포는 카트만드에서 동쪽으로 약 13km 거리에 있다.

12세기부터 말라 왕조의 수도로서 17세기 후반 말라 왕조가 쇠퇴할 때까지 가장 번창했던 그리고 문화, 종교, 상업의 중심에 서 있었던 고대 느와리(Newari)의 도시이다.

네팔 문명의 중심지인 이곳에 부파틴드라 말라(Bhupatindra Malla) 왕은 자신의 재임 기간에 벌써 172개의 사원을 설립했고 172개의 순례자가 쉴 수 있는 쉼터를 마련하여 많은 순례자를 이곳으로 불러 모았다.

그리고 152개의 우물을 팠으며 77개의 물 저장소를 만들어 사람들의 편리를 도모했다. 티베트의 교역자들은 이곳에서 그들이 가지고 온 물건을 팔고 또 필요한 물건을 구입하는 상거래의 중심지로 자리 잡았고 더 나아가 인도까지 무역로를 펼쳐갔다.

지금도 네팔을 찾는 많은 산악인이 매연이 심한 카트만두에 머물기보다는 아

예 이곳에 머물며 에베레스트 산의 등반을 준비하고 등반 후 돌아와서 쉬기도 한다. 그래서인지 거리를 다니다 보면 막 등반에서 돌아온 산악인들과 안내를 했던 셰르파(Sherpa)족들을 만나 볼 수 있다. 산악인들의 등반을 도와주는 셰르파 족은 네팔에 사는 1%도 되지 않는 아주 작은 수의 소수민족이라는 것을 이곳에 온 후에야 알았다.

그리고 이 셰르파 족은 티베트에 사는 장족과 생김새가 매우 흡사 하여 궁금하였는데 알고 보니 3~400년 전 티베트에서 이주해와 히말라야 산 속에 살면서 특히 에베레스트 산을 정복하러 오는 산악인들이 등반에 성공할 수 있게 함께 등반하며 도와주는 사람들이었다.

신체적 조건이 고도에 잘 적응하게 태어난 셰르파 족의 셰르파는 '동쪽에 사는 사람'이란 뜻을 가졌다고 한다. 1953년 처음으로 에베레스트 정상 등반에 성공한 영국의 에드먼드 힐라리(Edmond Hillary)경과 함께 등반한 텐징 노르가이(Tenzing Norgay)와 그의 아들 잠링(Jamling)은 산악인들 사이에 잘 알려진 유명한 셰르파이다.

박타포에는 왕궁이 있는 두르바르(Durbar) 광장, 타우마디(Taumadhi) 광장 그리고 다타트레이야(Dattatreya) 광장 이렇게 3개의 큰 광장이 있다. 1934년에 지진으로 많은 사원과 왕궁이 파괴되었지만, 지금은 복원되었고 이들은 서로 가까운 거리에 있으므로 걸어 다니며 관광을 할 수 있다.

때마침 밀 추수를 하느라 조그만 사원이 있는 동네 공터는 밀로 가득했고 아낙네들의 손은 분주하게 움직인다.

이곳을 지나다니던 순례자들을 위해 만들어 놓았다는 쉼터는 더는 순례자들이 머물지 않고 동네 노인들이 여자들은 여자들끼리 남자들은 남자끼리 앉아 쉬는 쉼터로 변했다.

완전히 목걸이 수준의 귀걸이를 한 할머니가 유난히 나의 눈길을 사로잡는다. 2~3층 높이의 붉은 벽돌 집 사이로 난 좁은 골목길을 따라 다타트레이야(Dattatreya) 사원이 있는 광장으로 갔다.

이 사원은 16세기에 비슈누(Vishnu) 신에게 봉헌하기 위해 지어졌다. 사원 옆에 있는 우물가에는 물을 길러 온 여인들로 붐볐고 의외로 사람들이 없는 이 사원 앞에는 방망이를 들고 앉아있는 두 남자(wrestler)의 석상만이 외롭게 홀로 지키고 있었다.

건물은 붉은 벽돌과 정교하게 조각한 나무 창문, 문, 기둥으로 지어졌으며 창문마다 문양이 다르다고 한다. 특히 공작새를 조각한 창문은 이곳을 대표한다. 골목길이 좁아 2층 창에 있는 공작새 조각의 창문을 사진찍기는 그리 쉽지 않았다.

바로 앞에 있는 나무 목각 공예 상점의 이 층에 올라가면 마주 보이는 공작 창문을 잘 찍을 수 있다. 안내인을 잘 아는 젊은 주인은 친절하게 사진을 찍을 수 있는 곳으로 나를 안내해 주어 덕분에 좋은 사진을 찍을 수 있었다. 상점 안에는 공작 창문 등 많은 목각 공예품을 팔고 있었고 값도 비교적 저렴했다.

좁은 골목길을 따라 16세기에 지었다는 니아타폴라(Nyatapola) 사원이 있는 타우마디(Taumadhi) 광장으로 갔다. 5개의 지붕 층으로 지어진 네팔에서는 가장 높은 파고다 같은 사원이며 한 번도 보수를 한 적이 없는 원형을 그대로 유지한 사원이라 한다. 1934년 지진 때 수많은 사원이 무너졌지만, 이 사원만은 무사했다고 한다. 이마 이 계단에 세워놓은 수호신들이 보호해서인지도 모르겠다.

계단 제일 밑단에는 방망이를 들고 앉아있는 레슬링 선수의 석상이 양쪽에 있고 몇 계단 올라가면 코끼리 상이 그리고 정글의 왕자인 사자, 그 위로 독수리의 머리와 날개를 가지고 사자의 몸을 가진 용맹한 신화적 동물 그리핀(Griffin)이 그 위 마지막으로 두 여신이 양쪽에서 이 사원을 지키고 있었다.

사원 옆에는 무척 힘이 센 파괴의 신(God of destruction)에게 봉헌한 사원이 있는데 지진 때 무너진 것을 다시 보수하였다고 한다. 이 사원 앞에는 종이 걸려있어 지나가는 사람마다 이 종을 치고 지나간다.

광장을 둘러싸고 서 있는 건축물들은 한결같이 붉은 벽돌과 붉은 타일 지붕이고, 조각한 나무문과 창문 그리고 기둥들은 예술의 극치를 이루고 있다. 누가 종을 치는지 계속해서 종소리가 울려 퍼진다. 댕~ 댕~ 댕~ 울리는 종소리가 정오의 햇살을 등에 지고 앉아있는 내 귀에 경쾌하게 들린다.

3층에 자리 잡은 카페에 앉아 광장을 내려다보며 오고 가는 사람들, 마주 보이는 사원의 지붕, 멀리 보이는 이름 모를 산들을 바라보며 한가로운 시간을 가졌다.

방금 산에서 내려왔음직한 한무리의 사람들은 바로 옆 테이블에서 식사를 마치자마자 모두 오수에 빠졌다. 옆에 자는 사람들이 깰까 봐 조심스럽게 계단을 내려와 카페를 나와서 오후의 햇살을 뒤로하고 왕궁이 있다는 두르바르 광장(Durbar Square)으로 향했다.

두르바르 광장에는 옛날 왕궁을 개조해서 만든 국립 예술 화랑(National Art Gallery)이 있고 맞은편에는 순례자가 쉬어갈 수 있도록 여관 같은 시설을 갖춘 목조건물이 있다.

화랑을 지나가면 황금으로 장식한 아름다운 문이 나오는데 두 명의 보초가 서 있어 아무나 들어갈 수가 없다. 황금 문을 지나자마자 지타미트라 말라(Jitamitra Malla) 왕이 세웠다는 그 유명한 55개의 나무 창문이 있는 3층 건물이 나온다.

이 건물의 3층은 모두 똑같은 모양으로 정교하게 조각된 55개의 나무 창문으로 연결되어 있다. 이곳에도 시바(shiva) 신에게 봉헌된 사원, 탈레주(Taleju)

사원, 종각(Bell tower), 말라 왕의 동상 그리고 수많은 석상으로 장식한 사원들이 광장을 중심으로 둘러싸여 있었다.
광장을 벗어나 마을로 들어서니 도자기 마을답게 여기저기에 굽기를 기다리고 있는 도자기들이 즐비하게 늘어져 있다.
크고 작은 그릇에서 작은 신들의 모습까지….

여행후기

2015년 4월 25일에 이어 5월 12일 두 차례 네팔을 강타한 지진으로 8,000여 명이 사망, 20,000여 명의 부상자를 낸 인명 피해와 수천 가구가 파괴된 참사는 참으로 비극이었다. 지진 이후 뉴스에서 본 카트만두(Katumandu), 박타포(Bhaktapur) 그리고 파탄(Patan)에 서 있있던 아름다운 사원들이 무너져 벽돌 더미로 흩어져 있는 모습은 참으로 보는 이들의 마음을 아프게 했다.
이 사원들은 모두 세계 문화 유적지로 등재 되어 있는 인류의 보물들이었는데… 부디 빨리 복구되어 평온을 되찾길 간절히 기원해 본다.

티베트
Tibet

서론

세계에서 가장 높다는 티베트 고원은 평균 고도가 해발 4,000m로 세계의 지붕이라 불리는 히말라야 산맥을 끼고 있다.

중국에서는 위구르 자치구인 신강성에 이어 두 번째로 큰 서장 자치구로 47만 스퀘어 마일(1,200,000㎢)이라는 넓은 땅은 자그마치 한국의 6배나 된다. 높은 산으로 인한 열악한 환경과 기후 때문에 적응이 가능한 장족(Tibet)이 90%이고 약 10%가 몬파스(Monpas)인, 로바스(Lhobas)인, 그리고 한(Chinese)족이 살고 있다.

티베트인들은 세계가 함께하는 계속된 개발과 중국의 끊임없는 '티베트의 중국화'에도 아랑곳없이 현대화의 도시문명을 거부하고 고고히 자기들만의 전통을 고수하며 산다. 이들은 티베트어를 사용하며 티베트 불 라마(Lama) 불교를 믿고 관세음보살이 환생한 후예들로서 관세음보살의 축복을 받는 땅에서 살고 있다고 굳게 믿는다.

지리적으로 북쪽에는 신강성(Xingjian)이 있고, 동쪽에는 청하이(Qinghai)성, 쓰촨(Sichuan)성이 있으며 남쪽에는 미얀마(Myanmar), 부탄(Bhutan), 네팔(Nepal), 인도(India) 그리고 중국의 운난(Yunnan)성으로 둘러싸여 있다.

특히 높은 히말라야 산맥과 곤륜산맥 사이에 놓여있는 티베트 고원은 지리적이나 외교적으로 매우 고립된 지역이다. 7,000m 높이의 봉우리가 50개나 있고 8,000m나 되는 봉우리도 11개나 있으니 말이다.

티베트의 북쪽과 북서쪽에는 호수가 많은 호수 지역(Lake region)이고 남쪽과 동쪽은 강이 많은 강 지역(River region)으로 나뉘며 이 강물이 바로 인도차이나의 메콩(Mekong)강, 인도의 인더스(Indus)강, 중국의 양쯔(Yangtze)강과 황하(Yellow river)로 흐르게 되는 물의 원천지가 되는 곳이다.

성도(신의 땅)인 라싸(Lhasa)는 달라이 라마의 포탈라(Potala) 왕궁을 비롯하여 여러 개의 사원이 있는 정치, 경제 그리고 종교의 중심 도시이다.

겨울이 길고 여름은 거의 없지만 충분한 일조량이 있어 많은 사람이 농업에 종사하는데 특히 보리가 이곳의 주요 농산물이다. 또한 광활한 초원을 이용한 목축업이 농업과 함께 지역 경제의 주축을 이룬다.

티베트 사람들이 굳게 믿고 있는 신화에 의하면 옛날 티베트 고원은 바다였는데 철썩이는 파도로 인해 거품이 만들어졌고 그 거품이 쌓이고 쌓여 육지가 되었다고 한다. 관세음보살의 환생으로 태어난 반은 여자, 반은 원숭이인 아그레스(Agress)는 티탕(Tie Tang)의 공모리(Gongmori)산 계곡에 있는 동굴에 살면서 다른 원숭이와의 사이에서 6명의 새끼 원숭이를 낳았고 이 6명의 새끼 원숭이들이 자라며 점점 몸의 털이 없어지고 꼬리가 짧아지는 변화를 거쳐 사람이 되니 이들이 바로 티베트인의 선조라고 한다.

이 신화는 달라이 라마(Dalai Lama)의 여름 왕궁인 노불링카(Norbulinka)의 왕궁 실내 벽에도 그림으로 그려져 있어 신빙성이 강하지만 신화일 뿐, 선뜻 믿어지지가 않는다. 흔히 티베트의 역사를 이야기할 때 송첸캄포 왕으로부터 시작한다. 그 당시에는 티베트를 토번이라 불렀는데 물론 그전에도 여러 조그만 나라들이 있었지만 7세기에 송첸캄포 왕에 의해 티베트가 통일되었고 그 후 강대해진 티베트는 한때 중앙아시아까지 영토를 넓혔다.

송첸캄포 왕은 500명의 부인을 두었는데 그 중 티베트 역사에 큰 영향을 끼친 두 명의 왕비가 있다. 한 명은 당 태종의 조카딸인 문성(Wen Cheng) 공주이고 또 다른 한명은 네팔의 공주인 브리쿠티(Bhrikuti)이다. 이들이 송첸캄포 왕에게 시집올 때 자기나라에서 숭상하던 불상과 불경을 가지고 와 티베트에 불교를 알리는 계기가 되었으며 그 불교가 융성해져 후에 토착 종교로 자리잡게 된다.

그 후 200년간 9대의 왕들에 의해 다스려졌으며 달라이 라마(Dalai Lama)는 정신적, 정치적 그리고 종교적 지도자로 티베트를 이끌어 왔다. 티베트와 청국은 오랫동안 국교를 맺어 왔으나 청나라가 망하고 1949년 중국의 공산당이 승리하게 되자 그 이듬해인 1950년부터 중국 공산당은 티베트 침략을 시작하였고 1951년에는 거의 점령해 버렸다.

그뿐만 아니라 1960년에 일어난 문화혁명의 여파는 이곳까지 확산되어 3,700개나 되던 티베트인들의 정신적 지주였던 라마 불교 사원이 겨우 13개만 남게 되는 치욕을 당하게 된다. 게다가 2005년에는 티베트의 라싸까지 철도가 연결되어 많은 한족이 이주해오자 티베트는 급격히 변화의 물살을 타고 정치와 더불어 상권의 변화를 불러오게 되었다.

2008년 3월 티베트 독립 59년을 기념하기 위한 승려들의 시위는 유혈사태를 불렀고 중국의 무력진압으로 사태는 더욱 악화되었다. 지금 티케트에서는 더 이상 티베트 국기를 볼 수 없으며 어느 곳에서도 14대 달라이 라마의 사진을 볼 수 없다. 그들의 독립운동은 현재 진행형이지만 중국의 강압적인 태도와 국제 사회의 무관심 속에서 별다른 해법이 없어 안타까운 상황은 계속되고 있다. 라싸의 어디를 가나 중국의 티베트 자치구 60주년 기념기가 펄럭이고 있으니 이제 티베트는 더는 티베트가 아닌 중국이 되어 버린 것이다. 하지만 티베트를 가기 위해서는 중국 비자가 아닌 특별한 티베트 비자를 받아야 한다.

티베트인들의 주식은 야크나 염소의 우유(yak milk), 야크 차(yak tea), 야크 고기(yak meat) 그리고 짬바(tsampa)라고 부르는 보릿가루를 야크 우유로 반죽해서 떡처럼 뜯어 먹는데 간편하게 먹을 수 있는 영양식이다.

일생에 한 번은 오체투지(prostration-신체의 다섯 부위를 땅에 닿게 하는 절)를 하며 성지인 조캉 사원을 가는 것이 평생소원이라는 티베트인들의 오체투지를 하는 모습은 라싸 가까운 곳에서 쉽게 볼 수 있다. 오체투지 수행을 위해 어떤 이들은 몇 달에 걸려서 라싸에 도착하기도 하는데 주로 농사를 끝내고 바쁘지 않은 시기를 선택한다.

아직도 시골에서 지켜지는 티베트의 결혼 풍습으로는 여자가 맏아들과 결혼을 하면 그 집의 모든 남자 형제의 아내가 된다. 그러니 한 엄마에서 태어난 아이들이 아버지는 서로 다르지만 같은 성을 가지고 한집에 같이 살게 되는 것이다. 아버지가 누구인지는 모를 수 있으나 그들에게 그것은 그리 중요하지 않다. 결국, 아들 아니면 조카가 아니겠는가?

이들의 장례 풍습 또한 매우 독특해서 자신의 죽은 몸까지도 이 세상에 환원하여 빈손으로 돌아가는 그야말로 '공수래공수거'를 지킴으로 다음 세상에서는 보다 나은 삶을 영위할 수 있는 환생을 기대한다. 그래서 산에 사는 사람들은 자신의 죽은 몸을 새들의 먹이로 주는 '조장' 또는 '천장'을 행하며 강이 있는 동네에 사는 사람들은 고기나 물새들의 먹이로 주는 '수장'을 행한다.

많은 여행객이 비행기나 기차로 성도인 라싸에 도착한 후 서 티베트나 동 티베트 또는 남쪽 네팔을 향해 여행하는데 라싸의 고도가 13,000피트나 되므로 대부분의 사람들은 도착하는 즉시 고산증에 시달리게 된다. 때문에 우리는 고산에 적응할 시간을 넉넉히 갖음으로써 보다 더 안전한 여행을 하기 위해 네팔에서 티베트로 들어가는 육로를 선택하였고 만약의 사태에 대비하기 위해 충분한 물과 산소를 준비해달라고 부탁하였다. 그리고 고산증에 대비한 약도 준비하였다. 지난 5년 간 집에서 가까운 산과 콜로라도(Colorado)의 록키 마운틴(Rocky Mountain)으로 등산을 다녀 어느 정도 체력도 다졌다.

드디어 준비완료!

장무 Zhangmu

교통 혼잡을 피해 아침 일찍 네팔의 카트만두를 떠나 예술의 도시 박타포를 거쳐 네팔과 중국 국경에 있는 장무(Zhangmu)라는 도시로 향했다. 산 위에서 카트만두를 향해 서 있는 하얀 시바 신의 동상을 마지막으로 우리를 태운 차는 도시를 떠나 서서히 히말라야 산속으로 들어가며 높은 산과 강이 흐르는 경치만 보고 달린다.

티베트로 가는 길은 생각만큼 그리 혼잡하지는 않았지만 중간중간 산사태로 인한 흙더미가 길을 가로 막고 있어 속력을 낼 수도 없을 뿐더러 매우 조심해서 운전을 해야했다. 산속에 만들어 놓은 실 같은 좁은 길을 달리는데 한쪽은 산이요, 다른 쪽은 계곡이고 계곡에는 실 같은 강물이 흐른다.

카트만두를 떠난 지 약 2시간쯤 되었을까 싶은 데 비가 오기 시작한다. 비포장도로여서 먼지가 많았는데 천만다행이라고 생각했다. 촉촉하게 내리는 비에 젖어 더욱더 파랗게 보이는 나무들, 촉촉하게 내리는 빗물로 인해 붉은 흙이 더욱더 빨갛게 보이며 선명하게 빛난다.

커튼처럼 드리워진 안갯속에 감추어 버린 높은 산들이 신비스럽게 다가온다. 울퉁불퉁한 비포장도로를 달리며 용케도 버티어왔던 자동차가 드디어 수쿠타(Sukuta) 강변이 있는 산길에서 앞 바퀴가 펑크나며 주저 앉아 버렸다.

운전수 비 제이 님(B.J. Nim)이 여분으로 들고 다니던 바퀴(spare tire)로 바꾸는 동안 하릴없이 강가에 주저앉아 흐르는 강물만 바라보았다. 강가에는 유난히 돌이 많았는데 히말라야의 눈 녹은 물이 모여서 이렇게 흘러내려 오는 것이리라. 운전기사는 강가에 앉아있는 우리에게 미안한지 이제 즈금만 가면 중국 국경이라고 강조한다. 그리고는 다시 깊은 산 속으로 들어간다. '이곳이 마지막 휴양지'라는 사인이 보이는 번지 점프(bungee jump)를 할 수 있는 계곡

은 중국 국경에서 약 15km 떨어져 있다. 계곡이 아주 깊은 곳에 다리를 만들고 다리 중간 지점에서 아래로 번지 점프를 할 수 있게 준비되어 있었다. 영화나 텔레비전에서만 보아왔던 번지 점프를 직접 볼 수 있다고 생각하니 궁금증이 나를 근질거리게 한다. 그런데 아뿔싸! 지금은 관광철이 아니어서 볼 수 없다니 아쉬운 생각이 들었지만 차분하게 차창 밖으로 시선을 옮긴다.

하늘 높이 까맣게 서 있는 수없이 많은 아름다운 히말라야 산 봉우리들. 깊이 파인 계곡으로 흐르는 눈 녹은 물이 바위에 부딪혀 부서지며 흩어졌다 다시 모이고 또 흩어지는 절경을 보며 왜 수많은 사람이 이곳을 찾아오는지 조금은 이해가 간다.

카트만두를 떠나 4번째 검문소를 지나고 드디어 중국과의 국경이 있는 네팔의 마지막 도시 코다리(Kodari)에 도착했다. 코다리 출국 사무소어서는 $198을 내고 받은 티베트 입국 비자를 확인한 후 우정의 다리(friendship bridge)로 향한 철문을 열어주어 통과하니 며칠 동안 머물렀던 신들과 함께 사는 나마스떼의 나라 네팔을 떠나며 잠시 감회에 젖어 본다.

중국 세관에 들러 입국 수속을 마치고 나니 족히 두세 시간은 걸린 것 같다. 드디어 티베트에 들어왔다는 안도감과 함께 아직은 별다른 증상을 느낄 수 없지만, 앞으로 다가올 막연한 고산증의 두려움이 나를 엄습한다.

장무는 인구 약 5,000명이 사는 국경 도시로서 산이 높은 히말라야 산 속에 있는 도시이다. 해발 9,000피트로 성도 라싸(Lhasa)에서 750km 남쪽에 있으며 아열대 기후로 중국과 네팔을 오가는 모든 차량과 사람들이 꼭 거쳐야 하는 국경 도시이기 때문에 피부색이 즈금씩 다른 사람들이 어우러져 있다.

인구 분포는 1/3이 티베트인, 1/3이 한족 그리고 1/3이 네팔인으로 이 세 나라의 글 외에 영어까지 간판에 써놓아 국경 도시임을 실감 나게 한다. 국경으로 연결되는 한 개밖에 없는 길을 사이로 양쪽에 집들이 쭉 늘어져 지어져 있다. 산이 높다 보니 집들도 완전히 산의 급경사에 맞추어 길에서 보면 1~3층이지만 길 밑으로 또 3~4층이 연결되어 있어 마치 고층 건물이 산에 매미처럼 붙어

우정의 다리

있는 듯하다.

이곳에 있을 동안 함께 다닐 안내인 텐진(Tenzin)이 에베레스트 베이스 캠프에 들어갈 허락서를 받으러 간 동안 길이 하나밖에 없어 잃어버릴 염려가 전혀 없는 국경의 도시, 깊은 히말라야 산속의 도시, 운무에 쌓인 신비의 도시인 장무를 섭렵하기에 바빴다.

지금부터는 마늘 수프를 많이 먹어야겠다는 생각에 식당에 들어가서 마늘 수프를 주문하니 야채수프 한 그릇에 마늘이 가득 담긴 조그만 종지가 함께 나온다. 마늘을 몽땅 수프에 넣고 휘져어 보지만 으깬 모양이 고스란히 보이니 차마 씹어 먹을 수가 없어 그냥 꿀꺽꿀꺽 삼켜 버렸다. 이런 식으로 마늘을 먹다 보면 티베트를 여행하는 열흘 동안 먹는 마늘이 일 년 내내 집에서 먹는 마늘의 양보다 훨씬 더 많을지도 모르겠다.

호텔로 가는 길에 어쩌다 한 방울씩 떨어지는 물방울은 빗방울 인지 구름 뭉치인지 너무 피곤하여 알 수 없었다. 저녁 식사 후 침대에 누워 아련히 들려오는 빗소리를 들으며 달콤한 잠의 수렁으로 빠져 들어간다. 눈을 떠서 시계를 보니 한밤중인 새벽 2시, 창문을 열고 밖을 내다보니 칠흑같이 어두운 밤하늘에는 별이 한 개도 보이지 않고 산골짝에 빤짝이는 불빛만 보인다. 이런 적막함이 때론 편안한 자유를 주는 것 같아 한참을 그대로 서 있었다.

니얄람 Nyalam

아침어 잠시 반짝하던 햇빛이 사라지며 삽시간에 구름이 온 산과 동네를 뒤덮어 안개도시가 되버렸다.

아침 식사로 쌀죽 한 종지, 그리고 짬바(tsampa)를 야크 우유 차(yak milk tea)에 타서 먹었다. 야크 우유 차는 야크 우유에 야크 버터, 흑차(black tea) 그리고 소금을 약간 넣어 만들며 짬바는 보리를 볶아서 만든 분말로 마치 우리가 좋아하는 미숫가루와 흡사하여 이것을 야크 우유 차에 타서 함께 마시니 곡기라서인지 배도 부르고 맛도 있었다.

안내인 텐진은 라싸에서 장무까지 오는 데 14시간 걸렸다고 했는데 나는 앞으로 5일에 걸쳐 고산에 잘 적응할 수 있도록 조금씩 조금씩 산에 올라가며 주위의 빼어난 경관과 유명한 사찰, 호수 등을 구경하며 천천히 라싸로 갈 계획이다.

참고로 티베트는 네팔과 2시간의 시차가 있다. 네팔과 티베트는 깊은 산 사이로 흐르는 강이 바로 경계이다. 하늘 높이 만큼 높고 가파른 산고 깊은 계곡은 동물이라면 모르겠지만, 사람이 다닌다는 것은 거의 불가능해 보이니 굳이 철조망으로 경계를 만들 필요조차 없어 보인다. 우리를 태운 차는 산허리를 잘라 만든 실낱같이 좁고 구불구불 희어진 길을 따라 힘겹게 산을 오른다. 중간에서 잠시 차를 세워놓고 올라왔던 길을 돌아보니 아득하게 보이고 찻길 아래 낭떠러지 밑으로는 강물이 반짝이며 굽이굽이 흐르니 탄성이 절로 난다.

갑자기 코끝이 찡하고 눈물이 핑 돌면서 무어라 말이 나오지 않는다. " 와-와-"라는 감탄사 외에는 말을 잇지 못한다. 히말라야가 이렇게 아름다운 곳이구나. 드디어 내가 이 히말라야 깊은 산 속까지 왔구나. 감동에 가슴이 뻐근하게 저려 온다.

안내인 텐진이 그렇게 멍하니 서서 아래만 내려다보고 있는 내게 다가와 "가자"라며 손을 잡고 차로 데려간다. 굽이굽이 가는 길이 너무 아름다워 차를 타지 말고 걸어가면서 이 기막힌 경치를 만끽하며 갈 수 있다면 얼마나 좋았을까 라는 생각을 지워 버릴 수가 없었다.

장무에서 니얄람까지는 35km로 비록 가까운 거리이지만 고도는 9,000피트에서 12,300피트로 올라간다. 더욱이 이곳을 가기 위해 지나야 하는 '통라 고지(Thong-La Pass)'는 약 16,600피트로 매우 높아서 고산증 증세를 가슴으로 머리로 느끼게 해 주는 곳이다. 그래서 이곳에서 하루를 쉬며 고도에 적응하려고 한다.

일명 '지옥문(The Gate of Hell)'이라 부르는 니얄람에는 약 2,000명의 티베트인이 살고 있는데 길이 하나밖에 없는 작은 동네이지만 카일라시(Kailash)

산과 마나스로바(Manasrovar) 호수로 향하는 인도 힌두교 순례자들이 네팔을 지나 중국어 들어와서는 모든 것이 비싼 국경 도시인 장무보다는 가격이 저렴한 이곳에 머물기 때문에 의외로 인도 관광객들이 많이 눈에 띈다.

니얄람에서 카일라시 산이 있는 곳까지는 자동차로 2일이 걸린다고 한다. 이곳에는 그저 허름한 여인숙들이 몇 개 있는데 화장실은 물론 세면대도 공동으로 써야 하는 그저 잠만 잘 수 있는 침대와 테이블만 방에 있을 뿐이다.

길거리에는 동네 아주머니들이 티베트 고유의 의상을 입고 다녔고 남자들도 여자처럼 터코이즈 귀걸이에 빨간 실을 사용해서 머리를 두르는 독특한 모양을 하고 있었다. 특히 결혼한 여자들만 입을 수 있다는 팔덴(palen)이라 부르는 얼룩 앞치마 위로 허리띠를 매는데 허리띠의 앞부분을 장식한 일롱(E-long)이라는 버클이 옷의 화려함을 더 해 준다. 일롱은 주로 은으로 만든다는데 그 위에 정교한 그림들을 장식해 놓아 여간 예쁘지 않다.

방에다 짐을 던지고 하나밖에 없는 길인 연대로에 나와 동네를 둘러보았다. 티베트 특유의 장식을 한 4층 건물이 이 동네 분

위기와는 어울리지 않게 화려해서 쉽게 눈에 띈다.

바람막이 빌딩들을 지나니 바람이 세차게 분다. 나무 한 그루 없는 산 위에 걸어놓은 티베트인의 상징인 오색 룽다(Lungda)가 바람에 펄럭인다. 여인들이 등에 무언가 지고 걸어가는데 산에서 약초를 캐어 내려오는 길이란다. 평지를 걷는데도 이렇게 가슴이 아프고 숨이 찬데 산에 올라가서 하루종일 약초를 캐고 내려왔다는데도 저렇게 멀쩡할 수 있단 말인가?

입맛도 없을뿐더러 배도 고프지 않아 그냥 방으로 들어갔다. 침상에 누워 천정을 보니 파란 물감으로 그려놓은 티베트 무늬는 어렸을 때 우리 어머니들이 입으시던 양단 옷감에서 많이 보아왔던 무늬들이어서 반가운 생각에 노트를 펴서 무늬를 따라 그려보았다.

보온병에 있는 뜨거운 물로 차를 만들어 한 모금 마시니 한결 가슴이 편안하다. 비 오는 소리와 집을 날려보낼 것 같은 거센 바람 소리로 잠을 자는 둥 마는 둥 하고 아침에 일어나 바깥을 내다보니 이 동네 남자들은 다 어디로 갔는지 이른 아침부터 부지런한 아낙들만 삼삼오오 모여 길거리 청소를 시작한다. 길 한편에는 아침 장마당이 서는지 시끌벅적하고 길 떠날 나그네들은 떠날 준비로 분주하다. 활기찬 모습에 덩달아 기운이 솟으며 기분마저 상쾌해졌다.

라오 팅기리 Lao Tingiri

니얄람에서는 약 150km 떨어져 있는 라오 팅기리는 티베트 쪽의 에베레스트 베이스캠프로 들어가는 입구에 있는 동네로 니얄람보다 훨씬 더 작아 집이 몇 채 밖에 없어 보인다.

에베레스트 산에서 보면 북서쪽으로 약 60km 떨어져 있는 마을이며 주로 에베레스트 산으로 들어가기 전에 사전 준비와 휴식을 취하기 위해 묵는 곳이다.

이곳은 고도가 14,200피트이니 약 17,300피트(5,200m)의 베이스캠프를 올라가기 위해서 고도 적응을 할 수 있는 마지막 마을이다. 물론 고산증을 앓지 않는 사람들은 걱정할 필요가 없겠지만, 대부분의 사람은 7,000~8,000피트에서 벌써 증세가 나타나고 13,000피트에서는 아주 힘겨워한다.

또 많은 등산인은 이 마을에서부터 시작하여 베이스캠프까지 자전거로 아니면 걸어 자연과 함께하며 힘든 트레킹(trekking)을 시작한다. 니얄람을 떠나 약 두 시간쯤 오니 카일라시 산으로 가는 길이 왼쪽으로 갈라진다.

니얄람에서부터 앞서거니 뒤서거니 하고 함께 오던 차들은 모두 그 길로 들어가고 이제 베이스 캠프로 가는 길에는 우리 차만 홀로 남았다. 순례자들은 이런 비포장도로를 약 2일 더 가 천산(Holy Mountain)인 카일라시(Kailashi) 산에 도착한다. 그리고 산 주위를 돌며 그들이 믿는 신에게 조금이라도 더 가깝게 다가가는 체험을 한다.

이 산은 시바(Shiva), 크리스나(Krisna) 신이 사는 신성한 산이므로 사람들은 절대로 산에 올라가지 않는데 히말라야 산맥에 있는 산 중에는 이처럼 사람들이 등반하는 것을 절대로 허락하지 않는 천산(Holy Mountain)이 몇 개 더 있다.

또한, 산 밑에 있는 마나스로바(Manasrova) 호수에 들어가서 머리와 몸을 물 속 깊게 담그므로써 지금까지 지은 모든 죄의 사함을 받는다고 굳게 믿는다.

무슨 종교이든 간에 자기가 믿고 있는 신을 만나는 체험을 하기 위해 물질적으로, 신체적으로 그리고 경제적인 부담을 안고 머나먼 여정을 떠나는 순례자들은 얼마나 아름답고 순수한 영혼의 소유자들인가?

푸른 하늘 속으로 위풍당당하게 높이 솟은 산들은 한결같이 나무 한 그루 보이지 않는 민둥산들인데 산이 너무 높아서 나무가 자랄 수 없기 때문이다. 높은 산에 하얗게 덮여 있는 것이 하늘의 구름인지 아니면 눈인지 구별이 쉽지 않고 신비로운 기운마저 느껴진다. 아무것도 없는 오아시스 마을에 그나마 손님을 위해 만들어 놓은 피난민 수용소 같은 게스트 하우스(guest house)가 겨우 있을 뿐이다. 방에 들어서니 천정은 나무, 바닥은 비닐 장판, 벽은 헝겊 조각으로 둘러 가렸고 나무 침상에 얇은 스펀지 매트리스와 담요 한 장, 낮은 베개 하나 그리고 조그마한 탁자뿐이었다. 양철 문은 잘 맞지가 않아 틈새로 바람이 들어오고 벽에는 유일하게 밖을 내다볼 수 있는 작은 창문이 있다. 네덜란드에서 온 10명의 자전거 여행자들은 이곳에 숙소를 정하고 아침 일찍 에베레스트 베이스캠프에 갔다가 좀 전에 돌아왔다는데 난 그들이 부러워 죽겠다. 이곳까지 왔는데 아직도 자신이 없어 베이스캠프에 가야 할지 포기를 해야 할지 갈팡질팡하는 내가 어찌 그곳을 다녀온 사람들을 보고 부러워하지 않을 수 있을까? 말을 많이 하지 말고 신부처럼 천천히 걷고 절대 숨이 차지 않도록 조심하라는 안내인의 말을 지키도록 애쓰면서도 마음속에는 다녀온 사람들에게 물어 보고 싶은 말들이 너무나 많았다.

아직도 속이 울렁거리고 임신한 여자처럼 속이 매슥거린다. 그래도 혹시 먼저 다녀온 사람들에게 정보를 입수할 겸해서 게스트 하우스의 식당으로 천천히 걸어갔다. 식당은 큰 방으로 가운데 난로가 있고 그 위에 얹어 놓은 물주전자에서는 물이 끓고 있었으며 난로 옆 연료통엔 바짝 마른 염소똥과 야크똥이 수북하였다.

방 벽쪽으로 등을 기댈 수 있게 벤치를 만들어 식사도 하고 차도 마시고 또 누울 수도 있었다. 마침 에베레스트에서 들어온 네덜란드 자전거 여행팀들이 삼삼오오 짝을 지어 들어와선 길게 눕기도 하고 몇 명은 의자에 앉는다. 또 에베레스트 베이스캠프를 떠나 장무로 향하는 젊은 미국팀(6명의 여자와 2명의 남자)들도 점심 요기를 하러 들어왔다.

그중 한 명은 헌팅톤 비치(Huntington Beach)에 살며 유에스씨(USC) 병원에서 약사로 일하는 분인데 "물 많이 마시고 타이레놀 먹고…", "꼭 가봐야 한다", "이곳까지 왔는데 포기하지 말아라"며 용기를 주는데 용기를 주는 그들의 얼굴도 몹시 힘들어 보인다.

네덜란드에서 자전거 여행을 온 73세의 할아버지는 열살 때부터 자전거를 타기 시작하여 유럽을 누비고 다니며 안 가본 곳이 거의 없다고 말한다. 네덜란드는 지면이 낮아 500피트만 올라가도 보통 사람들은 죽는다고 아우성인데 다행히 자기는 오랫동안 훈련을 해 왔기 때문에 용기를 가지고 도전해 본다고 했다. 이번 여행을 이끌 젊고 경험이 많은 대장 한 명과 자기를 포함한 대원 9명이 20일 여정으로 자전거 여행을 계획하여 라싸에서부터 카트만두까지 간다는 그들과 이야기하는 동안 73세의 노인도, 다른 사람들도 갔으니 나도 갈 수 있다는 자신감이 생겼다.

게스트하우스 식당 내부

"그래! 가보자! 가 보는 거야! 이곳까지 왔는데 그냥 스쳐 가면 억울하잖아! 올라갔다가 정 힘들면 산소 마시고 내려오면 되지 뭐."라고 호기롭게 간다로 마음은 정했지만 한편에서는 "너 미쳤어? 거기 안가면 누가 뭐래? 네 나이 생각을 해야지… 괜히 병신 되면 어떻게 하려고…? 이건 가늘고 길게 사는 인생이 아니잖아?"라고 붙잡는다.

유난히 세게 부는 바람은 내 마음속에도 흙먼지를 일으키며 불어대고 저 멀리 에베레스트 산이 있다는 곳의 하늘에서는 시꺼먼 구름이 몰려오기 시작한다. 저녁 8시 반인데 아직도 훤하다. 오늘따라 왜 이렇게 바람이 부는 거야? 심란한 내 마음이 갈팡질팡한다. 제발 내일은 날씨가 맑았으면 좋겠다.

잠을 잘 자야 할 텐데…. 배도 고프지 않고 먹고 싶은 생각도 없지만, 마늘 수프를 시켜 먹고 방으로 어슬렁거리고 들어갔다. 추울지도 모르니 양말이랑 옷을 잔뜩 껴입고 침대에 누워 책을 펴 어렵게 잠을 청해본다.

누워서 생각해 보니 너무나 한심하다. 아마 누가 나보고 이런 곳에서 자라고 했으면 내가 뭐라고 했을까? 사서 고생이다 싶어도 그나마 하늘을 가리고 바람을 막을 수 있는 곳이 있으니 감사해야지. 이나마 이런 집이 없다면 어디서 하룻밤을 묵겠는가?

주인장 여인의 염소 털로 안감을 댄 치마만 봐도 이곳이 얼마나 추운지 짐작이 간다. 가게에서 구입한 에베레스트 산에서 캐왔다는 화석을 만지작거리며 그 화석이 묻혀 있었을 에베레스트 산 위로 내 마음은 고산증 증세 없이 잘도 달려간다.

에베레스트 베이스 캠프
Everest Mountain Base camp

밤새도록 온 세상을 날려 보낼 듯 그렇게 불어대던 바람도 멎어버린 화창한 아침이다. 어제 저녁에는 검은 구름에 덮여 볼 수 없었던 눈 덮인 높은 산들은 눈이 부시게 화려하다. 날씨가 좋으니 산을 잘 볼 수 있을 거라고 좋은 사진 많이 찍으라고 격려해주는 다른 여행객들과 함께 아침 식탁에 마주 앉았다.

흥분해서 인지 고산증 때문인지 전혀 먹고 싶지가 않다. 그래도 에너지가 필요할 텐데 무엇이라도 좀 먹어두라는 성화에 겨우 마늘 수프 한 종지로 아침을 대신하고 하룻밤 묵은 판자촌 같은 숙소를 떠나 에베레스트로 향했다.

민간인이 지키는 검문소에서 여행 허가서, 여권, 티베트 입국 허가서, 운전사 운전 면허증, 그리고 안내인의 안내인 증명서를 보인 후에 검문소를 통과해서 한 시간 정도 가니 한 30가구쯤 되어 보이는 아주 작은 티베트인들의 마을이 나타났다.

티베트인들의 집은 주로 이층집인데 지붕은 평평하고 각 모서리에는 얕은 굴뚝 모양으로 쌓고 그 곳에 룽다를 걸어 놓았다. 바람에 펄럭이는 룽다는 티베트 가정집이나 사원은 물론 서낭당 같은 언덕 위에도 걸려 있었다. 집에 들어가는 문과 창문 위는 나무로 장식하고 그 위에 그림을 그리고 단청을 칠하여 보통 가정집인데도

참 아름답다. 두 뺨이 유난히도 붉은 통통하게 살이 찐 아이들이 마당에서 뛰어노는 모습이 너무 귀여워 웃음이 절로 피어오른다.

이 동네의 끝자락에는 군인들이 지키는 제2검문소가 있어 똑같이 서류를 보여준 후에 통과 할 수 있었다. 소문에 의하면 2008년 어떤 외국인이 에베레스트 산으로 '티베트 독립만세'라고 쓴 플래카드를 들고 올라갔다 한다. 그리고 그 모습이 유튜브나 사진을 통해 퍼져나가 이슈화되었고 세계의 많은 나라와 사람들이 티베트 독립을 지지한다며 북경 올림픽을 보이콧 한 사건이 있었다. 중국 당국에서는 다시는 이런 일이 일어나지 않도록 많은 검문소를 세워 원천 봉쇄를 하고 있었는데 은근히 반발심을 일으키는 강압적인 방법이다.

티베트에서는 혼자 여행을 할 수 없고 꼭 안내인을 동반해야 하는데 이는 일종의 불미스러운 일이 생기지 않도록 사전에 방지하고 책임 지우려는 방법일 것이다.

길을 비포장도로로 놔두는 것도 그곳까지 가는 길을 쉽지 않게 하려 함인지도 모르겠다. 넓은 개천 옆으로 나 있는 비포장도로를 지나고 얼음이 덮여 있는 개울도 지난다. 오랜 세월 동안 흐르는 강물에 깎여 기묘한 형상을 한 신기한 바위와 돌들이 여기저기 나 뒹굴고 있다. 이렇게 높은 산 속에 웬 사막이 있을까 마는 나무가 없는 민둥산이 평평해 보이니 마치 사막을 지나는 것 같았다.

에베레스트 산! 소문으로, 사진으로, 책 속에서, 영화에서 등반하는 이들의 모습과 이야기를 수없이 보고 들어 왔건만 그곳에 이르는 길은 전혀 상상이 가지 않았다. 항상 눈 덮이고 구름에 가려진 높은 산 위에 온통 얼굴을 다 가려 누구인지 알 수 없는 산악인이 정상에 오른 후 자기 나라 국기를 들고 찍은 감격스러운 순간의 사진만 보아 왔기 때문일까?

실제로 마주한 에베레스트 산은 나무 한 그루도 자랄 수 없는 황량한 산으로 보이는 것은 오직 돌과 흙 그리고 눈 뿐이다. 어떠한 생물도 살것 같지 않은 척박한 땅과 마주하니 왠지 모를 쓸쓸함 마저 몰려 든다.

에베레스트산

무엇을 위하여 수많은 산악인들은 이리도 험준한 산에 생명을 내걸고 오르려 하는 것일까? 세계적인 기록을 위하여? 나만의 성취감을 위하여? 이유야 어쨌든 그들의 피나는 노력과 의지, 그리고 오랜 시간을 들여 체력은 물론 고산 적응 훈련 등을 쌓은 후에야 갈 수 있는 듯이니 그들을 향한 존경의 마음이 생기는 것은 너무나 당연하다.

그런 사람들이 잠시 머무는 곳인 베이스캠프까지 가는 것만도 나에게는 너무나 큰 도전이고 모험이다. 나는 적어도 에베레스트 산 아래 두 발을 딛고 서서 내 두 눈으로 직접 산을 보고 싶었다. 그리고 산을 오르기 위해 온 사람들을 만나 대화도 해보고 싶었다. 도대체 무엇이 그 힘든 인내와 고통을 넘어 당신들을 이곳으로 이끌었느냐고 묻고 싶다.

가는 길 오른쪽으로는 하얀 눈으로 덮여있는 티베트인들의 성산(Holy Mountain)인 시시바모(Shishibamo) 산이 보인다. 많은 산악인이 도전했지만, 경사가 매우 급하고 험난해 살아 돌아온 사람이 한 명도 없는 그래서 아직도 정상을 허락하지 않은 산이다. 티베트 사람들은 신이 사는 성산에 도전했기 때문에 죽임을 당한 것이라 믿고 있어 지금은 더는 이 산에 등반하는 것을 허락해 주지 않는다고 한다.

트래킹하는 젊은이들이 무거운 백팩(Backpack)을 메고 힘겹게 걸어가는 모습이 차창 너머로 보인다. 에베레스트 산을 티베트에서는 쿠무랑마(Qumulangma) 산이라 부르는데 이는 신들의 어머니(Mother Goddess)라는 뜻이 있다고 한다.

산을 오르기 전에 모든 준비물을 재점검하고 고산증에 적응하기 위해 마지막으로 며칠 쉬는 곳인 이 베이스캠프는 고도가 17,000(5,200m)피트이다. 네팔 쪽 베이스캠프에서 에베레스트 산을 올라 가는 데는 약 14일이 걸리는 데 비해 티베트 쪽으로 올라갈 경우 워낙 경사가 급하고 험난하여 40일이 소요된다고 귀뜸해 준다. 이럴 줄 알았으면 네팔 쪽의 베이스를 선택할 것을 조금 고도가 낮다고 티베트 쪽을 택한 것을 후회했다.

에베레스트 캠프 롱부 사원

네팔의 에베레스트 베이스캠프는 5,360m이고 티베트의 베이스캠프 고도는 5,200m이니 160m 차이가 난다. 우리가 탄 토요다 랜드 쿠르스(Toyota Land Cruise) 차는 덜커덩덜커덩 거리며 천천히 자갈길을 지나다가 흙이 부드러운 언덕에서는 자동차가 헛바퀴만 돌며 올라가지를 못한다. 내려서 차를 밀어 볼까라는 생각을 했는데 그것은 매우 위험하다는 것을 잠시 후에 깨달았다. 고산에서 차를 미느라 체력을 소모하게 되면 산소가 적은 이곳에서는 아주 위험한 상황에 부닥칠 수가 있다는 것이다.

여러 번 시도 끝에 결국 포기하고 길이 아닌 곳으로 차를 돌려 겨우 언덕 위로 올라가는 중 베이스캠프에서 내려오는 차를 만났는데 길이 겨우 차 한 대만 통과할 수 있으니 우리 차는 옆으로 비켜서서 마주 오는 차들이 곡예를 하듯 지나갔다. 팅기리를 떠나 처음으로 만나는 자동차들이었다.

중국 관광객들이 두 세 명씩 약 7대의 자동차에 나누어 탔는데 쌩쌩해 보이는 사람이 별로 없다. 모두 파김치처럼 지쳐있어 보이는데 그들의 얼굴만 봐도 가

숨이 덜컹한다. 그래서 나는 깊이 숨을 쉬어보며 가슴도 답답하지 않고 머리도 띵하지 않으니 괜찮을 것 같다고 속으로 안심을 해본다. 안내인 텐진은 "괜찮으냐?"고 물으며 우리들의 표정 살피기에 여념이 없다.

드디어 마지막 검문소에서 다시 모든 증명서를 점검 후에 자동차 차단기를 열어주어 다리(bridge)를 지나니 멀리 보이던 에베레스트 산이 바싹 가깝게 다가오며 왼쪽 산자락에 자리잡은 롱부(Rongbu) 사원이 시야에 들어온다. 티베트에서 가장 높은 곳에 있는 사원으로 한때는 2,000명이 넘는 승려들이 있을 만큼 번성했던 사원이며 여자 비구니들도 있었던 유일한 사원이라고 한다. 지금은 20명의 승려와 10명의 비구니만이 이 사원을 지키고 있다.

사원 앞에 세워놓은 탑에 매달려 펄럭이고 있는 룽다 뒤로 하얀 에베레스트 산이 선명하게 다가온다. 베이스캠프로 향하는 길을 막고 먼지를 내며 앞서거니 뒤서거니 걸어가는 야크떼 한 무리가 보인다.

사원에서는 내려가는 듯 보이는 곳에 천막들이 쳐 있는데 저곳이 바로 베이스캠프라 한다. 아! 베이스캠프라는 곳이 바로 저렇게 판자촌 아니 천막촌이구

에베레스트 산 아래 베이스캠프

나! 드디어 왔구나! 환희로 가슴이 팡팡 띈다. 용수철 튀듯 차에서 내려 막 뛰어가려는 나를 텐진이 잡는다. 천천히, 천천히 걸어가라며 나를 단류한다. 뒤에 보이는 웅장한 산, 그게 바로 그 유명한 에베레스트 산이다. 이곳을 오기 위해 얼마나 오랫동안 준비해 왔던가?

천막촌 뒤에는 산으로 올라가는 길가에 돌을 차곡차곡 쌓아 올려 산악인들의 안전과 성공을 기원했던 흔적인 작은 돌무더기가 수백 개나 서 있다. 이 천막촌이 바로 등반대들이 준비하는 동안 머무는 호텔이다. 천막 안은 팅기리 식당같이 가운데 난로가 있고 사방으로 앉고 누울 수 있는 의자와 드문드문 낮은 책상을 놓아 식사할 수 있고 차도 마실 수 있다. 의자 한편엔 밤에 덮고 잘 화려한 무늬의 밍크 담요가 높다랗게 쌓여있는 모습이 이채롭다.

물론 남녀 모두 한 천막 안에서 누워 자고 화장실이나 목욕실도 보이지 않는다. 호텔 앞에 차려놓은 난전에는 기기묘묘하고 형형색색의 돌멩이가 놓여있고 이것들이 유일하게 판매되고 있는 에베레스트의 기념품이다. 어차피 이곳엔 돌겡이가 기념품이니 땅에 굴러다니는 예쁜 돌멩이 하나를 주워 기념품으로 간직하니 왠지 뿌듯하다.

천막 호텔 안으로 들어가니 난로 위 주전자에는 물이 끓고 있었다. 에베레스트

베이스 캠프 천막 내부

산에 쌓인 눈으로 끓인 물이라는데 이 물에 차(tea)를 타면 귀하고 순수한 에베레스트의 물맛을 못 보고 놓칠 것만 같아 그냥 맹물을 마시기로 했다. 한 모금 마신 물이 목을 타고 내려가며 찌르르한 느낌을 준다. 흥분해서일까? 아니면 특별한 물이라서일까? 다시 천천히 물맛을 음미해 보며 혼자서 특별한 의미를 부여해 본다. 천막에서 나와 에베레스트 산을 바라보고 서 있는데도 도무지 실감이 나지 않는다. 산을 마주하고 있는데도 말이다. 두 손을 뻗쳐 산을 잡아보는 시늉도 해 보며 이 순간을 만끽해 본다.

하얀 눈으로 쌓인 나무 한 그루 없는 척박한 산!
홀로 높이 서서 아무에게나 쉽게 정상을 허락하지 않은 도도한 산!
구름도 쉬어가고 바람도 비켜가는 산!
그러기에 수많은 산악인이 오늘도 내일도 그리고 먼 훗날에도 도전하며 정복하려는 산이 바로 내 눈앞에 있는 에베레스트인 것이다.

시가체 Shigatse

베이스캠프로 들어갈 때처럼 3개의 검문소를 지나고 돌멩이가 지천으로 깔린 강을 지나 나무 한 그루, 풀 한 포기 없는 삭막한 붉은 산을 끼고 난 길을 따라 나는 서둘러 에베레스트를 떠났다.
오랜 시간 걸려서 온 곳이지만 너무 오래 있다가 고산 증세가 나타나기 시작하면 대응하기도 힘들뿐더러 이 고도에서 약 1,000m(3,300피트)를 내려가기 위해서는 약 3시간 정도의 시간이 소요되기 때문에 낭패를 당할 수도 있다.
가시소(Gashidso)라는 아주 작은 마을에 들러 간단히 국수로 점심 요기를 하

우리 운전기사(왼쪽) / 가시소시가지 식당주인(오른쪽)

고 잠시 쉬었다. 시가체(Shigatse)로 가는 길은 높은 산을 몇 개나 넘어야 해서 충분한 휴식이 필요하기 때문이다. 지그재그로 산을 올라갈수록 뒤에 두고 온 산이 더 잘 보였지만 중간에 쉬지 않고 끝까지 올라가 가장 높다는 고일라 고지(Goila Pass, 4910m) 정상에서 차를 세웠다. 때마침 정상엔 바람이 잔잔하여 주위의 경관을 보기에 안성맞춤이었다.

조금 전에 지나왔던 구불구불한 길이 저 아래 보이고 멀리 마주 보이는 히말라야 산은 눈부시게 황홀하여 이제 이곳을 떠나려는 내 마음을 사로잡는다. 히말라야 산은 가는 길은 어려웠지만 떠나려는 나를 쉬이 보내지 않으려는 듯 2~3시간 동안 내내 그 장엄한 모습을 보여 주었다.

팅기리(Tingiri)시로 들어와 지은 지 얼마 되지 않은 정말로 아무것도 없이 호텔만 달랑 지어 놓은 새 호텔에 들어갔다. 며칠 만에 처음으로 따뜻한 물에 목욕도 하고 야크 털을 깐 침대에 누우니 온 세상이 내 것 같다. 여전히 입맛은 없고 잠은 안 오는데 얼마나 눈이 피곤한지 눈을 뜰 수가 없다.

히말라야를 다녀온 대학 선배에게 내가 티베트 여행을 간다고 전화를 했더니 "티베트 여행은 헉헉거리며 다니는 거야"라고 했던 말이 생각난다. 그리고 덧붙여 "절대 뛰지 말고, 천천히 걷고…." 그래, 선배말이 맞다. 사실 나는 지금 온 힘을 다해 이 여행을 아주 고통스럽게 즐기고 있는 중이다.

어제 라오 팅기리(Lao Tingiri)에서 만난 사람들이 "물 많이 마시라."라고 해서 정말 하마처럼 물을 많이 마셨는데도 여전히 입이 말라 밤새도록 물 마시고 화장실 가고를 반복하는 동안 아침이 되었다. 그나마 화장실이 방안에 있어 얼마나 다행이었는지 모른다.

아침 식사를 간단히 마치고 다시 시가체로 향했다. 약 한 시간쯤 달려 가솔라 고지(Gyadsolha Pass, 5250m)를 넘으니 처음으로 푸른 나무와 풀이 자라는 자송(Daoshong) 마을이 보인다. 학교도 있고 집도 많이 보여 도시로 들어오나 했더니 또 다른 높은 산인 촐라 고지(Tsola Pass, 4700m)가 가로막고 있어 쉬이 사람들을 돌려보내지 않으려는 것 같다.

촐라 고지에서 내려오니 라체(Lhatse)라는 동네가 나온다. 이 동네는 그 유명한 티베트 칼을 만드는 장인들이 사는 동네며 티베트 전체를 대상으로 하는 시대항 고전 무용 경연 대회에서도 늘 일등을 놓치지 않는 것으로 평판이 자자한 곳으로 티베트에서는 나름 큰 도시에 속한다.

이 동네를 지나자 비로소 평평한 길이 시작되며 시가체(Shigatse)로 연결된다. 집집마다 땔감으로 쓰기 위해 야크 똥을 접시 크기로 만들어 집이나 담장 벽에 붙여 놓는다. 벽에 붙여 다 마르면 떼어 모아 일 년 내내 차곡차곡 쌓아놓았다가 겨울에 땔감으로 사용한다고 한다. 산에 나무가 없으니 이것을 땔감으로 사용할 수밖에 없지만 좋게 생각하면 참으로 친환경적이다.

내가 어릴 때 시골에서 부자들만 소를 가졌던 것처럼 정말 야크는 이들에게 있어 중요한 재산 목록이다. 농사짓는데 도움을 주는 노동력 제공, 고기, 우유, 버터 등의 음식 제공, 가죽으로는 옷, 악기 등 의상 제공, 배설물로 땔감 연료 제공, 이처럼 버릴 것이 하나도 없는 없어서는 안 될 가축이 바로 야크다.

벽에 붙여 말리고 있는 야크 똥

시가체의 타쉬룸포 사원
Shigatse Tashilumpo Monastery

시가체는 티베트에서 두 번째로 큰 도시이며 라싸(Lhasa)에서 약 90km 남서쪽에 있다. 티베트 불교 제 2의 지도자인 판첸 라마(Panchen Lama)가 겔루파(Gulugba)의 4대 사원 중의 하나인 이 타쉬룸포(Tashilumpo) 사원에 거주하고 있어 정치 경제의 중심지로 군림해 왔다.

라마 불교의 제일 지도자는 당연히 달라이 라마(Dalai Lama)로 판첸 라마는 달라이 라마에 의해 뽑힌다. 또한, 달라이 라마가 죽었을 때 그 뒤를 계승할 환생한 달라이 라마를 찾아내는 책임을 가진 사람이 바로 판첸 라마이니 이들이 바로 티베트 종교와 정치의 수장인 것이다.

달라이 라마는 성도인 라싸에 있는 포탈라 궁에 살고 판첸 라마는 바로 이 시가체에 있는 타쉬룸포 사원에 살고 있어 티베트를 찾아오는 이들이 꼭 들리는 곳이 바로 라싸와 시가체이다. 도시는 해발 3,900m(13,000피트)에 있는데도 워낙 높은 데를 다녀와서인지 높다는 느낌이 전혀 들지 않았지만, 말을 많이 한다거나 빨리 걸으면 영락없이 가슴이 뛰고 숨이 차는 것을 보니 높긴 높은가 보다.

이 도시에는 약 80,000명의 티베트 사람인 장족들이 살고 있으며 전기, 전화 등 문화 시설을 갖추고 있어 비로소 문명사회로 다시 되돌아온 듯하였다. 얄룽장보(Yarlung Zangbo) 강과 니앙추(Nyangchu) 강이 합쳐진 넓은 평원인 이 도시는 주로 밀과 보리가 재배되며 야크 방목도 많이 한다. 길 양옆에는 빛바랜 보라색 야생화가 흐드러지게 피어있고 드문드문 야크 떼가 꽃 사이를 걸어 다닌다.

티베트인들은 정월 초하루에 용 머리 모양의 나무배를 만들어 예쁘게 칠한 후

용주선

배 속에는 짬바 가루, 통밀 그리고 소금 등 이곳에서 가장 귀한 물건들을 담아 이 용주선을 사람들이 가장 잘 보이는 곳에 올려놓고 다음 해 정초까지 보관하는 관습이 있다고 한다. 그리고 이 용주선에 하다(hada)라는 하얀 명주 천을 걸어 놓는다. 양제 호텔(Yangtse Hotel)에도 이 용주선을 장식하여 호텔 로비 가장 중심지에 올려놓았는데 내가 티베트에서 지금까지 보아온 어느 용주선보다 가장 크고 화려했다.

시가체는 신도시와 타쉬룸포 사원이 있는 구도시로 나뉜다. 구도시는 주로 평지인데 나지막한 민둥산이 하나 있고 바로 그 산자락에 타쉬룸포 사원이 세워져 있었다. 타쉬룸포 사원은 오후 3시 반부터 관광객들에게 개장하므로 사원 앞에 있는 기념품 가게를 기웃거리며 시간을 때웠다.

시간이 되어 입장권을 사서 타쉬룸포 사원으로 향하는 대문을 들어가니 사원의 금빛 지붕과 라마교의 독특한 장식들이 태양에 반사되어 화려한 자태를 뽐낸다. '타쉬룸포'란 '모든 행복과 행운이 모여 있는 곳'이라는 뜻을 가졌다고 하는데 1447년 제 1대 달라이 라마가 사원을 지은 후 지금까지 10명의 판첸 라마가 머물며 계속 증축해 오늘에 이른다고 한다.

1989년 10대 판첸 라마가 서거한 후 지금 티베트에는 두 명의 판첸 라마가 있는데 한 명은 중국 정부에서 세운 11대 판첸 라마가 있고 또 다른 한 명은 인도에 망명 중인 14대 달라이 라마가 뽑은 판첸 라마가 있다. 소문에 의하면 이 어린 판첸 라마가 지금 어디 있는지 모른다고 하니 만일 판첸 라마로서 교육을 받을 수 없는 환경에 있다면 어떻게 환생한 15대 달라이 라마를 찾아 교육하는 수행을 할 수 있을까? 이들의 미래를 생각하니 갑자기 내 머릿속은 헝클어진 실타래가 되어 가슴을 짓누른다.

높다란 사원과 사원 사이에 좁게 이어진 골목길은 마치 유럽의 어느 마을에 와 있는 듯한 착각마저 든다. 이 사원에는 세상에서 가장 크다는 황금 미륵 불상이 있는데 보수 중이어서 잘 볼 수 없었지만, 불상 손가락 하나의 길이 만도 일 미터라 하니 그 크기와 화려함에 놀랄 수밖에 없다.

또한, 경전을 보관하는 곳과 과거와 현재 그리고 미래의 불상이 나란히 있는 법당. 두 개의 손과 한 개의 머리로는 이 세상의 죄 많은 인생을 구제할 수 없어 부처님께 부탁해 천 개의 손과 천 개의 다리 그리고 11개의 머리를 가진 사람으로 환생한 달라이 라마 모습이 벽에 기대어 앉아 있었다.

수련 중인 어린 라마승들이 불경을 공부하는 곳, 승려들만의 축제의 광장, 사원과 사원 사이에 있는 미로 같은 좁은 길은 이곳을 더욱 신비롭게 만들었다.

법당마다 야크 초 타는 냄새가 짙게 깔리고 불경을 읽는 승려들의 소리는 낭랑

하게 울려 퍼진다.
마니통을 돌리며 걸어가는 할머니의 주름진 얼굴과 아이들의 통통한 빨간 뺨. 사원 건너편으로 걸어가는 승려들의 자줏빛 옷자락, 마치 세상의 모든 행운이 이곳에 몰려있는 것처럼 평화로워 보인다.

간체 Gyantse

시가체에서 약 100km, 약 2시간 거리에 있고 라싸에서 260km 남서쪽에 있는 간체는 티베트에서 3번째로 큰 도시로 한때 무역의 중심지였다. 고도 13,000 피트에 있는 이 동네는 네팔의 카트만두를 연결하는 우정로(Friendship Highway)가 지나가는 도시로 약 60,000명의 인구가 살고 있다.

시가체를 떠나 간체로 가는 길에서 카올라 빙하(Kaola glacier)를 볼 수 있는 것은 뜻밖의 횡재였다. 갑자기 날씨가 어둑어둑하더니 비를 뿌리기 시작하여 으스스하였는데 이곳에서 빙하가 시작되려고 그랬나 보다. 빙하는 5,030m 고지에 있었는데 산골짝 위로 연결되어 있어 얼마나 높은지는 모르겠지만 어떻게 이곳에 빙하가 있을 수 있는지 의아스러웠다. 이곳도 예외 없이 스투파 탑 위로 오방색 룽다가 바람에 찢기듯 날리고 있었다.

차에서 내려 빙하의 눈 위를 걸어도 보고 그곳에서 기념품을 파는 사람들과 이야기도 하며 잠시 시간을 보냈는데 너무 추워 더는 머물 수가 없었다. 내리던 비는 눈으로 변했고 펄펄 날리는 눈이 온 들판을 삽시간에 하얗게 만들어 버렸다. 이런 기후이니 빙하가 형성될 수 있겠다는 생각이 비로소 들었다.

산을 떠나니 거짓말같이 눈이 다시 비로 변했고 동네로 들어올 두렵은 비도 끝나서 마치 꿈속에서 빙하를 다녀온 듯하다. 주유소에서 기름을 넣고 움츠린 몸도 펴고 다시 차에 올라 간체의 중심인 사원이 있는 곳으로 향했다. 동네 언덕 위에 높은 집이 보이고 그 아래 유명한 사원과 탑이 있었다.

14세기 이곳을 다스리던 수장이 동네 제일 높은 바위산 위에 간체종이란 성을 지었고 3km나 되는 성벽도 쌓았다. 산 위에 세워진 성에서부터 세운 성벽은

백거사와 백거 불탑 뒤 산으로 연결되어 있었다.

특히 이곳에서 생산되는 질 좋은 양모(wool)와 그 양모사로 만든 카페트는 네팔, 인도 그리고 중국으로 팔려 나갔고 그래서 무역의 중심 도시가 되었지만 그로 인해 영국 군인들이 쳐들어오는 계기가 되었다고 하니 참으로 씁쓸한 역사가 아닐 수 없다. 1904년 영국의 영 허즈밴드 장군(Colonel Yong Husband)이 이끈 군대와의 전쟁에서 티베트인들은 열악한 무기로 두 달 동안 버티며 싸웠지만, 결국 함락되었고 1949년 중국인에 의해 밀려날 때까지 45년 동안 영국이 점령했다.

홍수와 폭동으로 도시는 피폐해지고 전 중국대륙을 휩쓴 문화 혁명으로 인해 약 400명의 승려가 사원에서 쫓겨나자 아무도 돌보지 않은 사원은 황폐한 상태로 변해 버렸지만 다행히 없어지지 않고 남아 있어 지금은 티베트인들의 정신적 중심으로 자리매김하게 되었다.

1418년에 지은 쿰붐(Kumbum) 사원이 있고 바로 그 옆에는 1427년에 지은 펠코 탑(Pelkor Stupa)이 있어 이곳을 지나는 사람들의 발길을 불러 모은다. 입구 양쪽에 세워놓은 마니통은 들어가고 나오는 수많은 사람이 만져서인지 반질반질하다. 마주 보이는 사원 입구에는 많은 사람이 '오체투지'를 하고 있었고 한쪽에는 그냥 앉아 있는 사람도 많았다.

그리 크지 않은 사원 속은 매우 어두웠고 자줏빛 법의를 걸친 라마승들은 어두운 불 밑에서 소리 내어 경을 읽고 있었다. 사원 안은 야크 기름으로 만든 초 타는 냄새가 가득하여 엄숙한 분위기가 감돌았다.

또 짬바로 만든 부처님에게 바치는 공양은 색칠을 하여 마치 조각 작품을 보는 듯 하였다. 사원 옆에는 쿰붐 불탑이 있었는데 이는 네팔식으로 지은 독특한 건축 양식으로 티베트에 있는 불탑 중 가장 크고 아름답다고 한다.

높이가 115피트로 모두 9층인데 5층까지는 팔각형이고 6층은 원형이며 아름다운 그림이 그려져 있다. 7층은 다시 사각으로 네팔에서 흔히 볼 수 있는 부처의

눈, 일명 보호의 눈이 사방에 그려져 있어 이곳을 찾아오는 이들을 보호해 주는 듯 신비하였으며 지붕은 황금색 돔으로 예쁘게 장식하였다.
입구에서는 사진기나 비디오를 가지고 가면 요금을 내고 사진을 찍을 수 있게

허락해 준다. 시계 방향으로 돌면 각 층마다 불상과 벽화가 그려진 작은 방들이 여러 개 있다. 77개의 조그만 법당에다 조그마한 방까지 합하면 모두 108개의 방이 있고 법당 안에 그려져 있는 불상이 모두 십만 개나 된다니 모두 한 곳에 모으면 어떤 모습이 될지 궁금하다.

이 동네 자체가 고지(13,000피트)여서 걷기가 힘든데 건물 계단으로 올라다니며 방을 보려니 여간 힘들지 않았다. 게다가 올라가는 계단이 좁고 가팔라 한 명만 올라 가거나 내려 갈 수 있다. 그래도 이곳까지 왔으니 제일 높은데 무엇이 있는지 꼭 가 보아야 하지 않겠는가?

각 방에 전시된 벽화가 만 개가 있다 하여 이 백거 탑을 일명 쿰붐탑이라 부른다는데 끝까지 올라와서 내려다 보니 역시 잘 올라왔다는 생각이 든다. 이곳 또한 많은 티베트인이 사원 경내에서 오체투지를 하는 모습과 보릿가루를 반죽해서 만들어 놓은 불심의 예술조각을 볼 수 있었다.

남체 호수 Namtse Lake

티베트에는 티베트인들이 신성(Holy)시 하는 호수가 3개 있는데 라싸 북쪽에 있는 남체(Namtse)호수, 남쪽에 있는 얌드록 염(Yamdrok-Yum)호수, 서쪽에 있는 마나스로바(Manasrovar)호수이다.

라싸에서 북서쪽으로 112km 떨어져 있어 약 3시간 걸리는 거리에 있는 남체 호수는 하루에 다녀오기에는 빡빡한 여정이지만 길이 좋은 청장공로를 이용하면 가능하다 하여 이른 새벽에 길을 나섰다. 하룻밤 자고 올 수도 있었지만 4,700m 고지에 있는 호수이기도 하고 내가 그곳을 갈 수 있을지 없을지도 모르는 상황이라 그냥 보고만 오기로 했다.

남체(남초) 호수는 세계에서 두 번째로 큰 염수(salt water)호이며 세계에서 가장 높은 하늘 가까운 4,718m (15,475피트) 고지에 있어 일명 하늘 호수(Sky lake)라 부른다. 이 호수는 티베트인들이 가장 신성시하는 성호(Holy lake)이며 하늘과 호수가 맞닿아 태고의 신비를 고스란히 간직하고 있는 듯하다. 칭하이 티베트 고원에 자리 잡고 있는 이 호수는 비와 눈 녹은 물로 이루어진 큰 호수로 풍광이 정말 아름답다.

바다처럼 큰 호수에 가득한 깊은 초록빛 맑은 물에 비치는 눈 덮인 산을 바라보고 있노라면 마음이 평온해진다. 그래서 수많은 티베트 순례자들이 이곳을 찾는가 보다. 겨울에는 꽝꽝 언 호수 위를, 여름에는 호숫가를 돌며 순례하는 사람들이 많았는데 얼마 전부터 얼음 위를 걷는 것은 위험하여 금하고 있다고 한다.

마니통을 돌리며 호수 둘레를 걸으면 도대체 며칠이나 걸릴까? 궁금하였는데 약 18~20일이 걸린다고 하니 역시 수도의 길은 멀고도 험난하다. 호수는 3월에서 12월까지만 개방하는데 눈이 오면 위험해 못 들어가게 입구를 통제 할 만큼 기후가 변화무쌍한 곳이다.

호수 가는 길에 있는 라켄라 고지(La Ken la Pass 5,190m)에서는 호수 전치의 경치를 멀리서 바라볼 수 있는 데 비해 막상 호숫가에서는 마치 바닷가에 서서 수평선을 보는 느낌이 든다.

하늘 호수 남체로 가는 길은 그림에서나 볼 수 있는 아름다운 경치의 연속이었다. 하늘 호수로 가는 길이 이리도 아름다운데 정말 하늘나라로 가는 길은 얼마나 아름다울까?

뭉게구름이 수놓은 푸른 하늘!
푸른 초장에 한가롭게 풀을 뜯고 서 있는 야크 떼!
그 뒤르 병풍처럼 둘러 서 있는 눈 덮인 높은 산!

떠날 대는 쾌청한 날씨였는데 양바천 온천(Yangbachen hot spring)으로 가는 담슝(Damxung) 삼거리를 지나 라켄라 고지를 향해서 닌첸 탱굴라(Nyenchen Tangulha) 산으로 들어오니 날씨가 어두워지며 비가 슬슬 뿌리더니 급기야 하얀 눈이 펄펄 내리기 시작한다.

호수를 잘 보기 위해 정상에서 잠시 차를 세우고 내리려 차 문을 여니 찬 바람이 획 하니 몰아친다. 단단히 옷을 입고 내려 걸어가는데 얼마나 바람이 부는지 몸이 앞으로 나가지가 않는다. 춥지도 않은지 몇 마리의 염소와 야크 떼가 바람 부는 산 위에 서 있다.

사진을 몇 장 찍었는데 이 동물의 소유자인 티베트인이 달려와 카메라를 낚아 채며 돈을 요구한다. 집에서 키우는 가축들을 데리고 나와 관광객들에게 사진을 찍게 하여 돈벌이를 하는 것이다. 씁쓸한 생각에 쓴 웃음이 나지만 마땅한 야크 사진도 없고 해서 돈을 내고 산을 배경으로 사진을 찍었다. 기분을 바꿔 정상 표시판 앞에서도 한 장 찰칵하고 서둘러 정상을 내려와 호수로 향한다.

호수에 도착하니 눈이 오고 바람이 불고 너무 추워 물가로 가고 싶은 생각이 싹 사라질 만큼 다리가 떨려 온다. 관광객을 위한 숙소 그리고 식당이 몇 개 있고 난전 기념품 가게가 보이는데 날씨 탓인지 기념품 가게는 모두 문을 닫았.

어렵사리 이곳까지 왔으니 적어도 호수까지는 걸어가 물에 손이라도 한번 넣어 봐야 될 텐데…. 호수는 길이가 70km 넓이가 30km 수심이 35m로 많은 철새의 보금자리란다. 또 이곳에는 동충하초를 비롯하여 설련 등 귀한 약재가 많이 난다. 호숫가 옆에 있는 작은 돌산에 룽다가 걸려 있는 것을 보니 이곳에도 사원이 있나 보다. 물맛을 보니 유타(Utah)주에 있는 쏠트레이크(Salt Lkae)의

물보다는 덜 짠 것 같다. 역시 성호라서인지 염전을 만들어 소금을 만들 생각 조차 하지 않는다. 물가에는 야크 또는 말들이 서 있고 요금을 지불하면 이들을 타고 호수를 배경으로 사진을 찍을 수도 있다.

시커먼 구름이 산 저쪽에서 몰려오며 바람이 씽씽 불어댄다. 명경같이 고요한 호수를 기대했는데 마치 거대한 파도가 밀려오는 바다에 서 있는 듯한 느낌이다. 눈 덮인 산이 호수에 비치는 사진을 찍어보려고 기다렸지만, 너무나 추워 포기하고 말았다. 아마 이곳에서 하룻밤 묵으며 다음날 좋은 날씨에 아름다운 호수를 다시 볼 수도 있고 좋은 사진도 찍을 수 있겠지만 보장할 수도 없을 뿐더러 몸의 상태도 썩 좋지가 않아 서둘러 라싸로 돌아왔다.

높은 고도에서 하는 여행이고 또 여행이 끝나갈 무렵이어서 인지 쉽게 피곤해서 오는 차 속에서 난 내내 잠만 잤다. 그리고 호텔에 돌아와서도 그냥 침대에 들어가 계속 잠을 잤다. 괜찮다 생각해도 고산지대의 여행은 힘들기는 힘든가보다.

얌드록염 호수 Yomdrok-Yum Lake

얌드록염 호수는 간체(Gyantse)에서 약 90km 떨어진 라싸로 가는 길목에 있는 티베트인들이 신성시하는 호수 중 하나이다.

간체 도시를 떠나 캄바라 고지(kumbala Pass 4,794m)를 올라가는 길 오른쪽에 호수가 보이기 시작하여 거의 고지에 다다라서 호수를 내려다볼 수 있지간, 호수 전체를 한눈에 보기는 불가능하다. 왜냐하면, 산을 끼고 계곡을 막아 만든듯한 이 호수의 길이가 장장 80마일이며 넓이는 250㎢ 이니 말이다.

초록색 물속의 깊이는 정확히 알 수 없지만 아마 20~40m일 거라고 추측만 하는 이 호수의 모양은 원형이나 타원형이 아닌데 산을 끼고 있어 마치 부챗살 모양인 것 같기도 하고 바닷속에 있는 산호초 모양 같기도 하다. 그래서 일명 이 호수를 산호초 호수(Coral lake)라고도 부른다.

티베트말로 '얌(Yom)'은 '위(upper)'라는 뜻이고 '드록(Drok)'은 '풀이 있는 초장'이며 '염(Yum)'은 '옥'이고 '쵸(Tso)'는 '호수'이니 '높은 초장에 있는 옥같이 맑은 호수(Jade lake in upper pastureland)'라는 뜻이 있다.

얄랑창포강 남쪽에 있는 이 호수는 수백만 년 전에는 강물이 흘러 들어 왔는데 떨어진 큰 돌이 물이 들어오는 입구를 막아 강과 호수를 갈라놓았다고 한다.

또 내려오는 한 신화에 의하면 원래 이 호수가 된 자리에는 샘물이 있었다고 한다. 그 샘물에서 멀지 않은 곳에 욕심 많은 부자가 살았는데 이 집에 다와(Dawa)라는 충직한 청년이 머슴살이 하고 있었다. 하루는 이 머슴이 샘물가에서 죽어 가고 있는 금붕어를 발견하고 금붕어를 집어 샘물 속으로 넣어 주었더니 물속으로 들어간 금붕어는 금세 예쁜 처녀로 변해서 다와에게 감사의 뜻으로 보물을 건네주었다.

이 소식을 전해 들은 욕심쟁이 주인은 다와를 앞세우고 샘물로 와 처녀를 불러오라며 실랑이를 하다 다와를 우물 속으로 밀어 넣어 버렸고 금붕어의 변신인 처녀가 이번엔 큰 파도로 변신하여 그 욕심쟁이를 덮쳐 모두 물속으로 빨려 들어갔다. 이런 일이 일어난 후 그때 나왔던 물로 인해 샘이 호수로 변해 버렸다는 전설도 내려온다.

호수는 4,440m 고지에 있으며 호수 안에는 크고 작은 10여 개의 섬이 동동 떠 있다. '분노한 신들의 안식처'라고 부르는 이 얌드록염 호수는 수많은 티베트의 순례자들이 몰려오는 곳으로 호수 주위에 서 있는 눈 덮인 산과 거울 같은 호수가 어우러져 경관이 얼마나 아름다운지 모른다. 이 넓은 호수에 유람선도 더 있을 법하지만 절대로 허락되지 않는다.

호수의 물은 담수만이 아닌 아주 낮은 농도의 염분을 합류하고 있어 11월이 되어야 얼기 시작한다. 그래서 물이 얼기 전 10월에 동네 사람들은 이 호수의 고기를 잡아 라싸의 어물 시장으로 보낸다. 또한, 1996년 파이티(Pai ti)라는 작은 동네에 세운 수력 발전소는 얌드록 호숫물을 이용하는데 티베트에서는 가장 큰 수력 발전소라 하며 백조, 비둘기, 노랑 오리, 코모란 등의 새들이 서식하는 이 호수의 물은 강으로 흘러나가지 않고 고여있다고 한다.

라싸 Lhasa

라싸는 티베트의 성도로서 정치·종교의 중심지이다. 오랫동안 서장이라 불렸고 '신의 땅(place of Gods)', '염소의 땅(place of goats)'이라는 뜻이 있으며 '성지(Holy land)' 또는 '부처님의 땅(Budah land)'으로 불린 라싸는 1300년 전부터 사람이 살아왔다. 다른 도시와는 달리 고도가 13,500피트나 높은 곳이므로 일반인이 생활하는 곳에 비해 산소량이 68% 밖에 안 되기 때문에 많은 사람이 쉽게 방문할 수 없는 단점으로 인해 베일에 감추어져 있는 사진이나 영화, 책에서만 볼 수 있는 정말 머나먼 도시이다.

티베트 고원에 있는 이곳의 기후는 일 년 내내 선선하고 건조하다. 여름은 화씨 60도를 오르내리며 비가 많이 오는데 하와이처럼 밤에 주로 비가 오고 낮에는 햇빛이 나며 겨울은 화씨 30도이니 생각만큼 춥지는 않지만 높은 산이나 북쪽의 기후는 이곳과 전혀 다르다. 약 1,200 제곱마일 크기의 라싸는 고원에 있는 평지로 온화한 기후를 가졌고 일조량이 많아 밀, 보리 등 농사를 많이 짓는다. 90% 이상의 티베트인들은 라마 불교를 믿으며 매일 매일의 생활이 종교와 매우 밀접한 관계가 있기에 다른곳에서는 보기 힘든 색다른 문화와 신비스러운 종교, 그리고 어쩌면 지리적으로 고립되어 홀로 고스란히 지켜온 티베트만의 기나긴 역사와 전통이 있어 매우 독특한 곳이기도 하다. 특히 수많은 높은 산과 호수 그리고 강이 있는 때문지 않은 자연경관이 많은 사람을 매료시킨다. 이곳으로 오기 위해서는 3가지 방법이 있는데 그 첫째가 시간은 걸리지만 아름다운 경치를 구경하고 고도에 적응하며 올 수 있는 자동차 여행이고, 둘째가 기차를 이용하여 오는 길 그리고 마지막 셋째는 비행기로 오는 방법이 있는데 비행기로 도착하는 대부분의 사람에게는 고도에 적응할 시간이 꼭 필요하다.

2006년에 개통된 북경에서 라싸까지 오는 칭창 열차를 이용할 경우 약 48시간, 꼬박 이틀이 걸린다. 라싸에 있는 공가 공항(Gonggar Airport)은 국내선만 취항하며 시내 중심에서 약 98km 떨어진 얄룽강 건너편에 있다.

7세기 중반 송챈캄포가 얄룽강 가에 있는 도시 라싸를 중심으로 토번 왕국을 세우고 마포리 산(Marpo-Ri, Red hill) 중턱에 포탈라 궁을 세운 이후 지금까지 라싸는 종교 중심지로 자리매김을 하왔다.

3~10월 사이가 티베트를 여행하기에 가장 좋다고 하는데 라싸에서는 포탈라 궁(Potala Palace), 노브링가 여름 궁(Norbulingka Summer Palace), 조캉(Jokhang) 사원, 쎄라(Sera) 사원, 드레퐁(Drepeng) 사원, 바코(Barkor) 거리 그리고 남체(Namtse) 호수를 가 볼 수 있는 정치, 경제 문화의 중심지이다. 우리는 티베트의 노래, 춤, 전통 의상, 액세서리 그리고 음식을 다양하게 접할 수 있을 것 같아 디너쇼에 갔다. 일 인당 180위엔에 저녁 포함이니 값은 괜찮은 것 같았다. 6시 30분에 입장을 하는데 들어가면 입구에서 '하다'라 부르는 하얀 명주 천을 목에 걸어준다.

자리는 지정석으로 예매된 자리에 앉으면 곧바로 음식이 나온다. 야크 고기에 감자를 넣어 만든 조림 같은 요리, 무와 닭발을 볶은 요리, 돼지고기, 생선 요리, 파, 홍당무, 오이 등 야채에 따장 같은 소스를 넣어 볶은 채소요리, 막걸리와 비슷한 티베트 술, 하얀 쌀밥, 속에 아무것도 없는 빵, 무장아찌, 고춧가루 뿌린 프렌치프라이 등이 나왔다. 티베트 음식은 대부분 우리 입맛에도 잘 맞는 것으로 알려져 있지만 내가 먹을 수 있었던 것은 밥과 무장아찌 뿐이었다.

가수들이 나와서 노래도 하고 무희들이 여러 종류의 전통의상을 입고 나와 춤을 추는데 의상이 매우 독특하고 화려했다. 특히 가수들이 노래할 때는 관객이 무대로 올라가서 자기가 가지고 있던 하다를 가수 목에 걸어주고 함께 사진을 찍을 수 있는데 인기 가수는 너무 많은 하다를 목에 걸어 얼굴이 하다에 묻힐 지경이었다.

줄다리기에서 이긴 남자 관람객과 무희의 티베트 전통 결혼식은 그들의 생활문화를 이해하는데 도움이 되었는데 어디서 또 이런 공연을 볼 수 있을까 싶어 만족스러웠다. 마지막 무대에서 보여준 티베트의 각기 다른 고장의 전통 의상

패션쇼는 정말 볼 만했는데 여러 종류의 의상과 장식품이 있는 것에도 놀랐지만 박물관에서 보는 것과는 다른 느낌이어서 정말 좋았다.

조캉 사원 Jokhang Monastery과 바코거리

라싸는 구도시와 신도시로 나뉘는데 조캉 사원 일명 대조사는 구도시 중에도 가장 중심지에 자리 잡고 있다. 수많은 티베트의 순례자들이 며칠 또는 몇 달 동안의 오체투지를 마치는 마지막 종착지가 바로 이 성스러운 조캉 사원이다. 토번 왕국의 송챈캄포 왕에게 시집 온 제1의 왕비 네팔의 부리구티(Bhrikuti) 공주와 제 2의 왕비인 청나라의 문성공주(Wen Chang)가 자기가 살던 나라에서 믿던 불경과 불상을 가지고 왔는데 그것을 모실 곳이 필요해서 647년에 지은 것이 바로 조캉 사원이다.

조캉 사원이 있던 자리는 원래 호수였는데 이곳에 산양들을 이용해 흙을 날러 메운 후 그 자리에 사원을 세웠는데 '라싸'를 '염소의 땅'이라고 한 것은 염소라는 뜻의 '라'와 흙의 '사'를 합한 것으로 바로 여기에서 유래된 것이다.

처음 이 사원을 지을 때는 법당이 8개 뿐이었지만 계속 증축해 오늘날 우리가 보는 사원이 되었다. 불심이 깊은 왕비들에 의해 왕도 왕비와 함께 불교를 믿게 되었고 그리하여 토번 왕국은 불교가 부흥하는 나라가 되었으며 지금까지 티베트에 라마 불교가 뿌리내리고 융성하게 된 기본이 된 것이다.

그 당시 조캉 사원을 짓는 데 필요한 목재를 비롯한 모든 건축 재료는 나무가 잘 자라고 부국했던 네팔에서 가져왔다. 그리고 조캉 사원은 그 당시 청국보다 국력이 왕성했던 네팔을 향하여 지었다. 지금은 많은 사람들이 문성공주의 방을 참배하지만 아마 그 당시는 제일 왕비인 부리구티 네팔 공주의 방을 찾아오는 사람들로 인해 문전성시를 이루었을 것이다. 시집 간 여자는 친정이 든든해야 한다는 말이 새삼 실감 나는 곳이다.

중국보다 국력이 훨씬 약해진 현시점에서 네팔의 공주 방을 찾는 이는 그리 많지 않았다. 나는 조캉 사원에서 아주 가까운 호텔에 묵고 있었기 때문에 사원까지 구경도 할 겸 걸어가기로 했다. 미로 같은 좁은 골목길을 돌아돌아 상점들이 많은 바코 거리를 지나 그 유명한 조캉 사원 앞 광장에 서니 티베트에 사는 사람들이 모두 이곳에 모여 있는 듯 수많은 순례자가 마니통을 돌리며 걷거

조캉사원 앞 광장

나 오체투지하는 모습을 볼 수 있었다.

사원 앞 광장에 높이 세워놓은 깃대에 매달려있는 오방색 깃발이 바람에 흔들린다. 조캉 사원 앞에는 야크 버터와 다니통을 든 참배객들이 줄지어 서서 문 열기를 기다리거나 다른 한편의 많은 사람은 배를 땅에 대고 엎드려 기도드리고 있는 모습이 이방인인 나에게 특이하게 보였다.

사원은 모두 4층으로 아래층이 있는 앞 마당에서는 하늘을 볼 수 있게 'ㅁ'자 식으로 건물들이 지어졌다. 사원 안은 어두웠고 야크 기름 속에 심어놓은 촛불 심지 타는 연기와 향으로 가득했으며 승려들의 경을 읽는 낭랑한 목소리로 가득하였다. 쟘바로 만든 여러 모양의 제사에 쓸 물건이 상에 놓여 있었고 벽에는 많은 선인의 모습이 유리관 속에 진열되어 있었다.

이 사원에는 값으로 계산할 수 없는 수 천 개의 불교 그림인 탕카가 소장되어 있고 800여 개의 금속 불상과 경전이 보관되어 있다고 한다. 특히 문성공즈가 가져온 순금 불상을 보고 축복을 받으려는 행렬은 길게 늘어졌지만 부리그티 공주의 방은 사람들의 발길조차 뜸했다.

나무로 만든 계단을 올라 여러 개의 법당이 있는 2층을 지나 3층으로 올라가니 지붕의 화려한 자태가 눈에 확 들어온다. 황금 칠을 한 두 마리의 사슴이 다주

보고 앉아서 라마 불교의 상징인 둥근 윤회의 바퀴를 바라본다. 이곳에서는 사원 앞 마당에서 기도하는 수많은 사람이 더 잘 보였고 멀리 포탈라 궁의 장엄한 모습도 한눈에 들어온다.

사원 구경을 마치고 나오는 길 왼편에는 승려들이 앉아 불경을 읽으며 광장에서 기도하는 사람들에게 더욱 불심을 심어주려는 듯 보였다. 티베트, 네팔 그리고 중국식 건축의 혼합체인 조캉 사원은 티베트에서 가장 오래된 목조건물이라는데 관리를 잘해서인지 잘 보존되어 있다. 문화 혁명 때는 돼지우리로 전락했었지만 1980년 다시 재건되어 마치 슬픈 티베트의 운명을 보는듯하였다.

복도 천정에 칠해놓은 청색 단청과 파란 하늘, 지붕에 만들어 놓은 황금빛 찬란한 사슴과 윤회의 바퀴, 온갖 무늬로 장식한 마니통, 매듭없이 연결된 '영원의 매듭'을 그려놓은 검은 천 조각이 바람에 나부낀다. 조캉 사원 주위에는 8각 모양의 길이 있는데 이 길에서 마니통을 돌리며 걷거나 오체투지를 하는 티베트인을 쉽게 볼 수 있다. 1km나 되는 이 길이 바로 바코 거리이며 이 길은 조캉 사원 앞 바코 광장으로 연결된다.

지금 이곳은 외국 관광객들이 매우 선호하는 곳으로 기념품 가게가 줄지어 늘어서 있어 티베트의 독특한 토산품, 예술품, 장식품을 비롯하여 탱화나 골동품 및 야크 기름, 마니통 등 없는 것이 없을 만큼 큰 시장으로 변했다. 그 변화의 흐름은 계속될 것인데 어쩐지 나는 쓸쓸만 마음이 든다.

탱화를 그리는 화가

세라 사원 Sera monastery

1419년에 종가파(Tsongkhapa)의 제자 참첸추제이(Jamchen Cho Jei)가 세운 이 사원은 드레풍 사원, 간덴(Ganden) 사원과 더불어 라싸의 3대 사원으로 겔루파(Gelugpa) 라마 승려들의 사원이자 승려를 배출시키는 신 학교가 있는 곳으로 조캉 사원에서 북쪽으로 약 5km 떨어진 곳에 있다. 13,000피트(4,000m)에 지은 이 사원은 겔루파 즉, 노랑 모자를 쓴 라마승의 대표 사원이다.

어느 날 참첸추제이가 제자와 수행을 하기 위해 이 언덕을 걷던 중 땅속에서 말이 우는 소리가 들려 땅을 파보니 '마두 금강 불상'이 있는 것을 발견하였다. 그래서 이곳에 사원을 세웠고 이 언덕에 많은 야생 장미가 자라고 있어 이름을 '세라'라고 지었으며 이 '마두 금강 불상'은 사찰의 수호신으로 모신다.

이곳에서만 볼 수 있는 승려들의 불경 토론회(monk's debating)를 보기 위해 많은 관광객과 사진작가들이 기다리고 있다가 그 모습을 사진이나 비디오에

담아간다. 평소 교실에서 배운 공부 내용을 담으로 둘러싸인 정원 안에서 답하는 사람은 앉아 있고 묻고 가르치는 사람은 서서 허심탄회하게 의견을 주고 받는 학습 현장이다. 마치 무술을 하는 듯 손바닥을 치고 한쪽 다리를 높이 들었다 땅에 찧듯이 내리며 질문하는 자세는 다른 어느 종교에서도 볼 수 없는 독특한 모습이다. 깨달음에 정진하는 이들의 절실한 모습을 볼 수 있는 체험 현장으로 이 토론 시험에 합격하여야 더 높은 라마승으로 올라갈 수 있으니 이들에게 이런 토론 학습은 매우 중요하다.

차에서 내려 양쪽에 작은 가게가 다닥다닥 붙은 좁은 골목길을 올라가니 조그만 광장이 나온다. 광장 한편에 만들어 놓은 매표소는 자세히 보지 않으면 눈에 띄지도 않는다. 매표소를 지나고 오른쪽에 만들어 놓은 마니통이 있는 곳을 통과하고 승려들의 숙소를 지나 언덕 위로 계속 올라가는데 가슴이 아프고 숨이 차서 몇 번이나 서서 쉬어야 했다.

옆에는 마니통을 돌리며 하다를 목에 두른 티베트 할머니가 나보다 더 씩씩하게 언덕을 올라가는데 나는 영 말씀이 아니다. 호랑이와 맞붙어 싸움을 할 만큼 용감하다는 티베트 견(dog)도 숨을 할딱거리며 나무 그늘 밑에 누워있다. 대사원과 작은 여러 법당을 수박 겉핥기로 대강대강 보고 지붕 처마 그늘에 서서 물병을 꺼내 조금밖에 남지 않은 물 한 모금을 마시고 숨을 돌렸다.
둘러보니 나 말고도 마당에 여러 사람이 옹기종기 모여서 있는데 모두 힘이 드는지 무표정한 얼굴들인데 '불경 토론 학습'을 관람하려고 기다리고 있는 것이다. 이 불경 토론 학습은 매일 오후 3시에서 5시까지 사원 옆 정원에서만 행해지며 관람석이 있지 않아 빨리 가서 좋은 자리를 골라야 나무에 각히거나 뒷모습만 볼 수 있는 곳이 아닌 좋은 장소를 차지할 수 있다. 그러나 두 시간이나 하기 때문에 먼저 온 사람들이 떠날 수도 있으니 시간만 충분하면 서두를 필요는 없다.
가장 많은 불경이 보관되어 있다는 이 사원은 한때 5,000명의 승려가 기거한 적도 있었지만, 지금은 3,000명의 승려와 생도가 있다고 한다.

포탈라 궁 Potala Palace

7세기 송챈캄포 왕은 그의 아내 문성공주를 위해 라싸의 한복판에 있는 130m 높이의 산 마포리(Marpo-Ri) 즉, 홍산 위에 궁을 지었는데 8세기 후반 어느 날 천둥 번개가 쳐서 지금 홍궁에 있는 방 2개만 남기고 나머지는 모두 불타 폐허가 되어 버렸다.

그 후 1642년 달라이 라마 5대가 간덴 왕국을 건립하고 해발 3,700m나 되는 바로 그 자리에 10년에 걸쳐 다시 궁을 지으니 그게 바로 포탈라 궁이다. 사실 라싸에 들어와 포탈라 궁을 보니 그제야 정말 내가 '라싸에 왔구나', '티베트에 왔구나!' 하고 실감이 날 만큼 이 성은 의미가 깊은 티베트의 상징적인 건물이다.

지구 상에 가장 높은 곳에 있는 궁으로서 건축학적, 종교적 가치는 대단할 것이다. 포탈라는 '관세음 보살이 산다' 는 뜻을 가졌다고 한다. 실제로 티베트인들은 '보타산(Mt. Pokalaka)에 관세음보살이 산다' 라고 믿으며 '달라이 라마는 관세음보살의 환생' 이라고 굳게 믿고 있다.

현재 우리가 보는 이 궁은 외므로는 13층이지만 실제로 안에 들어가면 9층으로 높이가 117m, 동서의 길이가 360m 건물 면적은 100,000㎡나 되며 1,000개의 방과 이십만 점의 불상과 유물이 소장되어 있어 1994년에는 유네스코 세계 문화유산으로 지정되었다.

지금은 본래의 생명력을 잃은 채 쓸쓸한 박물관으로 전락해 버렸지만, 어찌 보면 포탈라 궁은 라마교와 티베트인의 세상 전부가 아니었을까 할 만큼 상징적인 의미가 클 것이라 생각된다.

달라이 라마들이 겨울에 머물렀던 거대한 포탈라 궁은 벽 두께가 3~5m이며 화강암과 나무로만 지었으며 철재나 못은 커녕 건축장비를 전혀 사용하지 않았다. 이 궁은 백궁(white palace)과 홍궁(red palace)으로 구분되고 그 외로 황금 지붕탑이 그 화려함을 더해 준다.

1653년에 완공된 백궁은 달라이 라마가 사는 곳으로 종교적, 정치적의 중심이 되어 국내외의 사절을 만나는 접견실, 침실, 명상 및 기도실, 식당, 화장실과 욕실 등이 있으며 단지 몇 개의 방만 방문객들에게 공개되어 볼 수 있다. 드레풍 사원에서 옮겨 온 5대 달라이 라마 때부터 1959년 3월 14대 달라이 라마가 인도로 망명하여 떠날 때까지 10명의 달라이 라마들이 머물었던 곳이 바로 이 백궁이다.

홍궁은 궁을 짓던 5대 달라이 라마가 완공하지 못하고 1682년에 죽자 그의 후견인 데식 상예 갈초(Desig Sangye Gyaltso)가 그의 뒤를 이어 진두지휘하여 드디어 1693년에 완공되었으며 주로 종교적인 행사를 하는 곳으로 불당, 달라이 라마들의 옥좌 및 시신을 모신 관과 영탑들 그리고 장서각이 주종이다.

홍궁의 벽은 이곳에서 자라는 갈대 종류인 짜날포(tsanalpo)에 붉은색의 진흙을 발라 진흙과 함께 사용하였는데 이는 습기를 흡수하고 방수도 하며 지진 때 쉽게 무너지지 않도록 한다. 홍궁을 지을 때 사용한 붉은 진흙을 팠던 자리는 지금 호수로 변해 호수에 비친 포탈라 궁이 너무 아름다워 이 모습을 찍으려는 사진 작가들이 붐비는 곳이기도 하다.

1980년부터 일반인에게 공개된 궁은 하루에 입장할 수 있는 참관인의 수가 정해져 있어 미리 표를 구입해야 한다. 입구에서 매표소까지 그리고 언덕길을 올라 다른 매표소까지 정해진 시간 안에 도착 해야 한다는 강박 관념이 빨리 걸을 수 없는 나를 더더욱 힘들게 하였다.

포탈라 광장에 도착한 후에야 안심하고 쉴 수가 있었고 조그만 가게에서 물도 한 병 사서 마실 여유가 생겼다. 백궁 입구 오른쪽 벽에는 사라져 버린 5대 달라이 라마의 손바닥 모형이 붙어 있던 빈자리와 대조적으로 왼쪽 벽에는 13대 달라이 라마의 손바닥 모형이 걸려 있었다.

안내 표시판에 따라 달라이 라마가 살던 백궁을 지나 홍궁으로 옮겨 화살표만을 따라가면서 수많은 법당, 톱상, 영탑들을 볼 수 있었다. 곳곳에 감시 카메라가 작동하고 있어 사진을 찍는다는 것은 불가능했고 행동도 편하지 않았다. 궁을 들어가서 나올 때까지의 시간이 정해져 있어 그 시간 안에 나와야 한다니 무엇을 더 보고 덜 보고도 없이 그냥 군중에 떠밀려 보고 나온 느낌이다.

가장 큰 5대 달라이 라마의 영탑이 있는 서대전, 영탑이 없는 6대 달라이 라마의 이야기, 17세에 생을 마감한 11대 달라이 라마의 영탑, 백궁을 현재의 크기로 넓게 만든 13대 달라이 라마, 3,700kg의 금과 다이아몬드, 비취옥, 진주, 산호초로 장식한 금불상, 불경을 빽빽하게 새겨놓은 돌들… 이 귀중한 자산들이 한 사람의 관리인 저우언라이에 의해 1960년 중국 대륙을 휩쓴 문화혁명 때 큰 화를 면할 수 있었으니 얼마나 다행인가?

관리 저우언라이(Zhou En Lai)는 둔황의 막고굴도 문화혁명 때 화를 피할 수 있게 한 장본인이다. 이런 이들이 있었기에 후시까지 이러한 귀중한 문화재를 보존할 수 있어 우리가 보고, 배우고, 즐길 수 있게 됨은 얼마나 감사한지 모른다.

노블링카 여름 궁
Norbulinka Summer palace

'보물 정원'이란 뜻을 가진 이 궁은 달라이 라마들의 여름 궁으로 사용되었으며 1755년 7대 라마에 의해 처음으로 지어졌고 8대 라마 때 완성되어 사용되었다. 그 후 신궁을 더 지었으며 14대 달라이 라마 때 완전한 면모를 갖추게 되었다. 14대 달라이 라마가 1956년에서 1958년 동안 티베트에 있으면서 약 1년을 이 궁에 머물렀다고 한다.

달라이 라마가 거처하는 궁의 3벽면에는 티베트의 시초부터 1954년까지의 자세한 역사를 정교한 필치로 그려 놓았는데 잘 보관되어 있어 티베트 역사를 이해하는데 많은 도움을 주었다.

다른 방 앞에는 호랑이의 박제가 있었는데 이 호랑이는 13대 달라이 라마가 산에서 명상하고 내려올 때 따라 내려와 달라이 라마를 보호하며 함께 지내다가 죽은 후 박제로 만들어 지금까지 보관하고 있다고 한다.

특히 14대 달라이 라마가 티베트를 떠나 망명하기 전 마지막 밤을 이 궁에서 보냈는데 망명하려는 것을 막으려는 중국군의 삼엄한 경계를 피해 달라이 라마가 빠져나가자 분노한 중국군은 이곳을 무참하게 파괴하여 아직도 완전 복구가 되지 못한 상태라 한다. 달라이 라마의 여름궁을 동물원으로 만들었다는 중국과 조선 왕조의 창경궁을 동물원으로 만든 일본의 야만적인 처사에 슬며시 분노가 치밀며 빨리 복구되기를 기원해 본다.

이 정원은 티베트에 있는 사람이 조성한 가장 큰 정원으로 라싸의 서쪽에 있으며 티베트 박물관 건너편에 있다. 라싸에는 '백제 한국 식당'이 있으며 티베트인이 경영하는지 맛이 한국 전통 한식은 아니었지만 그나마 한식을 먹어 볼 수 있어 얼마나 다행이었는지 모른다.

티베트의 하늘, 그 파란 하늘에 떠 있는 해 주위에 햇무리가 선명하다. 달두리는 여러 번 보았지만 햇무리는 난생처음이다. 마치 티베트에 무슨 큰일이라도 날 것만 같은 기분이 들만큼 신비롭기도 하고 처음 보는 것이라 신기하기도 하다. 부디 티베트에 좋은 일만 있었으면 좋겠다.

옴마니 반메훔을 기원하며 태고의 모습을 담고 있는 이곳에 무한한 축복이 있기를 바란다. 지혜와 자비를 숭배하는 아름다운 그들이 행복하기를… 내 마음 한 자락을 남기고 나는 며칠 동안 머문 티베트를 떠나왔다.

페루
Peru

2000년 이집트를 다녀온 뒤 내셔널 지오그래픽(National Geographic) 잡지에 잉카 문명의 발상지 페루에 관한 기사가 실려 있는 것을 우연히 보게 되었다. 지구의 반대편에 위치한 이집트와 페루는 놀랍게도 매우 비슷한 것이 많았다. 비행기나 배와 같은 교통 수단이 전무하던 시절, 어떻게 비슷한 문명이 지구의 반대편에 서로 존재할 수 있었을까?

스까라 피라미드(Squara pyramid), 미라(mummy) 등….

그래서 나는 무언가에 이끌리듯이 태양의 사람들이란 뜻을 가진 잉카(Inca)인의 유적을 찾아 남아메리카 안데스 산맥에 자리잡고 있는 잉카문명의 발상지 페루를 찾아 가기로 결심했다.

우선 페루 관광공사를 통해 페루의 수도 리마(Lima)에 있는 믿을 만한 여행사를 소개받았다. 그리고 언제나 그랬듯이 기본적인 국가 정보를 수집하고 어느 관광지를 어떻게 여행할 것인가를 면밀하게 연구(?)한 다음 마침내 행선지와 날짜를 결정할 수 있었다.

그 이듬 해인 2002년 2월 중순 LA(Los Angeles) 공항을 떠난 델타(Delta) 항공기는 잠시 애틀랜타(Atlanta) 조지아(Georgia) 공항을 거쳐 남미 페루를 향하여 거침없이 날아갔다. 곧 있으면 아마존(Amazon)강 상류에 살고 있는 원주민들과 그곳에 있는 수많은 종류의 동식물들, 지금은 사라져버린 잉카의 도시들, 세계 가장 높은 곳에 형성되어 있다는 띠띠까까(Titicaca) 호수, 그 위에 떠있는 갈대섬(수초섬)에서 옛 생활 방식을 고수하며 살아가고 있는 우루(Uru)족 사람들을 만날 생각에 가슴이 벅차올라 오랜 비행시간도 지루하지 않았다.

페루(Peru)는 남아메리카 중부에 위치해 있으며 수도는 리마(Lima)이다. 면적은 스페인(Spain), 프랑스(France)와 비슷한 49만 8천 평방 마일(128,5215 평방km)로 한국의 약 6배나 되고 세계에서는 19번째로 크다.

북쪽에는 에콰도르(Ecuador), 남쪽에는 칠레(Chile)와 볼리비아(Bolivia), 동쪽에는 콜롬비아(Colombia)와 브라질(Brazil) 등과 맞닿아 있으며 서쪽으로는 태평양을 끼고 있다.

페루는 안데스 산맥이 태평양 해안을 따라 남북으로 뻗어 있으며 페루 전역을 3등분하는데 태평양을 끼고 있는 해안지대와 안데스(Andes) 산맥의 고원지대(Sierra) 그리고 아마존(Amazon) 강을 중심으로 한 열대 밀림이다.

안데스 산맥의 고원지대(Sierra)는 페루 면적의 30.5%를 차지하는데 평균 높이가 해발 14,000피트(4,700m)에 달하며 페루에서 가장 높은 산 우아스카란(Mt. Huascaran)이 솟아 있다. 또 안데스의 띠띠까까 호수(Lake Titicaca)는 세계에서 가장 높은 해발 3,812m에 위치해 있으며 남아메리카에서 가장 큰 호수이다.

페루 면적의 60%를 차지하는 정글지대는 브라질, 콩고, 인도네시아 다음으로 큰 열대 밀림으로 11월에서 4월까지가 우기로 많은 비가 내리기 때문에 이 시기에는 관광을 피하는 것이 좋다. 우기에는 아마존 강의 강우량이 3,810mm나 되고 강 유역에는 강물이 범람하여 만들어진 정글로 나무가 무성하다. 이곳에 살고 있는 주민들의 주택은 원두막 처럼 높게 지어져 있는데 대부분 인디언 원주민(Native American)이다. 그들은 안데스 산맥을 중심으로 동쪽에 있는 열대림(rain forest)에 거주하면서 현대문명의 혜택을 받지 못하고 그들의 선조들이 살았던 것처럼 사냥, 수렵 또는 농업에 종사하며 살고 있다.

페루는 다인종 국가로 총인구 2천 9백단 명 중 약 45%는 원주민이고, 37%는 스페인과 원주민(Native American)의 혼혈인 메스티소(mestizos), 15%는 백인이며 나머지는 흑인, 일본인, 중국인 등이 있다. 국민의 85%가 스페인어를 사용하고 15%는 케추아(Quechua)어를 사용하며 종교는 90% 이상이 가톨릭(Roman Catholic) 신자들이다.

15~16세기 페루를 지배하던 잉카인들은 태양을 숭배하였기 때문에 잉카제국을 '태양의 제국' 또는 '황금의 제국'이라 불렀다. 하지만 콜럼버스가 아메리카 대륙을 발견한 이래 황금이 많다는 소문 때문에 1533년 유럽의 최강국이자 바다의 지배자였던 스페인에게 침략당하여 잉카제국(1438~1532년)은 역사의 뒤

안길로 사라져 버렸다.

우리는 드디어 페루 리마(Lima) 국제공항에 도착하여 간단한 입국수속을 마치고 밖으로 나왔다. 밤인데도 불구하고 공항은 많은 관광객과 페루 사람들로 북새통을 이루고 있었는데 다행히 맞은편에 우리를 마중 나온 여행사 직원이 피켓을 들고 있는 것이 보였다. 북적대는 인파를 헤치고 출구로 나오는데 한 페루인이 반갑게 우리 가방을 옮겨 주면서 공항 밖으로 자연스럽게 안내했다. 조금 전에 슬쩍 본 여행사 직원과 얼굴이 약간 달라 보였지만 남편이 "호세(Jose)?"냐고 물으니 그는 선선히 그렇다고 답하였다. 우리는 그를 따라 공항 밖으로 나와 대기하고 있던 택시에 올라탔다.

보편적으로 페루사람들은 검은 머리에 검은 피부, 굵고 짙은 눈썹과 유난히 긴 코가 특징이어서 처음 보는 나의 눈엔 모두가 비슷비슷하여 구분하기 어려웠다. 친절해 보이는 운전사에게 마중 나와 고맙다고 인사까지 나누면서 우리 부부는 공항을 빠져 나와 아름다운 해변도로를 달렸다. 그때까지만 해도 우리는 한 치의 의심도 없이 그가 마중 나온 여행사 직원 '호세'라 믿으며 국도를 따라 전개되는 바다 풍경을 마냥 즐기고 있었다. 얼마를 달린 후 차가 멈춘 호텔은 내가 예약한 산티아고(Santiego)호텔이 아닌 빅토리아(Victoria)호텔이었다. 당황한 우리에게 그는 엎친 데 덮친 격으로 $100의 요금을 더 지불하라고 요구하는 것이었다. 그에게 모든 비용은 미리 여행사에 지불되었고 예약된 호텔도 아니라고 항의하였지만 그는 이 호텔이 새로 신축하여 더 좋을 뿐만 아니라 값도 싸고 공항과도 가깝다고 말하면서 무조건 들어가 보라는 것이었다.

순간, 전광석화처럼 무엇인가 크게 잘못되고 있다는 불안감이 엄습했다. 남편은 그에게 요구하는 $100을 줄 터이니 산티아고(Santiego)호텔로 가자고 제안했다. 잠시 생각에 잠긴 그는 순순히 택시를 돌렸고 남편은 운전수에게 예약된 호텔로 데려다 주면 반드시 $100을 주겠노라고 안심을 시켰다. 시계를 보니 공항을 떠난 지 한 시간 반을 넘어 자정이 훨씬 지난 시각이었다. 나는 너무 무섭기도 하고 납치를 당하지나 않을까 하는 걱정에 빨리 경찰을 부르자고 한국말로 속삭였다. 얼마를 달렸을까? 그는 어두컴컴한 골목에 차를 세우더니 앞에 보이는 건물이 산티아고호텔이니 약속대로 $100을 주고 차에서 내리라는 것이었다. 남편은 약속이 틀리니 호텔 정문까지 데려다 줘야 돈을 주겠노라고 강하게 말했다. 옆에 앉아 있는 나는 그가 우리를 해칠 수도 있다는 생각에 두려움에 떨고 있었는데 그는 무슨 생각이 들었는지 마음을 바꾸어 호텔 정문에 우리를 데려다 주었다.

차가 호텔 앞에 서자 나는 재빨리 차문을 열고 경비원에게 도움을 요청하려 했는데 그가 먼저 내 이름을 부르며 기다리고 있었다고 말해 주었다. 호텔 안에 들어서니 그제서야 안도감이 밀려왔다. 공항에 마중 나갔던 여행사 직원이 우리를 잃어버렸다는 연락에 모두들 비상 상태로 기다리고 있던 중이라고 했다. 우리에게 돈을 요구하던 운전수는 계속해서 돈을 달라고 했지만 다행히 호텔 지배인이 나서서 해결해 주기로 했다. 우리는 아침 일찍 비행기로 아마존 정글(Amazon Jungle)의 이끼토스(Iquitos)로 가야 하는 스케줄이 있었기 때문에 지배인을 믿고 방에 올라가 쉬기로 했다.

엘레베이터가 작동하지 않아 계단을 들어 올라가면서 많은 생각이 교차했다. 나는 어지러운 마음을 진정시키려 침대에 누워 잠을 청해 보았지만 흥분과 두려움으로 잠을 이룰 수가 없었다. 남편의 기지가 아니였으면 어떻게 되었을까 생각하니 온몸이 오싹하며 등골이 서늘하다. 나중에 알게 된 일이지만 이곳은 치안관계로 무장한 경비원이 호텔이나 식당 등을 경호한다니 운이 좋았던 걸까? 한 번 더 놀란 가슴을 쓸어내렸다.

아마존 ❶

우리는 같은 실수를 반복하지 않기 위해 매사에 더욱 신중하게 행동하기로 했다. 곤경에 빠지는 일이 생기면 현지인이 알아듣지 못하도록 꼭 한국말로 대화하고 침착하게 상황에 대처할 것 등을 상의하는 동안 프런트 데스크에서 아침식사가 준비되었다는 연락이 왔다.
호텔식사는 컨티넨탈 식이였는데 긴 비행과 예기치 않았던 일들로 몹시 피곤한 나는 주스와 식빵 하나로 식사를 대신하고 리마공항으로 향했다.
아마존!
꿈에도 보고 싶었던 세계 최대의 강!
지구의 허파!
학교에서, 책에서, 영화로 수 없이 보고 듣던 그곳을 이제 내가 직접 보고 만지고 경험하게 될 것이다.
황열병(Yellow fever), 간염예방주사, 말라리야 예방약도 미국을 떠나오기 일주일 전에 접종과 복용을 모두 끝냈다. 여행에 필요한 만반의 준비는 끝난 것이다.
나는 하늘에서 내려다볼 아마존 강을 상상하며 창가 자리를 부탁했지만 간밤의 긴장과 여독으로 인해 비행기를 타자마자 곧 잠이 들어 버렸다.
얼마를 지났을까 웅성거리는 소리에 눈을 떠 보니 창밖으로 하얗게 눈 덮인 산 등성이가 보였다. 이것이 바로 만년설의 안데스 산맥으로 산세는 험해보였지만 자연의 장엄함에 나는 순간 매료되고 말았다.
문득 얼마 전에 본 'Alive'란 영화가 생각났다. 안데스(Andes)의 이상기류로 인해 시야가 보이지 않아 비행기가 산맥에 부딪히는 조난 영화로 실화를 바탕으로 제작되었다. 그 영화에서의 안데스(Andes)는 몹시 춥고 먹을 것 하나 없는 냉정하고 잔인한 산이였는데 비행기 위에서 내려다본 산은 아름답고 신비스럽기만 하다.

나의 상념을 깨우듯 금세 눈덮인 산이 없어지고 푸른 들판이 보이기 시작했다. 그리고는 빽빽한 밀림을 거침없이 가로지르는 구불구불한 흑갈색의 아마존 강에 넋을 잃고 있는 순간 아키토스(Iquitos) 공항에 도착했다. 페루의 정글은 세계 열대정글의 사분의 일을 차지하는 넓은 지역인데 반드시 이 도시 아키토스를 거쳐야만 아마존 정글을 관광할 수 있다. 아키토스(Iquitos)는 수도 리가에서 북동쪽으로 1,859km나 떨어진 열대우림지역으로 아마존강 상류에 있는 도시이다.

만년설로 덮여있는 안데스 산맥 정상(사진 스티브 김 제공)

비행기에서 내리니 무덥고 습한 열대의 기온이 나를 감싸며 역부족이겠지만 부채라도 있었으면 하는 생각이 간절하다. 우리는 버스 대합실 같은 좁은 공항 대기실에서 안내원을 기다리며 다른 여행객들과 서로 정보와 의견을 교환하였는데 그 중 젊은 학생 그룹은 배를 빌려 여행할 계획이란다. 위험한 여행이지만 아주 흥미로운 여행이 될 것 같아 그들의 젊음을 부러워해 보며 그들의 패기에 박수를 보낸다.

우리 부부는 안내원을 따라 승용차를 타고 아키토스 시내를 가로지르며 강 선착장으로 향했다. 아마존 하류로 내려가는 유람선들이 강 위에 떠 있었다. 계획대로라면 우리는 저 배들 중 한 배를 타야 했는데 안내원은 우리가 아마존

아마존 상류의 야라빠 강(Rio Yarapa)

하루로 가는 크루즈(cruise)는 타지 않고 아마존 중류에 합류되는 샛강인 야라빠 강(Rio Yarapa)에 있는 한 오두막(lodge)으로 간다는 것이다.

나는 그렇게 스케줄을 마음대로 바꾸면 어떻게 하냐고 항변했다. 그는 이 여행 루트가 더 흥미롭고 조금 더 비싼 비용에도 불구하고 우리를 위해 바꾼 것이라 말했다. 만족스럽지 않을 시에는 전액 환불을 약속하며 분명히 마음에 들 것이라고 강조하는 것이다.

처음 공항에서부터 애를 먹이더니 뭔가 계획과 조금씩 어긋나고 있다는 생각에 한숨이 절로 나왔지만 별 수 없이 준비된 작은 배에 올라 탔다. 기관사, 식사담당 아가씨, 안내인 그리고 우리 부부, 이렇게 다섯 명을 태운 작은 모터보트는 황토색 아마존 강물을 헤치고 쏜살같이 상류를 향해 떠났다. 이 강물이 흘러흘러 아마존 강을 따라 대서양으로 흐르겠지. 이렇게 나의 우여곡절 많은 아마존 여행은 시작되었다.

안내원이 준비해 온 점심으로 바나나 한 개, 삶은 콩, 빵, 페루식 밥 등을 먹었다. 한 여섯 시간쯤 소요될 것이라며 눈감고 좀 자라고 하였지만 구경하고 싶은 마음에 이곳저곳 사진을 찍어도 보고 손을 강물에 담구어 보기도 하였다.

어디를 보아도 아마존 정글은 보이지 않고 끝없이 흐르는 강물을 거슬러 상류로 올라만 간다. 한 번은 바나나를 산더미처럼 싣고 내려오는 뗏목을 만나 소리쳐 불러 세우고 그 뗏목 옆으로 가서 바나나를 살 기회도 있었다.

강물의 물살이 제법 빠르지만 우리 보트의 기관사는 쉽게 보트를 뗏목 옆으로 붙여 놓더니 건너편 뗏목으로 건너가서 이것저것 잘 익은 바나나와 열대과일을 골라 다시 우리 배로 넘어오는데 그렇게 민첩할 수가 없다.

가도 가도 끝없는 강을 4~5시간 올라가니 강물 색깔이 흑갈색으로 변하며 강폭이 좁아지기 시작하였다. 이제부터 아마존의 샛강인 야라빠 강(Rio Yarapa)을 거슬러 올라간다는 설명이 이어졌다. 흑갈색의 강물 색깔은 나뭇잎, 나무뿌리, 강바닥의 돌 등에 의해 흑갈색으로 보인다고 덧붙였다.

좁은 폭의 강 양편에는 열대 나무들이 울창하게 빽빽히 차 있어서 이곳에 사는 주민들의 교통 수단은 보트와 배뿐이란다. 이 강줄기를 이용하지 않고서는 아무 곳도 갈 수가 없는 것이다.

구름 한 점 없는 파란 하늘, 이름 모를 새들이 까르륵 까르륵 울며 날아가고, 하늘을 찌를 듯 높이 서 있는 밀림, 이제 나는 정말 아마존 정글에 왔다는 것을 서서히 실감하게 되었다.

이제는 마음놓고 물속에 손도 넣을 수가 없다. 이 강물 속에는 사람을 잡아 먹

아마존 상류에 있는 야라빠 강(옆의 숲이 모두 정글임)

는다는 '피라냐'라는 고기가 많이 서식하고 있다고 안내원이 말했기 때문이다. 조금은 겁도 나고 계획과 다르게 이곳으로 나를 데리고 온 안내인에게 화도 났다. 크루즈를 탔으면 아마존 강물은 만져 보지도 못 했겠지만 이렇게 무시무시한 샛강으로도 들어오지 않았을 것이고, 유람선 안에서 우아하게 창밖을 바라보며 "아! 이곳이 아마존이구나" 하며 구경을 했었을테니 말이다. 머릿속으로 이런저런 생각을 하면서도 눈은 부지런히 이곳저곳을 보느라 바빴다.

강기슭에 원두막 같은 집, 그 집 앞 강가에 매놓은 통나무 배가 강물 따라 흔들리고, 그 옆에는 서너 명의 아이들이 수영을 하다가 우리를 향해 손을 흔든다. 아마존 강을 역류하며 올라 온지 5~6시간 만에 처음 만난 사람들이였다. 무척 반가워 나도 손을 흔들었는데 안내원의 말로는 그들은 이곳 추장의 가족들이라고 했다. 드디어 아마존 원주민을 만난 것이다. 나는 아마존 원주민들은 모두 옷을 입지 않고 코에 구멍을 뚫어 뼈다귀 같은 것을 끼우고 목에는 이상한 것으로 만든 목걸이를 주렁주렁 달고 있는 그런 사람일 거라는 상상을 했었는

야라빠 강가의 숙소와 원주민들의 집과 아이들

데 이들은 그냥 아무 곳에서나 만나볼 수 있는 그런 보통 아이들이었다.

약 15분 정도 더 상류로 올라가서 우리가 머물 야라빠 강(Rio Yarapa) 숙소에 도착하였다. 통나무, 열대나뭇잎 그리고 그곳에서 자라는 나무넝쿨로 만든 원두막 모양의 집이었다. 식당 겸 로비를 지나 우리가 머무를 방으로 안내되었는데 방은 제법 크고 화장실, 욕실이 연결되어 있으며 더블베드 위엔 천정으르부터 매달린 모기장이 침대 위를 감싸 모기에 물리지 않게 나름 신경을 써서 마음에 들었다.

우리가 머문 숙소는 원주민들이 못이나 철사 등을 사용하지 않고 순전히 이곳에서 구할 수 있는 재료로만 지었는데 자연스러운 멋이 있고 아마존과 잘 어울리는 건축물이었다.

며칠간 머무르게 될 이곳은 미국의 코넬 대학(Cornell University)의 한 이비인후과 의사가 지은 것으로 아마존 정글의 생태학과 자연치료 약리학을 연구하기 위하여 사용하는 건물인데 가침 학생들이 없어서 우리가 숙소로 사용할 수 있었다. 참으로 행운이 우리에게 찾아 온 것이었다.

아마존 ❷

아마존 강에서의 첫날 저녁은 우리보다 먼저 와 있던 노르웨이(Norway) 남자와 함께 야간 정글투어를 같이하게 되었다.

해가 지고 어둠이 정글 속으로 깔리기 시작하였을 때 우리 일행은 작은 보트를 타고 아마존강 기슭으로 밤 나들이를 나갔다. 칠흑 같은 검은 밤, 머리를 들어 하늘을 보니 밤 하늘에는 평소엔 볼 수 없었던 유난히도 반짝이는 수많은 별들이 어디론가 흘러가고 있었다. 우리를 제외하고는 모두 잠든 적막한 밤인데 우리 셋을 태운 보트는 강을 거슬러 올라가니 새로운 경험이 아닐 수 없다.

강 양편에 우거진 정글을 안내원이 강한 전등불로 비추니 그곳에 서식하고 있는 동물들이 빛을 받아 희미하게 보였는데 불빛에 반사된 눈동자의 모습만 보고도 그것이 작은 뱀인지 커다란 학인지를 알아맞혔다. 가까이 다가가 직접 확인까지 시켜주니 우리는 그의 눈썰미에 감탄하지 않을 수 없다. 그가 뱀이 보인다고 가리킨 나뭇가지에 다가가니 과연 뱀 한 마리가 나뭇가지를 칭칭 감고 실오라기 같은 눈으로 우리를 바라보고 있는 것이 아닌가? 우리는 시간의 흐름을 잊은 채 계속 상류로 올라가면서 이름 모를 새들과 동물들을 보며 놀라움을 금치 못했다.

그렇게 한참을 아마존 밀림을 관광하고 돌아오니 몸과 마음이 몹시 피곤하였다. 모기장이 드리워져 있는 침대에 누워도 밤새 모기가 귓전에서 왱왱 날아다닌다. 모기에 물린 종아리는 벌겋게 부어 오르며 가렵기가 보통이 아니었다. 아마존의 모기는 미국에서 가져 온 모기약도, 훌륭하게 만든 모기장도 아무 소용이 없었다. 모기와 싸우면서도 하룻밤을 곤히 잘 수 있었던 것은 긴 여행으로 인한 피로감 때문이었을까 아니면 자연이 주는 평안함 때문이었을까?

깊은 숙면을 취한 다음날, 아침 식사 후 우리 세 명은 원주민의 안내를 받으며 정글 속으로 들어갔다. 아마존 밀림에 들어가기 전 각종 해충과 벌레에 노출되지 않도록 긴 옷을 두 겹 세 겹 껴입고 무릎 위까지 올라오는 긴 고무장화를 신는 것은 기본이다. 때때로 비가 올 것을 대비하여 우비까지 입고 벌레에게 물리지 않도록 해충 쫓는 약(repellent)을 두 번 세 번 겹겹이 바르고 모자까지 쓰니 얼굴만 빼고는 완전히 중무장을 한 것이다.

길잡이 원주민 두 명과 함께 정글 탐험을 담당한 안내원은 우리들에게 어떤 나무도 절대 만지지 말 것이며 길을 잃으면 도저히 빠져나올 수 없으니 한눈팔다가 옆길로 새면 안 된다고 신신 당부한 다음 자기들만 따라 오라는 말을 남기고 길도 보이지 않는 숲속으로 성큼 성큼 걸어 들어가는 것이다.

앞장선 원주민 중 한 명은 이 쿠락의 추장이었는데 이 분의 허락 없이는 이곳을 관광할 수 없고 또 안내원 조차도 길을 잃을 수 있기 때문에 우리는 아마존 여행이 끝날 때까지 추장과 동행하였다.

추장이 긴 칼로 나뭇가지를 쳐서 길을 만들면 안내원이 뒤따르고 우리 세 명이 차례차례 일렬로 따라 갔다. 다른 원주민 한 명은 역시 긴 칼을 들고 제일 끝에 따라오며 우리를 보호했다.

하늘을 쳐다보니 열대 나무 사이사이로 조각난 파란 하늘이 얼굴을 내밀었고 고요한 숲속은 우리들의 발자국 소리 뿐 적막강산이라는 표현이 바로 이런 때를 말함이리라. 침묵을 깨듯이 우리 일행은 어떤 나무 앞에서 잠시 발걸음을 멈추었는데 추장이 칼로 나뭇가지를 내려치자 하얀 진물이 흘러나왔는데 이 진물은

나무를 원숭이처럼 잘 타는 추장 아들

133

설사약으로 사용된다고 한다. 이곳 원주민들은 이렇게 나무에서 나오는 액체뿐 아니라 나뭇잎, 열매 그리고 나무뿌리 등을 약재로 감기약, 해열진통제, 부인병 치료제 등으로 사용하고 있단다.

이곳에 와 있는 코넬(Cornell)대학 교수도 이와 같은 대자연의 신비한 치료제를 연구하기 위하여 많은 시간과 경비를 들여 이곳에 와서 연구하고 있다는 것이다. 내가 머문 야라빠 랏지(Yarapa Lodge)는 이곳에 있는 나무와 풀들을 사용해 대체 의학을 연구하기 위해 매년 코넬 대학 연구생들이 그곳에 머물며 연구하는 숙소란다.

우리는 정글을 걷다가 커다란 우렁이를 발견했는데 이렇게 큰 우렁이는 처음 본다며 신기해 하자 안내인은 기념으로 한 마리씩 잡아가면 점심에 요리를 해 주겠다면서 아기 주먹만한 우렁이를 각자의 백팩에 넣어 주었다.

더운 데다가 몹시 힘들었던 우리는 헉헉거리며 거친 숨을 몰아쉬는데 앞에서 길을 인도하던 추장과 안내인이 조용히 하라는 사인을 보내더니 그 자리에 멈춰 서서 양 손을 입에 대고 휘파람을 불었다.

일순간 긴장감이 감돌았는데 작은 원숭이 떼의 소리를 들은 추장이 원숭이를 우리 쪽으로 오도록 유도하는 것이란다. 나는 너무 흥분되어 숨도 크게 못 쉬고 원숭이가 어느 쪽에서 나타날 것인가를 두리번 거리며 기다렸지만 이 똑똑한 원숭이는 다른 쪽으로 가버렸는지 더 이상 소리가 나지 않는다. 우리는 다음 기회를 기약하자는 안내인의 말에 아쉬움을 뒤로하고 또 다시 정글 속으로 행군을 시작했다. 정말 이곳은 나뭇잎도 크고, 나무도 하늘에 닿을 것 같이 높고, 개미, 거미, 벌레들도 커서 길을 잃는다면 다시 살아나오기 힘들 것 같은 생각에 아이처럼 겁이 났다. 체력이 바닥나니 힘도 들고 혹시 아나콘다(anaconda) 같은 커다란 뱀이 나타나는 것은 아닐까 하는 생각에 "괜히 이 곳에 왔나" 하는 후회까지 슬그머니 고개를 들었다.

도대체 왜 이리 더운거야! 주체할 수 없을 만큼 많은 땀이 흘러 눈으로 들어가고 인내심도 고갈되어 간다. 덧껴입은 옷이 무겁디무겁게 느껴지지만 독충에 물릴까 무서워 옷을 벗을 수도 없다. 바로 이것이 진퇴양난이다.

말없이 추장을 따라가는 우리들의 얼굴은 땀으로 범벅이 되었고 더위에 지쳐 쉬고 싶어도 마음 놓고 앉아 쉴 만한 곳조차 마땅치 않아 계속 걸을 수밖에 없다. 중간 중간에 소나기가 내려 잠시 더위를 식혀 주었지만 비가 멈추고 나면 더 무더워지는 것이다.

우리는 참을 수 없는 갈증에 가져 왔던 물도 바닥을 드러낼 즈음 안내인이 나무 한 그루를 가리키며 정글 속에서 없어서는 안되는 중요한 나무라고 설명한다. 정글 속에서 마실 물이 없을 때 이 나무 가지를 자르면 그 가지에서 "생명수 같은 물"이 흘러 나온다는 것이다. 우리 일행도 나무 한 가지씩 잘라 마시니 그 물이 놀랍게도 시원하고 달콤한 것이다. 이렇게 대자연은 먹을 것과 치료제 등 자신의 모든 것을 아낌없이 주는 어머니 같다. 우리는 이런 위대한 자연을 보호하며 훼손하지 말아야겠다고 다시 한 번 생각해 본다.

정글에서 자란 나무줄기를 따라 흐르는 물을 마셨다

정글에서 잡아온 우렁이 요리를 점심으로 먹고 나서 안내인은 호수에서 자라는 대 수련을 보러 간다고 한다. 사진과 텔레비전으로 보아왔던 "대 수련(Giant lily pad)"을 실제로 볼 수 있다니 흥분되고 즐겁다. 대 수련(Giant lily pad)이 있는 호수는 강과 물길이 연결되지 않았기 때문에 세 명의 원주민들이 통나무 배를 호수까지 날라야 한다. 정글에 사는 사람들의 교통 수단은 오직 배 뿐이어서 집집마다 크고 작은 4~5대의 배가 강가에 매어져 있고 이곳 사람들은 필수적으로 배를 잘 탄다.

배라고 하면 모터보트를 떠올리겠지만 이곳의 배는 통나무 배로 노를 저어 강 여기저기를 다니면서 고기도 잡고 이웃도 만나러 다닌다. 우리가 탈 배는 무게가 상당하여 들고 나를 수가 없어 나무 뿌리와 진흙 사이로 배를 끌고 가야 했다. 20분 소요의 거리를 무거운 배를 끌고 가니 원주민의 수고가 이만저만이 아니다.

갑자기 안내인이 강 쪽을 가리키며 "분홍 돌고래(pink dolphin)"을 보라고 한다. 바다도 아닌데 무슨 돌고래가 이곳에 있을까 하는 생각도 잠시 돌고래가 물위로 모습을 나타냈다. 와! 세상에… 진짜 분홍빛이다. 회색 돌고래는 봤지만 분홍색은 처음 보는 것이다.

돌고래는 물 위로 올라갔다 내려왔다하며 우리를 즐겁게 해 주었는데 우리는 그곳에서 한참을 머물며 돌고래들이 노는 모습을 구경했다. 개체수가 적은 희귀 동물이기도 하지만 생각지도 않았던 광경이라 횡재가 아닐 수 없다.

밀림을 지나자 잔잔하고 넓은 호수가 눈앞에 나타났다. 그런데 아무리 보아도 수련은 보이지 않아 의아하게 생각하고 있는데 안내원은 통나무배를 타고 5~10분쯤 가야 대 수련(Giant lily pad)을 볼 수 있단다.

영국 빅토리아 여왕의 이름을 따서 지은 빅토리아(victoria regia)는 보통의 수련 꽃과는 달리 잎 가장자리에 가시가 숭숭 둘러싸여 있어 손에 닿을 듯 가까이 다가가도 억센 가시에 찔릴 것 같아 감히 만져 볼 엄두가 나지 않았다.

영화 속의 배경이나 책에 실린 사진에서는 정말 로맨틱하게 보였는데 막상 가까이에서 보니 상상 속의 허상이 베일을 벗은 듯이 좀 허무한 느낌이다. 빅토리아 연꽃은 잎사귀가 반경이 3m나 되는 것도 있다지만 이곳에는 1~2m 정도 되는 쟁반 같은 모양의 잎사귀가 물에 둥둥 떠있고 그 사이로 잎에 비해 유난히도 작고 보잘것없어 보이는 흰색 또는 분홍색의 수련꽃이 피어 있었다.

Giant Lily Pad와 꽃

이 꽃은 필 때 첫날은 흰색이지만 둘째 날부터는 분홍색으로 색깔이 바뀌는데 큰 꽃은 지름이 40cm나 되는 것도 있으며 이 연꽃잎의 무게를 골고루 분산시키면 70파운드까지 지탱할 수 있다고 하니 놀랍다. 그런데 크기가 큰 것은 식물원에서 키운 것이고 야생에서는 많은 해충으로 인해 그렇게 크기 힘들다고 한다. 또한 물이 얕은 곳에서만 자라는 수련은 아마존 아무 곳에서나 볼 수 있는 것도 아니어서 야라빠가 아니면 볼 수 없다고 한다.

우리는 이 잔잔하고 조용한 호수에서 통나무배를 타고 이곳저곳 누비며 두어 시간을 돌아 다녔다. 숙소로 돌아오는 길에 나뭇가지에 앉아있는 조그만 갈색 원숭이 두 마리를 만났다.

내 바나나를 낚아채간 원숭이

원숭이가 나무 덩굴 속에서 얼굴을 내밀고 우리를 빤히 쳐다보면서도 도망갈 생각을 하지 않는다. 내가 원숭이를 구경하는 것인지, 원숭이가 나를 구경하는 것인지 영 분간이 안 된다. 배를 원숭이가 앉아 있는 곳 가까이 대어 바나나로 유인하였더니 눈 깜짝할 사이에 달려와 바나나를 낚아채 가지고 멀리 나뭇가지에 앉아 나를 빤히 쳐다본다. 원숭이는 능숙하게 바나나 껍질은 까서 버리고 알맹이만 맛있게 먹는다. 나는 원숭이를 잡아 볼 욕심으로 다시 바나나로 유혹하였으나 또 바나나만 빼앗겨 버리고 너무 재빨라 포기해 버렸다.

하늘에는 이름 모를 많은 새들이 강 위를 맴돌고 있었는데 안내자의 말로는 수

천 종류의 새들이 이 정글에 서식하고 있단다. 예를 들면 앵무새만 해도 여러 종류가 서식하고 그들은 하늘을 날아갈 때 반드시 짝을 지어 다닌다고 한다. 이곳에 있는 새들의 색깔은 노랑, 빨강, 초록 등 여러 색깔이 어우러져 꼭 화가가 물감으로 그림을 그려 놓은 듯 아름답기가 그지없었다.

아마도 이렇게 많은 앵무새를 한꺼번에 보기는 처음이자 마지막일 것 같다. 우리 숙소에는 오렌지 색깔의 눈을 가진 초록색 앵무새 한 쌍이 있었는데 나는 종종 숙소로 돌아와 이 새들과 놀았다. 내가 손을 내밀면 손등 위로 겁도 없이 사뿐히 내려앉는데 발톱이 얼마나 날카로운지 손등이 아프다. 소매를 잡아당겨 손을 감싼 다음 손등을 내밀자 내 얼굴만 쳐다볼 뿐 꼼짝도 하지 않는다. 나는 하는 수 없이 다시 맨손을 내밀었더니 그제서야 날아와 앉는다. 앵무새 눈에도 무엇이 보이는 걸까? 참 까다로운 녀석이다.

내가 예뻐하는 것을 아는지 나만 가면 내 옆으로 살살 따라 걸어 오다가 손을 내밀면 재빨리 손등에 올라와 앉는다. 신통하고 귀엽다.

앵무새가 하는 말을 들어 보려고 "헬로(Hello)", "하우아유(How are you)?"를 시켜보자 잘도 따라 한다. 벌써 이 말은 누군가에게 배운 것일까? 나는 생각 끝에 "아리랑"을 가르쳐 보기로 했다. 나는 그곳에 있는 동안 계속해서 앵무새에게 "아리랑"을 반복하여 가르치며, 나중에 한국 관광객이 이곳을 방문한다면 "헬로(Hello)" 대신에 "아리랑"을 외쳤으면 하고 기대해 보았다.

숙소 앞에는 나뭇가지 곳곳에 지푸라기로 만든 주머니처럼 생긴 것이 대롱대롱 매달려 있어 벌집이겠지 생각했는데 노란 어미 새들이 바쁘게 드나들면서 먹이를 실어 나르는 것이 새 둥지란다. 보통의 새 둥지와 모양이 다른 이유는 동물의 침입을 막기 위해 어미 새가 주머니 모양으로 둥지를 만들어 새끼를 보호하기 위해서다. 이 무시무시한 정글에서 안전하게 새끼를 키워야 하는 어미 새의 아이디어가 놀라울 뿐이다.

우리는 밤낮으로 배를 타고 강 위 아래를 오르락 내리락 하면서 야라빠강 주변에 살고 있는 동물과 새들, 곤충들을 구경했다. 농약 때문에 멸종되어 간다는 반딧불도 이곳에선 밤마다 희미한 빛을 뿌리며 날아다닌다. 한가로이 강 위를 나는 몸집이 크고 파란 큰 잠자리(dragon fly)는 이곳에선 정말 흔하디 흔하다. 그것들을 바라보는 나의 마음은 어느새 시골집 마당에 반딧불을 잡으며 철없이 놀던 어린 시절로 돌아가 있는 듯 친근하다.

우리는 야라빠 강 기슭에 살고 있는 원주민도 방문하였는데 아마존에 사는 인디오는 키가 작고 피부색이 검으며 머리색도 검다. 언어는 부락마다 다른 언어를 쓰기 때문에 다른 부족과는 대화가 어려울 때도 많다고 한다. 구강위생이 좋지 않아서인지 보편적으로 치아상태는 불량하였고 성인 남자의 경우 손가락이 한두 개씩 없는 사람도 많았다. 사냥이나 고기잡이를 하다가 상처를 입고 적절한 치료를 받지 못하여 생긴 후유증이다. 안쓰러운 마음에 나도 모르게 한숨이 나오지만 이곳의 생존 방법이니 뾰족한 수가 없다.

저만치 강 쪽에서 족히 일 미터가 넘어 보이는 메기처럼 생긴 물고기 서너 마리를 장대에 메고 두 청년이 걸어오고 있다. 어찌나 큰지 그 꼬리가 땅에 닿고 피가 뚝뚝 떨어지고 있다. 이 성선이 오늘 아침 식구들의 식재료인 모양이다.

이곳은 TV, 라디오, 컴퓨터 게임도 없고 옛날 호랑이 담배 피우던 시절처럼 아이들은 뱀이나 원숭이 앵무새를 장난감처럼 가지고 논다. 그래도 작은 학교가 있어 교실 안으로 들어가 보니 칠판도 벽에 걸려 있고 책상과 걸상도 몇 개 비치되어 있지만 아이들이 매일 와서 공부하는 것 같지는 않다.

집집마다 아이들이 많고 함께 모여 사는 대가족제로 부모님들은 집에서 한가롭게 지내고 젊은이가 강에 나가 물고기를 잡아오면 하루의 양식이 해결되는 원시적인 생활을 하고 있었다. 당연히 특별한 오락 시설도 없다.

이곳의 혼례는 사랑하는 두 남녀가 양가 부모에게 결혼을 통보하면 신랑과 친구들은 신혼부부가 정한 곳, 즉로 아마존 강가 등에 통나무를 잘라 신혼집을 만들고 동네 사람들을 초대해 밥을 나누어 먹는 것으로 결혼식을 대신한다.

우리처럼 집을 짓기 위해 건축허가를 받을 필요도 없고 건축비를 걱정할 필요도 없다. 하루, 이틀이면 집 한 채가 뚝딱 만들어지고 원두막 같은 소박한 집에서 그들의 부모가 살았던 것처럼 그렇게 살아간다. 그러나 모두 그렇게 사는 것도 아니어서 원주민 청년들 중에는 밀림을 떠나 도시로 가서 공부도 하고 그곳에서 정착하여 아마존으로 돌아오지 않는 사람도 간혹 있다고 한다.

여자아이가 조그만 통나무배를 타고 열심히 노를 저으며 어디론가 가고 있는 것이 눈에 띄었는데 이상하게도 상의에는 숫자 9가 적혀 있다. 안내원의 말로는 이 고장에 사는 원주민들은 이름이 따로 없고 태어난 순서대로 번호를 사용하여 부른다고 한다. 아무개 집 첫째, 둘째 이렇게 부른단다. 단순하다고 해야 하나 재밌다고 해야 하나 복잡한 심경이 되어버린다.

아마존은 우기가 되면 많은 비로 인해 물바다가 되기 때문에 원주민의 집은 땅바닥에서 2~3m 높게 통나무 기둥을 세워 그 위에 집을 짓는다. 그래서 내 눈에는 원주민의 집이 마치 과수원의 원두막처럼 정겹게 보였다. 기둥 위에 세워진 통나무 집은 안에 부엌도 있고 화덕 같은 것도 있어서 항상 불씨가 꺼지지 않

내 낚시에 잡힌 피라니아의 날카로운 이빨

게 유지하며 필요할 때마다 불을 쓸 수 있도록 관리한다. 이층으로 된 통나무 집은 더 많은 식구가 함께 살 수 있다.

아마존 탐험의 마지막날 우리는 보트를 타고 강 상류로 올라갔다. 한 두 시간 정도 올라가니 물결이 잔잔하고 아늑한 장소가 나타났다. 안내원은 긴 나무 끝에 나일론 실을 매고 그 끝에 낚싯바늘을 매어 낚싯대를 만들어 주면서 여기서 낚시를 즐기자고 한다.

어설픈 낚싯줄에도 나는 서너 마리의 피라니아를 낚아올렸는데 자세히 보니 이빨이 날카로운 것이 정말 사람의 살점을 뜯어 먹을 것 같이 무시무시하다.

안내원의 말로는 피라니아는 동물성과 식물성 두 종류가 있는데 동물성 피라니아는 사람의 피 냄새를 맡으면 즉시 공격한다며 조심하라고 겁을 준다. 두 피라니아의 감별법은 동물성 피라니아는 가슴 지느러미가 붉은색이고 식물성 피라니아는 흰색을 띄고 있단다. 우리는 신나게 낚시질을 하였지만 날카로운 이빨로 낚싯줄을 잘라먹고 도망가 버리는 놈들 때문에 대여섯 마리 밖에 잡지 못했다.

이곳에 사는 주민들 가운데에는 손가락 한두 개가 잘려져 나가고 없는 사람들이 많은데 이는 모두 피라니아 때문이라니 안내인이 그냥 겁 주자고 한 말이 아니었다. 우리 안내인은 강 위에 떠 있는 쓰레기나 종이 등을 보면 꼭 배를 돌려 쓰레기를 수거하며 우리 모두 이곳 환경보호에 신경을 써야 한다고 진지하게 말한다. 그는 정말 아마존을 아끼는 믿음직한 젊은이로 그 간절함이 나에게도 전해진다. 우리는 맑은 강물에서 낚시도 하고 강 주변 경치도 즐기며 아마존에서의 마지막 날을 느긋하지 보냈다. 숙소에 돌아오니 초록 앵무새가 반갑게 우리를 맞아 주어 귀가한 듯 정겹다.

저녁 때는 우리가 잡은 피라니아(piranha)로 요리를 해 시식할 기회가 생겼는데 물고기의 살이 유난히 딱딱하다는 느낌 외에 특별한 맛은 없었다.

아마존은 별천지 중에서도 으뜸인 별천지로 우리의 마지막 밤을 아름답게 밝혀 주었다. 무시무시한 동물과 독충 속에서 아무 사고 없이 밀림 여행을 마치니 얼마나 다행스러운 일인가? 다시 오라는 인사에 "오케이"라고 흔쾌히 대답하지 못한 건 온몸이 모기에 물려 긁느라 정신이 없어서 였다고 변명아닌 변명을 해 본다.

리마 Lima

아마 나의 처음이자 마지막이 될지도 모를 3박 4일간의 꿈 같은 아마존 탐험을 마치고 다시 리마(Lima)로 돌아왔다.

리마는 태평양 연안 해변 도시로 인구 9백만이 살고 있는 페루(Peru)의 수도다. 400여 년 전 1535년에 스페인의 정복자 프란시스코 피사로(Francisco Pizarro)장군이 이 도시를 '리마'라고 이름 지었는데 이것은 리마 시내를 흐르는 리마크(Rimac)강에서 유래되었으며 원래 이름은 '왕들의 도시(City of kings)'라는 뜻을 가진 '라 씨우다드 데 로스 레이스(La Ciudad de Reyes)'였다고 한다.

리마는 유럽으로 은을 수출하는 항구 도시로 발전했을 뿐만 아니라 남미에서

리마 중심지에 있는 San Francisco 성당

가장 오래된 산마르코스 대학이 있는데 이는 스페인이 식민 지배의 효율성을 높이기 위한 전략적 중심지였기 때문이다. 아직도 식민지 시대에 지어진 많은 건물들이 남아 있어 이 지역은 세계문화유산으로 등재되어 있다. 중앙 광장을 비롯한 성당과 궁은 이국적이면서 아름답기 때문에 관광객들이 많이 찾는 명소로 꼽히는 곳이다.

우리는 공항에서 근위병 교대 광경을 보기 위해 대통령궁으로 향했다. 하루에 한번 오전 11시 45분부터 시작되는 이 근위병 교대식은 리마 관광에서 빼놓을 수 없는 구경거리라고 한다.

대부분의 중남미 국가는 스페인의 영향을 받아 많은 도시가 성당을 중심으로 사각형 모양의 광장을 빙 둘러싼 건축 형태를 띠고 있는데 이런 광장을 중앙 광장 즉, 플라자 데 알마스(plaza de armas, main square)라고 부른다.

이곳 역시 광장을 중심으로 대통령궁과 성당이 있고 광장 한가운데는 구리로 만든 아름다운 분수가 자리하고 있어 사람들은 그곳에서 잠시 더위를 잊는다. 성당 앞에는 수백 마리의 비둘기들이 누군가 뿌려 준 모이를 먹느라 사람들이 가까이 다가가도 도망가지 않는다. 한때는 비둘기의 개체 수를 줄이기 위해 노력했으나 지금은 상징성 때문에 방관하고 있는 상태란다. 서쪽은 상가, 북쪽은 관공서 건물이, 대통령궁은 중앙 광장 동쪽에, 남쪽에는 샌프란시스코(San Francisco) 성당이 있다. 샌프란시스코 성당은 스페인과 이슬람 양식이 섞여 있는 독특한 양식으로 지어져 있는데 항시 개방되어 있어 주민은 물론 관광객들도 자유롭게 미사에 참석할 수 있다고 한다.

이 성당 내부에는 찰스 5세가 조각가 마티네즈(Martinez)에게 특별히 부탁하여 만든 상아로 조각된 예수님 상이 모셔져 있고 종교예술박물관이 있어 방대한 종교 관련 서적과 의상 등이 전시되어 있다. 또 성당 지하에는 거대한 지하 묘지가 있어 수천 수만의 유골이 안치되어 있다.

대통령궁 앞에는 벌써 많은 관광객들이 철창으로 만들어진 담장 앞에 서 있었다. 마땅한 자리를 찾지 못해 서성거리고 있던 우리를 안내인이 내국인에게 자리를 양보 받아 잘 보이는 곳으로 옮겨 주었다.

페루의 전 대통령이 부패를 저지른 일본인 '후지모리(Fujimori)'였지만 그들 눈에 비쳐진 작은 동양인은 단지 친절을 베풀어야 하는 관광객으로 생각하는 모양이다.

왕궁의 근위병 교대시간에 연주하는
마칭 밴드(marching band)

드디어 왕궁 건물 오른쪽, 일층 철문이 열리며 큰북을 위시하여 30~40명쯤 되는 군악대(Marching Band)가 악기를 연주하며 서서히 행진했다.

보통 근위병 교대식은 거의 비슷한 모습이어서 별 기대감이 없었던 나에게

페루의 전통피리 '페나'를 부는 남자(사진 스티브 김)

아주 흥미로운 의전 행사였는데 가운데까지 행군한 그들은 관광객을 향해서 여러 가지 음악을 연주했고 그중 우리가 잘 아는 '엘 콘도르 파사(El Condor Pasa)'라는 곡도 있었다.

이 노래는 우리의 아리랑 만큼이나 페루에서 사랑받는 느래일 뿐 아니라 즐겨 불리는 민요인데 미국에서 1960년대 사이먼과 가펑클이 가사를 부쳐 공전의

147

히트를 했던 곡으로 헤어짐에 대한 슬픔을 노래했다. 특히 "꿰나(quena)"라고 불리는 페루의 전통악기는 소리가 부드럽고 선율이 자연스러워 우리의 심금을 울린다. 아는 노래여서 반가운 마음에 나도 모르게 노래를 흥얼거리고 있는데 내 곁에 서 있던 안내인이 몹시 놀라워 하며 좋아하는 눈치다.

왕실 악단들은 청색 모자에 붉은 상의, 청색 바지 위에 무릎까지 오는 검은색 장화를 신고 있는데 금단추로 장식된 의상은 몹시 화려하였다. 남자들로 구성 된 이들은 군악대 뒤에 근위병이 따르며 약 30분 간 교대식이 거행된다. 나왔던 문으로 다시 행진하는 것으로 순서를 마쳤는데 교대식이 끝나자 많은 관광객들이 기민하게 흩어지는 모습이 재미있다.

점심 식사는 한국 현지 교포가 운영하는 식당으로 가기로 했다. 안내인에게 우리가 머물 호텔 주소와 전화번호를 받은 후 우리는 오랜만에 오붓하게 거리를 나섰다. 여행을 하면 한 번쯤은 그 도시의 한국식당을 찾아가는데 교포가 운영

페루 전통 의상을 입은 여인(사진 스티브 김)

하는 한국식당은 맛있는 한식을 먹을 수 있을 뿐만 아니라 확실한 여행정보를 얻을 수 있고 환전도 가능해서 일석이조 아니 일석삼조이니 꼭 찾아 갈 단하다.

한국식당은 호텔방에 있는 전화번호부에서 찾을 수도 있고 택시 운전수에게 물어 볼 수도 있다. 나는 전화번호부를 선호하는데 운전수의 경우 가끔 속임수를 쓸 수도 있기 때문이다. 좁은 계단을 올라가니 오른쪽으로 한국식당 입구가 보인다.

식탁에 앉아 메뉴를 보니 벌써 입안에 군침이 돈다. 친절한 식당주인은 자기집에서 직접 재배한 야채로 만든 한국음식을 권하며 친근하게 옆에 앉아 이런저런 이야기를 많이 해주었다. 이곳에는 중국음식 재료는 쉽게 구할 수 있지만 한국음식 재료는 구하기 힘들어 집에서 농사를 짓는다고 한다. 덕분에 무공해 음식으로 몸이 즐겁다. 며칠 사이 몸이 축나 맛난 음식으로 몸보신을 해야겠다

잉카시대 사용하던 도자기들

고 너스레를 떠니 마음씨 좋아 보이는 주인은 주방에서 나물이며 김치 등을 부지런히 챙겨 온다.

어디를 가나 만나는 한국인들의 푸근한 인심으로 미소가 절로 나온다. 리마 공항에서 택시 기사에게 낭패 본 이야기를 하자 이곳에는 '날치기'도 많으니 조심하라는 당부도 잊지 않았다. 한식당에서의 늦은 점심을 마친 후 우리는 택시를 타고 박물관으로 향했다. 리마에는 많은 박물관이 있지만 시간이 넉넉하지 못하기 때문에 우리는 국립박물관만 관람하기로 했다.

보통 박물관에는 경비가 삼엄하여 전시품에 손을 댄다거나 사진을 찍을 수가 없지만 언제 다시 볼 수 있을지 알 수 없는 이 진귀한 보석들을 그냥 지나치려면 아쉬움이 남는 건 어쩔 수 없다. 예전에 이집트 카이로 박물관에서 투탕카멘의 '황금마스크'를 찍다가 경비원에게 카메라를 빼앗길 뻔한 사건도 있었다. 다행히 이곳은 비교적 감시가 심하지 않아 규칙을 어길 생각은 없었지만 두서너 장의 사진을 기념으로 몰래 찍었다.

박물관에는 잉카시대의 의상과 도자기, 금과 은으로 만든 장신구들이 많이 전시되어 있었고 아이들의 미라도 전시되어 있었다. 특히 나병으로 죽은 미라가 있었는데 어떻게 그 병을 진단할 수 있었을까? 고대 이집트에서 발견된 외과용 수술 기구는 이미 의료지식에 상당한 지식을 가진 전문가가 있었음을 입증해 주고 있는데 잉카문명에도 이집트에 못지않은 문명을 가지고 있었던 걸까? 내일이면 고대하던 잉카제국으로 드디어 날아간다. 빨리 날이 밝기를 기다리며 나는 흥분되는 마음을 가라앉힐 수가 없었다.

쿠스코 CUSCO

페루의 남 동부에 있는 쿠스코(Cusco)는 해발 11,000 피트 높이의 안데스 산맥에 있는 도시로 인구는 약 30만 명이 살며 잉카 제국의 유적지가 많이 있어 1983년 유네스코 세계문화유산에 등재된 곳이다.

케추아어로 배꼽이라는 뜻의 쿠스코는 북서쪽에 있는 마추픽추와 더불어 연간 2백만 명의 관광객과 산악인이 찾는 곳으로 평균 화씨 49도(섭씨 9도)로 다소 춥다는 느낌이 들고 비가 자주 내리므로 우산과 고산병 약을 미리 준비해야 하는 곳이다.

다행히 날씨가 우리를 도와주어 쿠스코행에 무사히 오를 수 있었는데 도착하기 전 비행기에서 내려다본 안데스 산맥은 온통 초록색으로 뒤덮여 있어 신비로운 느낌을 주었다. 쿠스코의 초 현대식 공항에 내리자 화려한 색깔의 전통의상을 입은 원주민 밴드가 아름다운 음악을 선사하며 우리를 맞아 주었다. 그들을 보니 드디어 내가 잉카제국에 한 발 다가섰다는 생각에 기대감이 부풀어 오른다.

우리는 서둘러 간단히 점심 식사를 마치고 안내원을 따라 관광에 나섰다. 시내 곳곳에 게양되어 있는 색동의

쿠스코 공항 대합실에서 전통의상을 입고 연주하고 있는 원주민 밴드

잉카제국의 국기는 어린 시절 즐겨 입던 색동저고리처럼 곱다. 우리는 찬란한 햇빛을 받으며 차창 밖으로 펼쳐지는 풍경에 시선을 빼앗긴 채 삭사이우아만으로 향했다.

'잉카(INCA)'는 '태양의 아들'이란 뜻으로, 태양신을 숭배했던 그들의 유적지에는 태양신에게 제사 지내던 곳이 많다. 우리가 처음 찾아간 삭사이우아만(Saqsaywaman)도 그런 곳 중 하나로 쿠스코 시내에서 북쪽으로 3km 떨어져 있는 해발 3,600m 언덕 위에 있다. 운동장처럼 넓게 펼쳐진 이곳은 시내를 한눈에 내려다 볼 수 있고 도시를 감싼 봉우리가 병풍처럼 펼쳐진다. 삭사이우아만은 안데스인들이 설계하고 건설한 곳으로 잉카어로는 '태양신의 사원(the House of the Sun)'이라는 뜻이다. 쿠스코 언덕 꼭대기에 자리 잡고 있기 때문에 태양신에게 제사도 지내고 군사적 방어 요새로도 사용되었다는 의견이 지배적이다.

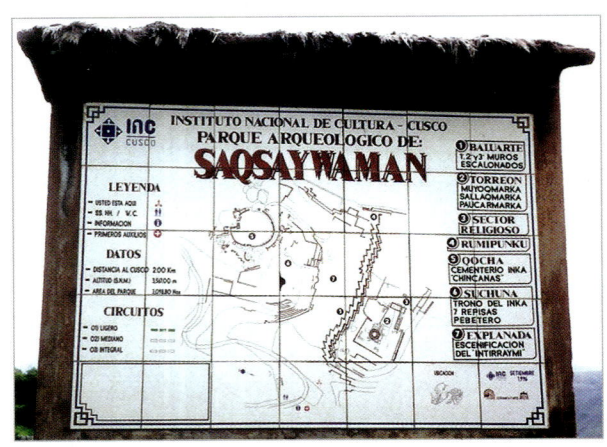

삭사이우아만(Saqsaywaman)의 모형도와 설명

삭사이우아만은 삼층으로 이루어져 있는데 거대한 바위(가장 큰 바위는 무게가 125톤)를 들어올려 성벽을 쌓아 올린 것도 놀랍지만 어떠한 접착제(시멘트나 그라우트)도 사용하지 않고 오직 바위만이 퍼즐처럼 맞춰져 있는 모습이 장관이다. 지그재그(zig-zag) 형태를 한 3단의 성벽은 1950년 쿠스코를 휩쓴 대지진에도 끄떡없었다니 잉카제국의 위대함을 보여 주는 듯하다.

성벽의 길이는 약 360m로 아랫돌 대부분은 높이 9m, 폭 5m나 되는 거대한 바위이고 위로 갈수록 돌은 작아진다. 지금도 이곳에서는 매년 6월 24일에 태양축제(the Festival of the Sun)가 화려하게 개최되는데 삭사이우아만은 축제의 하이라이트를 볼 수 있는 명당자리로 많은 사람들이 모인단다.

삭사이우와만(Saqsawaman)의 한 면을 설명하는 자랑스런 잉카의 후예

우리는 쿠스코에서 7km 떨어진 땀보마차이(Tambomachy)로 향했는데 고도가 해발 3,700m로 '잉카인의 목욕탕(the Inca's Baths)'라고 불리는 곳이다. 산에서 유입되는 수로시설이 수학적, 기하학적으로 놀랄 단큼 잘 설계되어 있는데 일 년 내내 일정한 양의 물이 잉카의 수로를 통해 흐르며 물도 절대 마르지 않는단다. 발원지를 찾기 위해 노력했으나 결국 찾지 못했다고 하니 영원히 베일 속에 가려진 잉카의 수수께끼 중 하나다. 나는 그저 맑은 물과 맛에 감탄하며 아름다운 풍광에 몸을 맡긴다.

쿠스코의 외곽은 집들이 주로 흙벽돌로 지은 집이다. 황토 흙에 마른풀을 잘게 잘라 섞고 시멘트 블록 크기로 만든 다음 며칠 동안 말린 후 그 벽돌로 벽을 쌓고 지붕은 지푸라기로 덮는데 영락없는 우리네 초가집이다. 친근하게 느껴지기도 하고 한국에 온 것 같은 착각마저 드니 어색하지 않다. 농사를 천하의 근본으로 여겼던 우리네 조상처럼 농업을 중요시했는데 이는 농업에 기반을 둔

계단식 농경지

사회였기 때문이다. 평평한 평지도 아닌 안데스 산맥에 자리잡은 그들은 농업 생산의 향상을 위해 일찍부터 산을 개간하여 계단식 논과 밭을 만들었다. 그들은 수로를 지그재그로 내려오게 하여 논과 밭에 충분한 물이 공급될 수 있도록 만드는 등 잉카인의 해박한 지식과 인간의 적응력에 새삼 놀란다.

나는 보고 싶은 것도 많고 가고 싶은 곳도 많은데 갑자기 가슴이 답답하고 울렁거리며 속이 메슥거리더니 드통이 밀려오기 시작했다. 차 멀미일까 아니면 점심을 잘못 먹었을까? 아무리 생각해 보아도 빵 두 조각에 약간의 국만 먹은 것이 오늘 식사의 전부다. 같이 식사한 남편은 멀쩡하니 음식에 문제가 있었던 것도 아닐 텐데 멀미를 해본 적도 없는 나는 도대체 이유를 모르겠다.

타이레놀(Tylenol)을 한 알 먹었지만 나아질 기미가 없고 점점 더 심해졌다. 도저히 버틸 기운이 없던 나는 남편에게 서둘러 숙소에 가야겠다고 했다. 차에서 내려 숙소로 가는 계단을 올라가는데도 숨이 차서 걸어 올라갈 수가 없고 몸이 천근만근 무겁다. 두세 계단 올라가서 쉬고 또 두세 계단 올라가서 쉬며 겨우 방에 도착하여 침대에 누우니 이제는 온 세상이 빙글빙글 돌며 어지러워 누워 있을 수도 없다.

얼마나 준비한 여행인가! 여기서 이렇게 누워있는 일각이 아쉽다. 처음 겪는 몸 상태에 놀란 나는 일정이 중단될 위기에 남편에게 미안한 마음뿐이었다. 우리가 이 여행을 얼마나 가슴 벅차게 기다렸던가… 여정은 아직 많이 남았는데 몸이 너무 괴롭다.

남편은 걱정스런 눈빛으로 호텔 지배인이 추천한 차라며 들고 들어온다. 나는 차를 마시면 이 고통에서 벗어날 수 있을까, 다시 여행을 계속할 수 있을까 하는 생각에 벌컥벌컥 단숨에 들이켰다. 욕심이 너무 앞섰던 것일까 화장실로 엉금엉금 기어가 변기통을 붙들고 토하고 또 토하고 모든 것을 쏟아 낼 듯이 토했다. 한참을 게워내고 겨우 침대로 돌아와 누우니 하늘이 뱅글뱅글 돌고 눈을 떠도 눈을 감아도 어지러운 게 전혀 도움이 되지 않는다.

남편이 권하는 한약 같은 차를 몇 모금 더 마시고 괴로운 몸을 이리저리 뒤척여 본다. 눈을 감고 이 고통이 잠잠해 지기를 기도하다 어느새 잠이 들었다. 눈을 뜨니 걱정스러워하는 남편의 얼굴이 제일 먼저 시야에 들어온다.

남편은 내 손을 잡으면서 "이형숙, 기운내! 이렇게 누워있으면 이형숙이 아니지"라며 용기를 북돋아 주니 나도 모르게 웃음이 피어 오른다.

명승지 중에 명승지 마추픽추(Machu Picchu)도 아직 못 보았고 띠띠까까 호수 (lago Titicaca)도 못 갔는데 생각해 보니 눈물 나게 억울했지만 몸이 도저히 따를 것 같지 않다. 나는 남편에게 아까운 시간 낭비하지 말고 혼자서라도 광장에 나가 시내도 구경 하고 바람도 쐬고 돌아오라고 당부하곤 다시 잠이 들었다.

10,000 피트 이상의 고산 도시에 오기 전에는 중간 높이의 도시를 거쳐서 고도 적응을 해야 하는데 너무 자만한 것이 문제였다. 다행히 한숨 자고 일어나니 증세가 다소 호전되어 숙소에서 가까워 가볍게 나설 수 있는 쿠스코 중앙 광장으로 향했다. 천천히 호흡을 조절하면서 느릿하게 걸으며 최대한 에너지를 아끼는 방법으로 걸었다. 고산병 때문에 음식을 먹을 수 없었던 나는 사탕과 초콜릿을 항상 주머니에 넣고 다니며 칼로리를 충당했는데 물과 사탕 대여섯 개로 하루를 견딘 날도 많았는데 생각해 보면 눈물나게 행복했다.

쿠스코 중앙 광장에는 5~6개의 성당이 있는데 성당들을 비롯한 건축물들은 대부분 스페인(Spain)의 건축 양식이다. 다만 도로는 잉카 특유의 검은 돌(10×10cm 크기) 로 아름답게 깔려 있는데 오랜 세월에 닳고 닳아서 반들거리는 돌들은 마치 보석처럼 아름다워 보였다.

아주 좁고 경사진 골목길 양편으로 빽빽하게 세워진 이층집들은 스페인 양식이고 집으로 들어가는 대문이 유난히도 좁고 낮다. 도심 한 가운데는 아르마스 광장이 있고 이를 중심으로 대성당과 라콤파냐데헤수스 교회, 관광객을 위한 상가, 식당, 여행사 등이 있다.

잉카를 정복한 스페인은 잉카인을 고용하여 여러 개의 가톨릭 성당을 건축하게 했다. 이것은 종교를 이용하여 잉카인을 스페인에 동화 시키기 위한 전략적

쿠스코 광장이 있는 대 성당

생각이었던 것 같다. 그러나 영리한 잉카인들은 성당을 건축할 때나 제단을 만들 때도 정복자가 알아볼 수 없도록 구석구석에 그들이 신봉하는 태양신을 새겨 놓았다.

예수상이나 성모 마리아상 뒤에는 태양의 둥근 모습과 햇살의 모습을 그려 넣어 성당에서 예배를 드리는 동안도 잉카인들은 그 뒤에 숨겨져 있는 태양신을 향하여 기도를 드렸다. 성당 바닥에는 사방으로 태양, 달 그리고 별들을 만들어 놓는 것도 잊지 않았다. 교회 의자나 고해성사하는 곳까지 구석구석에 그들이 믿는 태양신의 상징을 조각해 넣었다. 스페인 정복자의 눈에는 복종하는 것처럼 행동하면서 사실은 그들단의 전통의식을 우직하게 지키고 있었던 조용한 저항의 단면이었던 것이다.

부활절 때마다 이 성당 안에 있는 성모마리아상을 들고 나와 퍼레이드하는 모습(사진 스티브 김 제공)

성당 안 제단 옆에는 십자가에 못박혀 돌아가신 예수님의 상이 있다. 그들은 예수님의 얼굴마저도 잉카인을 닮은 예수로 만들어 검은색 피부에 나무로 만든 가시 면류관이 아닌 화려한 금색의 면류관을 씌웠다. 옷도 화려하여 금과 은으로 호화롭게 수놓아진 눈부신 예수님의 모습은 이곳 쿠스코에서만 볼 수 있을 것이다.

인류를 구원한 예수님에게 가시 면류관이나 넝마 같은 옷은 말도 안 된다고 생각했던 것일까 다른 의도가 숨어있던 것일까 알 수는 없다. 하여튼 가톨릭을 강요하는 에스파냐에 저항하여 많은 원주민이 목숨을 잃었지만 아이러니하게도 지금은 국민의 대부분이 가톨릭 신자이다.

성당을 보기 위해 많은 관광객이 이곳을 찾는데 전시되어 있는 많은 조각품들은 마치 잉카인의 예술성과 정교함을 드높이는 전시장 같다. 특히 성당 벽에는 잉카인들이 그린 종교에 관련된 그림이 많이 걸려져 있어 아름다움을 더한다. 사진을 찍을 수 없다는 삼엄한 규칙에 따라 나는 머릿속으로 부지런히 저장하려고 노력했다.

대 성당안에 있는 성모 마리아상은 일 년에 단 한번 부활절에 성당 밖으로 모시고 나와 시가행진을 하는데 이때 마리아상이 제일 선두에 서고 부활절 행사가 끝나면 마리아 상은 다시 성당 안 제자리에 갖다 놓는다고 한다.

축제도 좋지만 쿠스코에서 내가 꼭 추천하는 곳 중 하나는 코리칸챠

언덕 위에 있는 잉카인의 자존심 코리칸챠(Qorikancha)

(Qorikancha)이다. 이곳은 페루에서 가장 유명한 '태양 신전(Sun Temple)'으로 이 건물의 건축 양식은 잉카인들의 건축기술과 종교를 이해하는데 큰 도움을 준다.

코리칸챠(Qorikancha) 라 부르기 전에는 인티와시(Intiwasi)라 불렀는데 인티(Inti)는 태양을 뜻하며 와시(wasi)는 집을 뜻하니 이는 '태양의 집' 또는 '태양 신전'이란 말로 잉카 고유의 건축 양식으로 만들어진 신전이었다. 그러나 스페인은 점령 후 잉카인들의 정신적 버팀목인 코리칸챠를 부수고 그 위에 싼토 도밍고(Santo Domingo)성당을 바로크(Baroque)와 르네상스(Renaissance) 양식으로 지었다. 무자비한 스페인의 말살 정책이었다.

그 후 1650년 쿠스코에 지진이 발생했을 때 이곳 역시 건물 대부분이 무너졌지만 잉카인이 만든 주춧돌과 벽만이 지진을 견뎌냈다. 지금의 성당은 남아있던 주춧돌과 벽을 보존하여 다시 건축된 것이다.

성당의 벽은 직사각형의 거대한 바위로 쌓여 있으며 올라갈수록 바위의 크기가 점점 작아지니 자연스럽게 벽의 두께도 얇아지는 것이 특징이다. 역시 바위는 접착제나 시멘트를 쓰지 않고 돌 위에 돌을 얹어 쌓았는데 얼마나 정교한지 돌과 돌 사이에 면도칼도 들어갈 틈이 없다고 한다. 성당 왼쪽에는 허물어진 형태의 태양 신전(Sun Temple)과 달 신전(Moon Temple)이 그대로 남아 있었다.

그러나 그 안에 있던 실제크기의 사람과 동물의 금 공예품은 스페인이 녹여서 순금으로 만들어 본국으로 가져갔기 때문에 우리는 영원히 그것들을 볼 수 없

쿠스코 사람들이 가는 재래식 시장

게 됐다.

전설에 의하면 이 태양 신전에는 많은 양의 금과 은을 보관하고 있었는데 침략 후 스페인 손에 넘어가는 것을 막기 위해 잉카인들은 2,000Kg(4,400 lbs)이나 되는 금덩어리를 페루 동단에 있는 푸노(Puno) 시의 띠띠까까(Titicaca) 호수 속에 던져 버렸다고 한다.

해양학자, 야코이스 이베스 코스티우(Jacquees Yves Cousteau)는 실제로 잠수함을 타고 8주 동안이나 호수 밑바닥을 샅샅이 뒤지며 금을 찾아 보았지만 워낙 호수가 크고 깊어 결국 찾지 못했다. 대신에 박사는 그곳에서 보통사람 얼굴 크기의 3~4배에 달하는 60cm(24인치)의 개구리를 발견했는데 세가지 색깔의 이 개구리는 깊은 호수 밑에 살면서 수면으로 올라오는 즉시 죽는 신기한 개구리란다.

하여튼 황금이 많았던 잉카 사람들은 태양신의 신전인 이 코리칸챠(Qorikancha)를 온통 금으로 장식했는데 벽과 문이 금이었고 광장을 장식한 나무와 식물의 조각들도 금으로 만들어졌단다. 얼마나 화려할지 상상할 수도 없는 일이지만 에스파냐 군대를 따라 온 역사학자의 기록이 스페인 박물관에 남아있다니 허풍은 아닌 모양이다. 그래서인지 이 신전 이야기에 특히 눈을 반짝이며 신나게 설명하느라 여념이 없는 잉카 후예 안내인이 갖는 조상에 대한 자부심이 대단하다. 그것은 마치 내가 고구려의 광개토 대왕에게서 느끼는 무조건적인 긍지처럼 견고하고 단단한 것이었다.

나는 그들의 숨결을 느끼고 싶어 발코니로 나갔다. 붉은 지붕을 이고 하얀 벽돌 집이 산 중턱까지 즐비하다. 깊은 심호흡을 하니 상쾌한 공기가 심장까지 스며든다. 나의 안쓰러운 마음을 느꼈는지 갑자기 어둠을 따라 비가 후두득후드득 뿌린다. 무겁게 드리워진 안개는 그들의 흥망성쇠의 슬픔을 가리려는 듯 빗방울과 함께 어우러져 더욱 짙게 내려온다.

마추픽추 Machu Picchu

우리는 아침 일찍 서둘러 마추픽추(Machu Picchu)로 올라가는 쿠스코(Cusco) 산악 열차 역으로 향했다. 쿠스코에서 북서쪽으로 80km 떨어진 곳에 위치한 마추픽추는 1911년 미국의 고고학자 히람 빙햄(Hiram Bingham)이 발견하였다. 그러나 100년이 넘는 시간이 흘렀지만 이곳이 언제 건설되었는지 어떤 용도로 사용되었는지 명확히 밝혀진 바가 없다.

다만 15세기 중반 스페인에게 쫓긴 잉카인들이 산속으로 숨어들어 기존의 유물 위에 새롭게 건설되었다는 설이 설득력 있게 들린다. 잉카인들의 마지막 피난처였던 마추픽추는 페루에서 가장 이름난 명승지이자 우리가 이번 여행에서 핵심으로 꼽는 곳이다.

사실 마추픽추는 해발 2,400m로 3,360m에 있는 쿠스코 보다는 고도가 낮다. 그러나 마추픽추가 유명한 이유는 '잃어버린 공중 도시'라고 불리듯이 그 신비함에서 오는 것은 아닐까?

쿠스코에서 마추픽추를 보러 오는 길은 산악 등산로(Inca trail)를 따라 3박 4일 등반하는 코스가 있고 산악 열차나 경비행기(helicopter)를 이용하는 방법도 있다. 우리는 산악열차를 이용하기로 했는데 이 열차를 이용하면 아침에 떠나 저녁에 돌아올 수 있기 때문이다.

행운의 여신은 우리에게 다섯 개의 객차가 달려있는 열차에 첫 번째 객차 맨 앞자리 좌석에 앉을 수 있는 행운을 가져다 주었다. 전망이 트여있어 창가에 앉는 것보다 시야가 넓으니 나는 어린아이처럼 기쁘다.

그러나 쿠스코 시를 떠나 약 5~10분쯤 달렸을까 갑자기 눈앞에 가파른 산이 가로 막히면서 철로가 흙 속에 파묻혀 있어 더 이상 앞으로 전진할 수 없었다. 나는 간밤에 많은 비가 내리더니 산사태가 일어난 모양이라 생각했다. 마추픽추

푸마(Puma)와 콘도르(Condor) 모양인 산으로 둘러싸인 마추픽추(Machu Picchu)의 모습

쿠스코(Cusco)에서 마추픽추(Machu Picchu)로 가는 철도 노선

마추픽추를 오가는 페루 철도

는 이방인의 방문을 쉽게 허락하지 않는 것일가? 가슴이 철렁 내려 앉으며 좌불안석인데 멈췄던 열차가 갑자기 덜커덩거리며 천천히 뒤로 움직이기 시작하더니 설상가상 왔던 길로 되돌아 가는 것이다.

우리는 이제 열차의 맨 마지막 객차, 맨 마지막 좌석에 앉은 셈이 돼 버렸다. 잠시 동안 나는 우리에게 닥칠 수 있는 여러 가지 상황에 혼란스러웠다. 그때 다시 열차는 앞으로 전진하기 시작했고 얼마간을 전진하던 열차는 또다시 막다른 곳에 막혀 뒷걸음질하고 있었다. 도대체 이게 웬일이니?

이제는 옆 좌석에 앉아있던 관광객들도 동요하기 시작하며 객차는 술렁이기 시작했다. 누군가 "기차가 또 뒤로 간다!"고 소리치자 어찌된 영문인지 더욱 불안한 생각이 들었다. 열차 탑승 시 상냥하게 웃어 주던 승무원들은 도대체 어디에 숨었는지 얼굴도 보이지 않는다.

슬그머니 화가 났지만 어찌할 도리도 없고 소리치며 항의할 사람도 없다. 체념하는 마음으로 창 밖을 바라보니 아름다운 쿠스코 시내가 한눈에 들어온다. 나도 모르는 사이 기차는 벌써 산 중턱에 올라와 있었던 것이다.

그때 안내 방송에서 열차가 앞으로 갔다 뒤로 갔다를 반복하면서 지그재그(zigzag) 식으로 산을 오른다고 알려 주었다. 좁고 가파른 산을 올라가기 위한 방법인 것을 관광객인 우리들은 전혀 몰랐던 것이다. 안도의 기쁨에 마음이 통했는지 사람들은 박수를 치며 서로 부둥켜안고 부라보!를 외치며 환호성을 지르느라 콘서트장에 온 것 같이 요란스럽고 즐겁다.

흥분이 가라앉자 산악열차는 높은 산을 넘어 평평한 평지를 그저 직진으로 달린다. 창 밖은 평범한 시골 풍경으로 바뀌고 안내원이 나타나 따뜻하게 젖은 타월과 간단한 아침식사 그리고 음료수를 나눠 준다.

아직 고산병에 힘든 나는 입맛이 없어 식사를 사양하고 음료수만 받았다. 한두 시간쯤 지나니 경치는 또 온전히 바뀌어 오른쪽은 산, 왼쪽은 강물이 흐르며 마치 열차가 강물을 거슬러가는 것 같은데 이 강물은 아마존강의 원류인 우루밤바이다.

장마로 물이 불어난 철도를 따라 흐르는 우루밤바(Urubamba) 강

'성스러운 계곡'이라는 뜻의 우루밤바(Urubamba)를 따라 흐르는 흙탕 물은 좌충우돌 요란한 소리를 내며 흰 거품을 만들었다가는 없어지고 또 물거품을 만들었다가는 없어지고를 반복하며 거칠게 흘러간다. 건기(dry season)에는 많은 사람들이 우루밤바에서 래프팅(rafting)을 즐긴다니 그때는 물이 좀 잔잔한 모양이다.

기차는 우루밤바 강(Urubamba River)을 옆에 끼고 거침없이 안개 속으로 때로는 태양을 마주보며 달려간다. 첩첩산중이란 말은 이럴 때 쓰라고 생긴 말인 모양이다. 산들로 겹겹이 둘러 쌓여있어 모퉁이를 돌면 다른 산이 저 멀리 나타나고 모퉁이를 돌면 또 다른 산이 병풍처럼 끝없이 나타난다.

고요한 안데스 산맥에 가끔 백팩(backpack)을 등에 짊어진 등산객들이 잉카 등산로(Inca trail)를 따라 올라가는 모습도 볼 수 있는데 이 맑고 아름다운 계곡을 따라 3박 4일이 소요되는 88km의 등산코스는 세계적으로 많이 알려져 있어 모든 산악인의 꿈이란다.

신비스러운 산

구비구비 흐르는 강

강가에 여기저기 무심한 듯 놓여져 있는 바위들

현실감을 잊게 만드는 열대의 꽃들…

이곳이 바로 '무릉도원'이 아닐까?

세상의 어느 누가 이처럼 완벽하게 만들 수 있단 말인가?

죽장망혜 단표자로 천리강산 유랑하는 나그네 마음이 되어 이 아름다움을 만 끽하고 싶다. 나는 발끝부터 느껴지는 평온함에 흡족한 마음으로 창밖을 한없이 바라본다.

신혼여행을 온 프랑스 사진작가가 기차 안을 분주하게 오가며 부지런히 사진을 찍기에 나도 그와 같은 멋진 작품이 나오길 기대하면서 열심히 사진을 찍어보았다. 그러나 성능이 좋은 비싼 카메라와 능력 있는 사진작가라 해도 지금 이 순간의 아름다움을 사진 한 장에 모두 담아내지는 못하리라… 아쉽다.

기차역에서 옥수수를 팔고 있는 잉카인(사진 스티브 김 제공)

열차는 잉카의 유적지가 많은 이곳 오얀타이탐보(Ollantaytambo) 역에 등산객(Inca Trail Hiker)을 내려놓기 위해 잠시 정차했다. 기념품과 먹거리 등을 팔기 위해 기다리고 있던 원주민들이 열차로 다가왔다.

나도 창문을 열고 이것저것을 구경하다가 한 열 살쯤 되어 보이는 아이가 파는 먹음직스런 옥수수를 하나 샀다. 유난히도 검고 큰 눈, 알사탕을 잔뜩 물어서 터지기 일보 직전인 것 같은 통통한 빰, 엉클어진 검은 머리를 땋아 어깨 위로 올려놓은 전형적인 잉카의 후예처럼 보이는 여자아이였다.

선조의 영화를 아는지 모르는지 오늘도, 아마 내일도, 옥수수를 팔아 가족의 생계에 보탬이 될 대견스러운 딸이다. 나는 어쩐지 측은한 마음에 거스름돈은 가지라고 했더니 작은 옥수수를 하나 더 준다. 금새 쪄 왔는지 김이 모락모락 나는 게 먹음직스럽다. 알맹이가 매우 크고 실해서 강냉이 알을 하나씩 떼어 먹어보니 꼭 강원도 찰 강냉이처럼 맛있다.

고산병으로 한 서른 알쯤 먹고 나니 더 이상 먹을 수 없다. 나중에 먹을 요량으로 가방에 넣으며 이것이 오늘 하루 식사의 전부가 될 것 같은 생각에 한숨이 절로 나온다.

드디어 우리는 이 산악열차의 종착지인 뿌엔테 루이나스(Puente Ruinas) 역에 도착했다. 종착역에서 몇 분 걸어가면 마추픽추를 가기 위해 꼭 거쳐가야 하는 조그마한 동네인 아구아스 칼리엔테스(Aguas Calientes)가 나온다. 말 그대로 '뜨거운 물' 즉 온천 지대다.

맑은 비카노따 강(Vicanota river)이 흐르고 있는 이 마을은 서울의 정릉 골짜기를 연상케 했는데 조용하고 아늑한 관광지다. 길가에 토산물과 사진을 파는 행상들이 이채롭고 산악인을 위해 서너 개의 여관과 음식점이 있을 뿐 주민들도 별로 많지 않은 것 같았다.

이곳에서 미니버스를 타고 20~25분 정도를 포장도 되어 있지 않은 산길을 지그재그(zigzag) 식으로 한참 올라가니 어디서 나타났는지 오른쪽에 거대한 산봉우리가 보이기 시작하며 계단식 밭들과 돌담들이 눈에 들어온다.

마추픽추로 올라 가는 지그재그 모양의 산길

마추픽추는 산봉우리에 둘러싸여 산 아래에서는 그 존재를 알 수 없다. 길을 내기에도 가파르고 험준한 산 정상에 어떻게 이런 도시를 건설할 수 있었을까? 인근에는 돌산도 없다는데 수천 km 떨어진 곳에서 이 엄청난 돌들을 옮겨와 오로지 돌만을 이용하여 이런 도시를 만들다니 세계 7대 불가사의라 칭송할 만하다.

잉카제국은 지금의 페루, 볼리비아의 중앙 안데스 지방까지 지배했는데 기원전 2000년까지 거슬러 올라간다.

드디어 우리가 그토록 학수고대하던 신비의 도시, 공중의 도시 마추픽추(MachuPicchu)가 그 모습을 드러냈다. 버스에서 내려 흙이 발에 닿는 일상적인 순간에도 뭐라 표현 할 수 없는 감격이 가슴 깊은 곳에서 피어오르며 말문이 막힌다.

마추픽추에서 내려다 보는 우루밤바(Urubamba)강

버스에서 내리니 입구에는 여러 명의 안내인들이 자기가 구사할 수 있는 언어를 종이에 써서 관광객을 기다리고 있었다. 영어, 불어, 스페인어, 독일어, 일본어와 포르투갈어 등이 있었지만 한국어는 없어 우리는 영어를 하는 안내인 그룹에 합류했다.

그를 따라 매표소를 지나 좁은 길을 따라가니 가파르고 좁은 계단식 논밭이 눈 앞에 전개되었고 그 사이에 있는 좁은 돌길을 따라 올라가면 초가집처럼 생긴 초소가 하나 있는데 경비병의 전망대였다고 한다.

그래서인지 이곳에서 아래를 내려다 보니 우리가 올라온 꼬불꼬불한 길도 잘 보이고 산아래 유유히 흘러가는 강물도 훤히 보인다. 눈을 들어 앞을 보니 큰 산이 앞을 가로막고 그 옆에 다른 높은 산들이 이어져 사방이 산으로 둘러싸여 있다.

마주 보이는 산은 콘도르(Condor-주로 중남아메리카에 서식하는 큰 독수리) 모양처럼 생겼고 그 오른쪽의 산은 푸마(Puma) 처럼 생겼다하여 이 두 산이 마추픽추에 사는 사람들을 보호해 준다고 믿었단다.

전망대 왼쪽 산 아래로는 묘지였던 곳이 있는데 특이한 점은 바위 위에 시신을 놓고 제사를 지냈단다. 오른쪽 산 아래도는 계단식 농경지가 조성되어 있는데 마추픽추 유적 전체를 둘러싸고 있어 가장 넓은 면적을 차지하고 있다.

커다란 바위 한 가운데를 넓이 8~10cm, 깊이 2~3cm로 홈을 파서 수로를 만들어 농경지로 가도록 만들어 놓았다. 돌로 만들어진 사각형의 우물에는 바가지로 물을 떠 먹을 수 있게 만들어 놓았는데 안내인은 맛있게 그 물을 마신다 .

길은 주로 흙길이고 경사가 있는 곳은 모두 돌계단을 만들어 놓았는데 어떤 곳의 돌계단은 돌로 쌓아 만들었고 어떤 곳은 큰 바위를 쪼아 계단을 만든 곳도 있다.

먹구름도 없는데 비가 후드득 거리며 내리더니 순식간에 사방이 하얀 안개 구름에 쌓여 버렸다. 짙은 안개구름은 신비에 쌓인 이곳을 더욱 신비롭게 만들었다. 잠시 후 구름 같은 안개가 바람에 흩어지고 언제 그랬냐 싶게 다시 햇빛이 나온다. 나는 잠시 가쁜 숨을 몰아쉬며 안내인의 설명을 놓치지 않기 위해 그의 뒤를 바짝 따른다.

쿠스코에서처럼 힘들지는 않았지만 여전히 가슴이 답답하고 두통이 가시지 않아 천천히 심호흡을 해본다. 마추픽추의 기운이 온 몸으로 퍼지는 것 같아 상쾌하다. OK! Let go!

이곳 마추픽추(Machu Picchu)의 잉카 사람들이 살던 곳은 두 곳으로 나뉘는데 입구에서 볼 때 왼쪽을 "하난(Hanan)" 그리고 오른쪽을 "후린(Hurin)"이라고 하며 가운데는 광장이 있고 후린 쪽에 경계선처럼 개울이 있었다는데 지금은 흔적만 남아있다.

하난은 언덕 위에 있으며 주로 왕족들의 거처와 제사 지내던 곳이고 후린은 하난보다는 낮은 평지에 위치해 있는데 서민들이 거주하던 곳이다.

태양신전의 옆모습

우리는 안내인을 따라 하난 쪽으로 발길을 옮겼다. 먼저 왕녀들이 살던 궁전으로 갔는데 화려하던 영화는 자취도 없이 사라지고 무수한 돌벽만이 애처롭게 남아있다. 그 옆은 태양신에게 제사 지내던 곳이 남아있는데 신전은 태양의 후예라고 믿었던 잉카인에게는 매우 중요한 장소 중 하나였다.

우리는 커다란 바윗덩어리들이 여기저기 놓여 있는 채석장으로 발길을 옮겼는데 자르려다 만 흔적이 남아있는 바위들도 남아 있다. 관광객 몇 명이 힘을 합쳐 밀어 보았지만 꿈쩍도 하지 않는다. 이렇게 크고 무거운 바윗덩어리로 어떻게 집을 지었을까 도무지 실감이 나지 않는다.

다시 발길을 돌려 왕궁과 대 사원(Main Temple)과 제사에 필요한 물품을 보관하던 창고로 향했다. 왕궁에 있는 돌문으로 밖을 내다 보면 평민들이 살던 '후린' 지역이 보이는데 항상 백성들이 사는 모습을 볼 수 있게 처음부터 계획 한 것이다.

그 곳을 나와 뒤쪽에 있는 돌계단으로 올라가면 마추픽추의 제일 높은 곳에 위치한 '인티 와따나(Intiwatana)'가 나오는데 한 덩어리의 큰 바위를 가지고 만들었으며 밑면은 사각형이고 한쪽 면은 계단이다. 평평한 윗면에는 36cm 높이의 돌이 돌출되게 만들어졌는데 네 변이 정확하게 사방을 가리킨다고 한다.

인티와따나는 '태양을 묶어 두는 기둥'이란 뜻으로 태양의 기운이 약해지는 동지에 줄을 매달아 태양이 영원히 사라지는 불상사가 발생하지 않도록 태양을 묶어 두는 의식을 치르던 곳이라는 설과 돌출된 돌에 드리워진 그림자 길이에 따라 시간과 계절을 측정하는 천문학 기구로서 일종의 해시계라는 설이 있다. 잉카인들의 천문학이 수준 높았고 달력이 발달했음은 익히 잘 알려진 사실이다. 하지만 나는 해시계보다는 안개가 피었다가 흩어지고 신비로운 느낌이 가득한 이곳에 너무도 잘 어울리는 성스러운 의식이 아니었을까 생각해 본다.

놀랍게도 이곳에는 죄인을 가두어 놓는 유치장도 있었는데 유치장 입구에 '콘도르(Condor)' 모양을 조각한 돌을 땅속에 박아 놓았다. 의아해하는 우리에게

해시계(Intiwatana)

유치장 앞에 있는 콘도르(Condor) 새 모양의 석물

이 유치장의 구조가 콘도르 모양으로 만들었기 때문이라고 설명해 주었다. 콘도르 모양의 유치장에서 엄숙한 마음으로 반성하라는 의미였을까… 알 길이 없다. 다만 엄중한 규율의 잣대가 있었음을 확인해 주는 곳이었다.

이렇게 여기저기를 관광하는 동안에도 비가 왔다가는 그치고 또 구름이 걷히면서 건너편 산으로 무지개 또는 쌍무지개가 생기며 장관을 만든다. 짙은 구름인지 안개인지 분간하기 어려운 것이 산 전체를 완전히 가리기도 하고 안개가 엷어졌다가는 짙어지고 또 모였다가 흩어지며 아름다운 이곳은 한편의 파노라마 같다. 그래서 콘도르(Condor)와 푸마(Puma)의 형상을 한 두 산을 함께 카메라에 넣기는 무척 어려웠다. 두 산이 한꺼번에 시야가 트이는 찰나의 순간이 없었기 때문이었다.

마침 캐나다에서 온 노부부를 만났는데 이 분들은 캘린더 만드는 회사에 사진을 공급하는 사진 작가란다. 나는 날씨가 변덕스러워서 두 산을 한꺼번에 찍을 수가 없다고 하였더니 그분들 말씀이 "나도 바로 그 사진을 찍기 위해 매일 이곳에 올라와서 기다리고 있다"고 말한다. 그러면서 안개가 있는 경치도 아름다우니 많이 찍어야 몇 장이라도 좋은 사진을 건질 수 있다며 위로해 준다.

사진 작가인 이 노부부는 우리가 상상할 수 없을 만큼 많은 양의 사진을 찍어도 그 중에 마음에 드는 것은 한두 장 뿐이라고 한다.

자신들은 산 밑에 있는 온천(Aguas Calientes)에 숙소를 정하고 매일 이곳에 올라와 다양하게 변하는 마추픽추의 사진을 찍는다며 나무를 배경으로 사진을 찍으면 멋있는 작품이 될 것이라며 우리 부부를 찍어 주었다. 나는 그들의 조언에 느긋한 마음으로 사진을 찍어 본다. 꼭 원하는 컷이 아니라도 그냥 즐기면 될 일이다.

이제부터는 자유시간으로 여기저기 발길 닿는 대로 기웃거리며 구경할 생각이다. 많은 젊은이들은 하이킹 트레일을 따라 산으로 올라가는데 우리는 후린쪽을 향해 발걸음을 돌렸다. 광장에서 한가로이 풀을 뜯고 있는 야마들과 사진도 찍었다.

야마(llama)는 양처럼 생겼는데 낙타처럼 목이 길어 남미의 낙타라고 한다. 짐을 실을 수도 있고 털은 직물로, 가죽은 구두로, 고기는 식용으로 사용된다니 순하고 귀엽게 생긴 것이 유용하기까지 하다.

후린(Hurin)의 제일 위쪽에 있는 '달 신전(Moon Temple)'을 거쳐 평민들이 살던 곳을 지나 들어왔던 입구로 다시 돌아왔다.

길가의 돌멩이,

돌 틈 사이에 피어있는 이름 모를 들꽃,

돌 사이사이에 끼어있는 파란 이끼들,

너희들은 이곳의 비밀을 알고 있니?

산 아래서는 보이지 않는, 오직 공중에서만 보이는 도시.

그래서 사람들에게 '공중 도시'라 불리는 신비한 도시. 이곳에 오면 무언가 머릿속이 명료하게 정리되지 않을까 기대했었다. 무한 반복되었을 안내원의 설명에도 속 시원하게 풀리지 않고 자꾸만 커져가는 의문에 발길이 쉽게 떨어지지 않는다.

무거운 발걸음으로 내려오는 중에도 내 머릿속은 저 높은 산 위에 아무도 남아있지 않은 그곳에 머물러있다. 그들이 어느 날 모두 사라진 것처럼 언젠가 모두 흔적도 없이 사라질 것 같은 잃어버린 도시, 공중 도시, 전설의 도시, 비밀의 도시. 머릿속은 온통 어지럽게 꽉 차 있었다.

여행 후 소식

2010년 1월에 내린 폭우로 마추픽추로 가는 길과 철도가 유실되어 2,000여명의 관광객과 2,000여명의 주민이 고립되는 사건이 발생했다. 그 후 마추픽추 관광은 잠시 중단되었다가 2010년 4월에 다시 재개되었다.

또한 경 비행기로 마추픽추를 상공에서 보는 관광은 저공비행으로 인한 주변 동식물에 피해가 우려되기 때문에 더 이상 볼 수 없을 것이란다.

폭주하는 관광객을 수용할 수 있는 시설과 마추픽추까지 올라가는 케이블카 등을 건축하려는 계획은 이곳을 지키려는 많은 뜻있는 사람들이 의해 무산되었다. 이에 유네스코에서는 위험한 세계 유산 명단에 이곳을 포함 시킬 수도 있다고 발표했다.

전설만이 분분한 잉카인의 마지막 도시 마추픽추(Machu Picchu)는 내 가슴에 수많은 의구심만 남겨놓은 채 짙은 안개 속으로 서서히 사라져 간다.

많은 사람들로 인해 마추픽추의 신비함이 사라지지 않기를 아름다운 그곳이 언제나 그 모습 그대로 남아있기를 이기적인 마음으로 기도해본다.

안데스에서 현지 어린이와 함께

푸노 Puno

우리는 다음 여행지로 페루 동남부에 있는 푸노로 향했다. 쿠스코에서 푸노까지 가는 기차 여행도 좋지만 안데스 산맥을 따라 남쪽으로 달려 좀 더 가까이에서 안데스를 느끼며 유적지도 여유 있게 보기 위해 버스를 이용하기로 했다. 아직 이른 아침인데도 버스 정류장에는 벌써 몇 명의 손님들이 기다리고 있었다. 우리도 대합실 안에 비치된 따뜻한 코카잎 차 한잔을 마시고 버스에 올라탔다.

고산병에는 코카잎 차가 도움이 되는데 안데스 지역에서는 코카잎을 '신성한

잉카의 신 Viracocha를 위한 신전

풀'이라하여 종교적 의례에 따라 중요하게 여겨지기 때문에 그들과는 떼려야 뗄 수 없는 불가분의 관계이다.

종교의식 외에도 차와 술, 식용으로도 널리 사용되는데 같은 코카잎이지만 코카인은 마약 성분만을 추출한 것이므로 코카잎 차는 안심하고 마셔도 된다.

중형 미니 버스에는 우리와 이런 여행을 같이할 사람들이 탑승해 있었는데 페루인으로 오랫동안 멕시코에서 의사로 일했다는 그는 아내가 멕시코 사람이다. 두 아이들에게 자신의 모국을 보여주기 위해 가족 네 명이 여행을 왔단다. 홀로 여행하는 일본인 중년남자와 유럽에서 신혼 여행을 온 나이가 제법 들어 보이는 신혼 부부 그리고 우리 부부 이렇게 9명을 태운 버스는 먼지를 날리며 도심을 빠져 나갔다.

쿠스코에서 남동쪽에 위치한 띠띠까까(Lago Titicaca)호수를 보기 위해선 호반

곡식이나 생필품을 저장했던 사일로(silo)들

의 도시 푸노(Puno)로 가야 한다. 버스는 안데스 산을 따라 잉카 유적지를 돌아보는 코스로 푸노까지 보통은 7시간 정도면 도착할 거리를 우리 일행은 가는 도중 여러 번을 내려 유적지를 둘러보았기 때문에 거의 12시간 만인 깜깜한 밤이 되어서야 푸노(Puno)에 도착 했다.

처음 우리가 들른 곳은 페루 원주민이 살고 있는 작은 마을이었다. 옛날 방식으로 베틀에 앉아 옷감도 짜고 붉은 흙으로 도자기를 만드는 모습을 직접 볼 수 있다. 선명한 원색으로 된 화려한 옷을 입고 예쁜 모자를 쓴 아낙네들은 베트남 북부 지방의 흐몽(H'Mong)민족과 비슷하다. 라치(Rachi)는 아주 작고 조용한 동네인데 이곳과 대조적으로 웅장한 잉카의 신전(Inca Sanctuary)을 볼 수 있다. 이 신전은 잉카문명 이전의 창조주 비라코차(Viracocha)를 위해 만들어진 것으로 지금은 높다란 기둥과 벽만이 남아 있어 예전의 영화만을 짐작할 수 있게 해 준다.

땅에서 약 2m 높이까지는 벽과 기둥이 큰 돌로 견고하게 기초가 되어 있고 그 위로는 흙과 마른 풀을 섞어 만든 벽돌(adobe bricks)을 사용하였다. 벽의 두께는 약 1m 정도로 두껍고 벽 위에는 지붕이 있어서 안데스의 모진 바람에도 오랫동안 그 모습을 간직할 수 있었

예쁜 케추아 인디오 여자아이(사진 스티브 김 제공)

으리라 여겨진다.

여기서도 어김없이 잉카인들의 섬세한 건축술을 엿볼 수가 있었는데 신전 옆에는 둥글게 돌을 쌓아 올려 만든 저장창고 사일로(silo)가 여러 개 남아 있는데 곡식 뿐 아니라 옷감, 도자기 생필품 등도 저장했다고 한다.

4개의 사일로는 거의 완벽한 모습으로 남아 있었고 8개 정도는 약간 파손되어 저장창고의 모습을 간직하고 있을 정도였고 나머지 몇 개는 형태를 알아 볼 수 없을 정도로 많이 파손되어 있었다.

잉카인들은 저장 창고를 만들 만큼 지혜가 뛰어나고 남은 물건을 저장해야 할 만큼 부유했을 거라고 짐작할 수 있으며 산 위에는 외세의 침입을 막기 위해 축조된 성벽도 볼 수 있는데 마치 만리장성의 축소판 같다.

이 도시는 페루에서도 유명한 도자기를 굽는 곳인데 이곳 흙은 붉은 색깔의 흙(terracotta)으로 그 흙을 이용하여 도자기를 만든단다. 대대로 도예가들이 모여 사는 이곳의 도자기는 꼭 '라치(Rachi)'라는 이름을 새겨 넣는데 여러 가지 색깔이 어우러진 잉카의 독특한 무늬가 마음에 들었다.

이런 도자기는 광장에서 판매하기 때문에 쉽게 구입할 수 있다. 아들이 도자기를 전공하여 평소 관심이 많던 나는 그냥 지나칠 수 없는 일이다. 잉카의 냄새가 물씬 나는 도자기들을 구경 하다 예쁘고 특이한 것들을 골라 구입한다. 깨지지 않게 신문지로 둘둘 말아 가방에 넣고 잉카 무늬에 푸른색을 입힌 도자기 호루라기는 목에 걸었다.

이 도자기 호루라기는 소리도 잘 나고 모양도 예뻐서 목걸이 겸 호신용으로 페루를 떠날 때까지 줄곧 목에 걸고 다녔다. 가끔 여러 나라를 여행하면 비싸지 않고 짐이 되지 않을 작은 물건을 구입하게 되는데 그 나라를 추억할 수 있는 기념품을 넘어 나에게 소중한 보물이 되는 것이다.

라치(Rachi)를 떠나 해발 4,335m 정상 지점을 통과하니 왼쪽에 전개되는 안데스 산맥정상에는 하얀 눈이 덮여 있었고 파란 하늘에 하얀 뭉게구름이 한가롭게 흘러가니 너무나 평화롭다. 계속해서 코카잎 차와 물을 붕어처럼 마셔 대도 이곳에 도착하니 숨쉬기가 힘들어져 나도 모르게 얼굴이 계속 찌푸려진다. 우리는 작은 마을에 도착했는데 마음과는 달리 몸이 따르지 않는다. 조금만 더 힘을 내자는 생각으로 나는 버스에서 내렸다.

추운 날씨에도 원주민 엄마와 아이들이 예쁜 전통의상을 입고 관광객과 사진을 찍기 위해 기다리고 있었는데 그들이 받는 약간의 모델료는 큰 수입원이 될 것이다.

다른 한쪽에는 야마 털실로 만든 남미의 전통 의상 판초와 모자 등을 팔고 있었다. 정상에서 좀 내려오니 오른쪽 목초지대에 야마와 양처럼 생긴 알파카(alpaca)들이 어린 목동들과 무리를 지어 자유롭게 풀을 뜯고 있다.

서글서글한 안내원은 목동들과 다정하게 인사를 나눈 후 알파카 한 마리를 잡아 내 가슴에 안겨 준다. 낯선 얼굴이 두려운지 도망가려고 발버둥을 치면서도

파란 눈동자의 알파카(alpaca)를 안고 있는 필자

나를 빤히 쳐다 보는 눈은 유난히 파랗고 하얀 털은 깃털처럼 부드럽다. 알파카는 야마와 생김새가 비슷하지만 크기가 야마보다 작아 주로 털을 얻기 위해 사육된다고 한다.

면세점에는 알파카의 털로 만든 옷이나 숄이 아주 비싼 값에 팔리고 있었는데 만져보니 꼭 캐시미어처럼 가볍고 따뜻하다.

푸노에서 북동 쪽으로 약 105km 떨어진 작은 마을인 푸카라(Pucara)는 잉카 유적이 많이 있었지만 관리가 잘 안된 탓에 신전과 가옥의 돌무더기는 허물어진 모습으로 여기저기 흩어져 있고 크고 작은 집터에는 파란 잡초들만 무성하게 자라고 있었다. 태양의 신전 자리에는 약 8 피트 높이의 화강암 벽들이 여기저기 세워져 있었는데 이곳에 두 손바닥을 대면 좋은 기를 받는다 하여 너 나 할 것 없이 양손을 대고 아이처럼 즐거워 했다.

푸카라(Pucara)에 있는 태양신의 신전

우리는 작은 성당을 지나 아담한 집처럼 생긴 박물관(Museo Litico Pucara)에 들렀는데 화강암으로 만든 조각들만 몇 점 전시되어 있고 박물관 뒷마당에도 유물 몇 점이 놓여 있을 뿐이어서 페루의 다른 유적지보다 볼거리가 많지는 않았다.

여러 곳을 들르느라 처음 예상했던 시간보다 많이 지체되었다. 태양은 뉘엇뉘엇 서산으로 넘어가며 노을이 아름답게 물들기 시작한다. 장대하게 우뚝 서 있는 안데스의 노을 지는 모습은 아름답다 못해 슬프기까지 하다.

시인이 이 아름다운 경치를 본다면 시 한 편쯤은 읊었을 텐데…. 공항이 있는 작은 도시 울리아까(Juliaca)를 그냥 지나치고 고개를 넘으니 저 멀리 띠띠까까(Titicaca) 호수가 보이면서 호반의 도시 푸노(Puno)의 야경이 시야에 들어왔다.

세계에서 가장 높은 곳에 있다는 띠띠까까 호수는 페루와 볼리비아가 함께 공유하고 있고 양국의 해군 함대들이 정박하고 있다고 한다. 호반의 도시 푸노는 해발 3,827m에 위치한 페루의 요새로서 1668년 스페인들이 정착하여 살기 위해 세워진 도시로서 인구는 약 9만 명이다.

우리가 며칠간 머물게 될 호텔에 도착하니 밖에서 들려오는 음악 소리와 말소리가 범벅이 되어 무척이나 소란스럽다. 창밖을 내다보니 울긋불긋 화려한 페루의 전통 복장을 한 용과 악마의 탈을 쓴 행렬이 관광객과 뒤섞여 시가지를 메우고 있다.

호텔 매니저에게 물어보니 2월 첫 2주 동안 칸델라리아(Candelaria) 수녀를 기념하는 축제(feast)가 열리는데 첫째 주에는 관광객들이 많이 몰려 빈방이 없었단다. 이번 주는 손님이 좀 빠져나가 빈방이 생긴 것이라며 이런 사실도 모르고 왔느냐고 의아해한다. 나는 이 기회를 놓칠세라 얼른 호텔 밖으로 뛰어나갔다.

거리에는 축제에 참가한 사람들과 관광객으로 인산인해를 이루어 발 들여놓을 자리가 없다. 일년에 단 한번뿐인 '촛불 수녀의 축제(the feast of the Virgin of

용의 마스크를 쓴 출연자와 함께

Candelaria)'를 위해 페루 전 지역에서 수많은 무용 팀과 악단들이 모인다. 그들은 지방마다 특색 있는 화려한 복장으로 춤을 추며, 나팔을 불고 시가 행진을 하는데 가면무도회를 방불케 하는 모습은 화려하고 흥겹다.

어린아이에서부터 할머니, 할아버지까지 모두 춤추고 연주를 하며 행렬을 따르는 모습은 시민 모두가 축제를 즐기는 것처럼 흥겨워 보였다. 남자들은 한 손에는 '께냐' 라는 전통 피리를 불고 다른 한 손으로는 독에 건 북을 치며 걸어가고 여자들은 겹겹이 층층으로 된 치마를 입고 음악에 따라 엉덩이로 박자를 맞춘다. 할머니들의 엉덩이 흔드는 춤 솜씨가 정말 볼만했는데 치맛자락이 많이 올라갈수록 관람석에서는 휘파람과 박수가 쏟아졌다.

TV카메라에 우리가 촬영된 것을 나중에 방송을 보고 알게 됐는데 작은 동양인이 카메라를 들고 축제에 빠져있는 모습이 눈에 띄었던 모양이다.

칸델라리아 페스티벌은 푸노에서 열리는 가장 큰 행사로 수백 년 전 볼리비아

(Bolivia) 와의 전쟁 당시 촛불(Candelria) 수녀님이 하나님께 간절한 기도를 드려 푸노시가 전쟁에서 무사했다고 믿는 것으로 이를 기념하기 위한 축제인데 한창인 축제를 뒤로하고 나는 피곤한 몸을 이끌고 호텔로 돌아와서 잠이 들었다.

창밖은 여전히 노래와 춤으로 떠들썩했지만 창문을 열지 않고서는 가슴이 답답하여 잠을 이룰 수가 없었다. 밤공기는 몹시 차가워 옷을 두껍게 껴입고 간간히 들리는 축제의 여흥을 들으며 잠이 들었다.

다음날 아침 일어나 창밖을 보니 멀리 호수가 보이고 시가지는 언제 그랬냐는 듯이 너무나 조용하다. 간밤 그렇게 시끄럽게 춤추며 노래하던 수많은 사람들은 모두 어디로 갔는지 하나도 보이지 않는다.

축제는 정오에 시작하여 자정까지 2주일 동안 계속되면서 각지에서 온 모든 출연자들이 한 팀도 빠지지 않고 모두 참여할 수 있도록 진행된다. 성적이 우수한 팀에게는 상이 수여될 뿐만 아니라 그 마을의 자랑거리로 모든 주민들이 합심하여 일 년 내내 축제에 입을 의상과 춤, 악기 연습을 게을리 하지 않는다고 한다. 언제 일하고 언제 연습하는지 모르겠지만 이들의 공연은 완전히 전문가 수준이다.

푸노의 상점 주인들도 오전에만 문을 열고 오후엔 모두 이 축제에 참가하기 위해 의상을 갈아입고 광장으로 향한다. 물질의 풍요를 떠나 마음은 항상 여유로울 것을 생각하니 이것이 작은 소유에서 오는 정신적 풍요가 아닐까 생각해 본다.

우로스 Uros, 따뀌야 Taquille 섬

호텔에서 간단한 식사를 마치고 나는 다른 관광객들과 합류하여 띠띠까까(Titicaca) 호수 부두로 나갔다.

오늘 아침도 고산병을 예방하기 위해 코카잎 차 마시는 것을 잊지 않았다. 부두에는 20~30명을 태울 수 있는 연락선이 우리를 기다리고 있었는데 승선을 마치자 고동소리와 함께 배는 망망대해 같은 호수 위를 미끄러지듯 흘러가기 시작했다.

파란 하늘에 하얀 솜사탕 같은 뭉게구름은 이 호수를 더욱 환상적으로 만든다. 띠띠까까(Titicaca)호수는 길이가 194km 넓이가 65km로 지구상에서 가장 높은 곳에 위치한 호수로 동력으로 움직이는 배가 다닐 수 있는 유일한 호수이다. 또 페루(Peru)와 볼리비아(Bolivia)의 경계선이며 수심이 280m나 되는 바다 같은 호수이다.

우리를 태운 배는 맑은 호수 위로 '토토라(totora)'라고 불리는 수초로 만들어진 인공 섬 우로스(Uros)로 향했다. 토트라는 호수에서 자라는 갈대로 다 자라면 길이가 5~7m가 되며 원주민들은 그 뿌리를 먹기도 하고 집도 짓고 배도 만들어 타고 다닌다. 여름에 무성하게 자라며 두께가 어느 정도 두꺼워지면 갈대를 베어 겹겹이 쌓아 만든 우르섬은 우기에 많은 비가 내려도 수면에 떠있기 때문에 물에 잠길 염려가 전혀 없다.

이 호수 안에는 이런 수초 섬이 40여 개가 있는데 작은 것은 집이 두 채 정도 있고 크기가 큰 곳에는 학교와 호텔 등이 있다. 너무도 이국적인 매력 때문이었을까 페루의 전 대통령 후지모리는 해마다 바캉스를 이곳에서 보냈다고 한다.

이 우로스(Uros)섬은 제법 큰 수초섬으로 배가 출발한지 한 시간쯤 지나서야

우로스섬에 살고 있는 홍학, 그리고 갈대(토토라)로 지은 집과 망루

우리를 그곳에 내려주었다. 우로스섬에 첫 발을 내디디니 발이 갈대 속으로 쑤-욱 꺼져 나도 모르게 소리를 질렀다.

안내인의 도움을 받아 겨우 걸음을 옮기니 풀 썩는 냄새가 코끝에 느껴진다. 섬의 밑바닥은 계속 썩고 있기 때문에 토토라로 무게를 지탱할 수 있도록 계속 두껍게 쌓아주어야 한단다. 그래도 물이 맑은 이유는 토토라가 정화 능력이 있기 때문이라니 신통방통하다.

외로워 보이는 홍학 한 마리가 사람들이 다가가도 날아가지 않고 무엇을 잡아먹는지 주둥이로 연신 갈대 바닥 속을 쑤셔대고 있다. 섬 중심에는 원주민들이 수초로 만든 공예품을 팔기 위해 일렬로 앉아 있었는데 그 공예품을 한 점 사서 사무실에 걸어 놓으니 보는 사람마다 좋아라한다.

원주민들은 이 호수에 사는 가장 오래된 부족으로 잉카제국 당시 하급 신분이어서 차별을 피해 이곳까지 옮겨 온 것이라고 한다. 물고기와 물새 등을 수렵

하고 호수 연안에 감자와 옥수수를 경작하여 살았으나 지금은 대부분 관광 수입으로 살아가고 있는 듯하다.

우리는 토토라로 엮어 만든 '바루사'라고 부르는 배를 타고 섬을 한 바퀴 돌았는데 베니스의 곤돌라와 비슷하게 생겼고 배의 앞부분은 조금씩 다르게 멋을 냈다. 수초로 만들었는데도 물이 새지 않아 배에 비스듬히 누워 푸른 하늘을 바라보니 몸에 잔뜩 들어간 힘이 천천히 빠지며 천연의 힘이 물질문명의 찌꺼기를 털어내듯 편안하게 감싸준다.

호수에 손을 담그니 물이 얼음같이 차갑다. 원주민 노래가 딱 이지만 아쉬운 대로 산타 루치아 노래를 부르며 신선놀음으로 시간을 보낸다.

다시 우리 일행을 태운 연락선은 우로스 섬을 뒤로하고 검푸른 굴결을 헤치며 세 시간 이상을 순항하여 따뀌야(Taquille) 라는 섬에 우리를 내려놓았다.

도착한 선착장에는 이름 모를 나무들이 서 있고 괴암 절벽이 금강산을 방불케

원주민들의 생활에 중요한 몫을 차지하는 토토라로 만든 배

하였다. 우리 일행은 여기서 내려 언덕을 올라 산 위에 있는 원주민 동네를 구경하고 섬 반대편에 있는 선착장까지 걸어간다는 안내인의 설명이다.
코카잎 차를 마셨지만 역시 힘겨운 내 뒤로 칠레에서 온 청년들은 뛰다시피 언덕을 올라간다. 점점 뒤쳐진 나는 한발 한발 힘겹게 올라가다 길가에 주저앉아 있는 일본인 아가씨를 발견했는데 식은땀을 흘리고 얼굴이 창백하여 큰일이 날 것 같아 가슴이 철렁한다.
잠시 후 담당 안내인이 뛰어와 아가씨를 둘러업고 재빨리 사라졌다. 놀라 멀거니 서 있는 내가 걱정이 됐는지 옆에 따라오던 우리 안내인이 길가에 있는 풀을 뜯어 손으로 비벼 나에게 건네준다. 숨 쉴 때마다 코에 대고 숨을 쉬면 도움이 된다고 한다. 정말 숨쉬기가 조금 쉬워졌는데 풀에서는 박하 같은 냄새가 나고 길 양쪽에 흐드러지게 자라고 있어 냄새가 사라지면 버리고 또 따서 비벼 사용했다.
그래도 힘들면 중간중간 낮게 쌓아놓은 돌담 위에 걸터앉아 쉬었는데 곁에서 걱정스럽게 서 있는 안내인에게 다른 사람들에게 가보라고 했지만 그들도 모두 나를 걱정한다면서 정상에 오를 때까지 계속 옆을 지키며 나를 격려해 주었다.
나중에 알고 보니 우리 팀에서는 남편이 제일 연장자이고 그 다음이 나였다. 40대 한 명을 제외하고는 모두 20대였다니 여행도 젊어서 해야 하는가? 좀 씁쓸한 생각이 들었다.
정상에 오르니 마을 회관에는 원주민의 독특한 의상과 공예품을 전시하고 있었다. 우리는 '도라도(dorado)'라는 식당으로 갔는데 없는 재료로 많은 손님의 음식을 장만하려니 양도 적고 국물도 완전히 멀겋다. 입맛이 없어 차 한 잔을 주문하니 올라올 때 내가 사용하던 풀잎 세 쪽을 뜨거운 물에 부어 주며 $1.00를 내란다. 산위로 올라오는 내내 양 길가에 흐드러지게 자라던 흔하디 흔한 풀이였는데… 좀 어이가 없다.
이곳은 길도 없고 차도 없고 전기도 없는 곳이지만 잉카의 유물과 전통은 많이

도라도 식당 주인과 함께

페루 인디오 남자들의 원색의 고유의상 (사진 스티브 김 제공)

보전하고 있는 곳이다. 옛날 방식 그대로 계단식 밭농사를 하여 감자, 강냉이, 콩 등을 수확하고 호수에서 잡은 물고기로 살아간다.

또 이곳의 옷감은 색깔이 화려하고 예쁜 무늬를 넣어 마음에 쏙 들었는데 원주민이 입은 의상에 따라 결혼한 남자, 미혼 남자, 홀아비, 결혼한 부인, 처녀 그리고 과부가 구별된다. 섬 뒤편에 있는 선착장으로 발길을 옮기는데 섬 같지 않고 시골길로 가고 있는 것 같다.

돌로 만든 아치 밑에서 휴식

파란하늘, 하얀구름, 푸른 밭, 뜨문뜨문 보이는 작은 집들, 깔깔거리며 뛰어다니는 동네 꼬마들, 아! 이 평화스러움! 진정 이것이 행복이고 이것이 아름다움 그 자체가 아니겠는가?

이 섬을 올라올 때 돌로 만든 아치(arch)를 지났는데 내려가는 곳에도 두 개의 아치가 만들어져 있다. 그 중 한 아치는 돌 위에 십자가를 만들어 놓았다. 그리고 다른 아치는 아주 납작한 사각형의 돌을 가지고 반원 형태로 쌓아 만들었는데 돌이 떨어지지 않고 서로 잘 맞물려 있어 옛모습을 그대로 간직한 채였다.

내려가는 길은 돌계단으로 되어있어 훨씬 수월하게 내려갈 수 있었다.

업혀간 그 일본인 아가씨가 어떻게 되었는지 궁금했지만 묻지 않기로 했다. 내가 도움을 줄 수 있는 것도 아니고 그저 별 탈 없기를 간절히 기도한다. 계단에 앉아 바다 같은 호수를 바라보면서 잠시 망중한에 빠진다.

다른 사람들보다 늦지 않으려고 부지런히 돌계단을 내려와 따뀌야(Taquille)섬 선착장에 도착하니 먼저 내려온 칠레 학생들이 우리 부부가 무사히 도착한 것을 축하하며 "부라보"를 외친다.

우리 모두는 무사히 승선하여 따가운 햇살을 받으며 다시 검푸른 물결을 헤쳐 간다. 배에서 나는 멀어져가는 우로스 섬과 따뀌야 섬을 바라보며 선조들의 땅을 조용히 지키며 아름다운 전통 이어가는 잉카의 후예들에게 감사의 마음을 보낸다. 그들이 없었다면 내가 이곳에 올 일도 없었겠지. 밀물처럼 왔다가 사라지는 이방인들이 그들의 삶에 위해가 되지 않기를, 이 모습 그대로 간직하기를 기원한다.

배가 부두에 도착할 무렵 의기충천인 칠레 학생들은 모두에게 아름다운 조국 칠레를 거창하게 소개하며 우리들에게도 꼭 칠레에 방문하기를 권했다. 우리도 질세라 "코레아"를 소개한다.

아이들은 소개하기 무섭게 "꼬레아"의 "대우", "현다이", "엘지", "쌤썽" 그리고 "키아"를 안다며 부러운 시선으로 우리를 쳐다본다. 그들의 열광적인 반응에 어깨가 으쓱한다.

막내아이가 대학 3학년 때 칠레의 남단에 있는 "파타

페스티발에 참석했던 학생들과 댄스 팀

고니아(Patagonia)"산에서 산악훈련을 한적이 있었다. 아이가 찍어 온 사진과 이야기를 통해 칠레에 관심을 가지고 있던 나는 꼭 가겠다고 약속하고 그들과 아쉬운 작별을 했다.

축제는 아직 진행 중이어서 멀리서부터 음악 소리가 들리고 울긋불긋한 가면과 화려한 의상으로 시선을 끄는 사람들이 푸노 시가지를 가득 메우고 있다.

우리는 근처 시장에 가서 그들이 쓴 것 같은 용 가면을 사려고 아무리 돌아 다녀봐도 어디서 살 수 있는지 알 수 없었다.

판매하는 곳이 어디인지 상인에게 물어보니 지금 가면을 사기에는 너무 늦었단다. 이 축제에 참석하는 대부분의 사람들은 이번 축제가 끝난 후부터 내년에 입을 의상을 준비하고, 동네 사람들 모두 춤 동작을 맞추기 위해 특별히 춤 교습도 받으며 악기 연습도 따로 한단다.

이들은 이 축제를 위해 일 년 내내 준비하며 약간 과장되게 말해 축제를 위해 일한다니 그들에게 이 축제가 얼마나 크나 큰 의미인지 이방인은 영원히 알지 못할 것이다. 그들은 축제기간 동안에는 세상의 모든 잡념을 잠시 잊어버린 채 먹고 마시며 흥겹게 즐기며 논다.

상점도 몇 시간만 열고, 학교도 잠시 휴교하며 모든 사람들이 이 축제에 참석한단다. 해마다 1월 1일이 되면 내가 사는 파사데나(Pasadena) 시에서도 "장미꽃 축제(Rose Parade)"가 열려 많은 사람들이 축제 준비를 하지만 이들의 열성엔 반도 미치지 못할 것이다.

아이고 맙소사! 사지 못한다고 생각하니 더욱 아쉽다.

아쉬움 때문인지 호텔로 돌아가는 언덕길이 까마득하게 생각되며 다리가 무겁다. 우리는 이곳의 교통수단 중의 하나인 자전거 인력거를 타고 호텔로 돌아왔는데 베트남의 씨클로와 비슷하게 생겼고 모터가 아닌 페달로 달린다.

이 도시는 재래 시장과 노점상이 있는 호수 쪽은 낮고 서서히 완만한 곡선으로 언덕이 되면서 상가와 성당 등 번화가가 있고 주거지는 더 높은 곳에 자리잡고 있다.

어제에 이어 오늘도 다른 부락에서 참여한 많은 팀들이 의상은 다르지만 비슷한 리듬의 음악에 맞추어 춤을 추며 행진한다. 춤 경연도 있기 때문인지 z 팀은 일등을 하기 위해 신명을 다해 모두들 열심이다.

매해 60~80개의 그룹이 이 축제에 참여하고 한 그룹 당 40~100명쯤 된다고 한다. 나는 이렇게 맨 몸으로 걷기도 힘든게 이들은 30~40분 동안 계속 노래하며 엉덩이를 흔들며 춤을 추고 있으니…….

우리는 이 축제의 주인공인 촛불(Candleria) 성녀상이 모셔져 있는 성당을 찾았다. 보통 성당에는 십자가의 예수님상이 있지만 이 성당은 온통 꽃으로 장식된 성녀상이 제단 한가운데 있었다. 축제 동안만 그렇게 한단다.

활짝 열린 문으로 수많은 사람이 오가며 미사를 드려 성당 안은 앉을 자리조차 없었다. 성녀를 향해 경건한 모습으로 기도 드리는 사람들을 보며 건강하고 행복하게 살아가도록 모두를 위해 기도하고 성당을 나섰다.

돌아오는 길에 호텔 앞에서 구두 닦는 아이를 발견했다. 나는 이번 여행을 끝으로 버리려던 신발을 아이에게 건넸더니 새 신발로 만들어 놓았다. 산에 다닐 때 발이 편한 신발인데 또 몇 년은 더 신을 수 있을 것 같다.

와아 … 정말로 "무쵸 그라시아스 (mucho gracias)" 땡큐다.

3층 호텔 방을 올라가려니 걱정이 앞선다. 호텔 매니저는 "산소통(Oxygen), 산소통" 하며 나를 걱정한다. 나는 3층까지 미소 지으며 쉬며 놀며 올라가 보자하고 마음 먹는다. 이것도 오

공항 가는 길에 있는 고관들의 장지 Chullpas

늘로서 마지막이다.

내일 비행기에 오르면 한결 편안해 질 것이다. 마음껏 숨 쉴 수 있다니 생각만 해도 기분이 좋다. 지금까지 살면서 공기의 소중함도 모르고 살았다니…

호텔에서 느긋하게 이 책 저 책을 뒤적이다 안내인이 로비에서 기다린다는 연락을 받고 그제서야 내려왔다.

공항이 있는 울리아까(Juliaca)는 푸노에서 약 한 시간 소요되는 거리로 약 45km 떨어져 있다. 우리는 공항으로 가기 전 중간 지점에 있는 마지막 여행지 추아파스(Chullpas)로 향했다. 추아파스는 잉카 고관들의 묘지로 우마요(Umayo) 호숫가에 있다. 고대 무덤은 다양한 모양의 석탑묘가 있었는데 대부분 파손되어 원형을 잃어가고 있었다. 언덕 위에 위치한 유적지 앞으로 펼쳐진 우마요 호수는 맑고 아름다울 뿐만 아니라 한적하여 더욱 좋았다.

밤에 푸노시에 도착했기 때문에 야경만 보았을 뿐인데 밝은 날 높은 언덕에 올라서 보니 푸노시가 한 눈에 보이고 그 뒤로 띠띠까까 호수가 펼쳐져 한 폭의 그림처럼 아름답다. 호수가 잘 보이는 언덕에 서서 점점이 떠있는 토토라로 만들어진 섬들을 바라보며 그들에 대한 연민의 마음을 뭉게구름에 실어 보낸다.

공항에 도착하니 전통의상을 입은 페루인들이 여러 악기를 연주하며 노래를 불러준다. 체력은 이제 바

아름다운 잉카의 후예들(사진 스티브 김 제공)

닥이 났지만 기다리는 시간이 조금도 지루하지 않다.
눈을 감으니 마추픽추의 모습이 주마등처럼 지나간다.
굽이굽이 흐르는 아마존강도 보인다.
알록달록한 색깔의 고운 옷을 입은 케추아 여인들과 아이들도 함께….
난 그들의 땅을 잠시 방문한 나그네다.
영원히 살아 숨쉬는 잉카의 후예들에게 작별을 고하며 나는 떠난다.
안녕!
그리고 "아리키빠"

추신
아리키빠는 카추아 말로 "you may stay here" 이다.
페루 사진을 제공 해 주신 스티브 김 선생님께 심심한 감사의 말씀을 드린다.

파타고니아
Patagonia

숨겨진 땅 파타고니아

남미의 제일 끝자락이며 불모지라 여겨지는 얼음과 돌산이 겹겹이 쌓여있는 푸른 하늘과 푸른 빙하가 어우러진 그곳 파타고니아! 도전을 꿈꾸는 수많은 사람이 찾는 회색 구름에 가리워진 신비로운 그곳을 찾아 떠났다.

파타고니아를 처음 방문한 2011년 1월에는 칠레의 푼타 아레나스(Punta Arenas) 공항에서 주민들의 파업 때문에 한 발자국도 바깥으로 나갈 수 없었다. 못내 아쉬운 마음을 가눌 길이 없던 나는 22개월 만인 2012년 11월 토레스 델 파이네 산을 보기 위해 또다시 칠레로 떠났다.

이번 여행에서는 토레스 델 파이네(Torres Del Paine) 국립 공원, 까레라 장군(General Carrera) 호수에 있는 마블 대 성당(Marble Cathedral)과 예배실

(Marble chapel), 태평양 바닷가에 있는 작은 도시 토르텔(Tortel)을 보고 아르헨티나(Argentine)의 엘 깔라파테(E. Calafate)에 있는 빙하 국립공원과 남부 파타고니아(Patagonia)의 최고봉 피츠 로이(Fitz Roy) 산도 가 볼 예정이다. 아마 파타고니아가 쉽게 나의 입산을 허락하지 않았기에 더 가고 싶은지도 모르겠다.

칠레 비행기 '란(Lan Chile)'을 타면 LA에서 페루(Peru)의 수도 리마(Lima)까지 8시간 반이 소요된다. 리마에서 다시 3시간을 이동하여 칠레의 수도 산티아고(Santiago)에 도착한 후 서둘러 입국 수속을 마치고 공항 밖으로 나가 택시를 탔다. 우리는 시내 수산 시장에서 쿠란토(Curanto)라는 칠레의 대표 해물 요리로 아침 식사를 하고 부랴부랴 다시 공항으로 돌아가 푸에르토 몬트(Porto Montt)까지 1시간 반을 날아갔다.

다시 푸에르토 몬트에서 1시간을 또 날아가 발마세다(Balmaceda) 공항에 도착하니 11월 17일 오후였다. 우리는 곧바로 렌터카를 타고 240km의 비포장도

로를 약 4시간을 달려 뜨랑끼오(Tranquillo)에 도착해 짐을 푸니 만 2일이 걸린 셈이다. 하루가 일 년처럼 느껴지는 숨 가쁜 이동이었다.

산 모양이 마치 성 같다 하여 붙여진 쎄로 카스티오(Cero Castillo, 2675m)의 눈 덮인 산 중턱으로 구름이 흘러가는 모습이 마치 신선이 사는 산처럼 신령해 보인다. 이곳에는 크고 작은 호수들이 많이 있는데 물이 귀한 캘리포니아에 사는 나로서는 부러운 일이 아닐 수 없다.

인근 주변까지 합해 인구 3,000명이 사는 뜨랑키오시는 물이 잔잔하다고 해서 붙여진 이름으로 이곳에서 그리 멀지 않는 곳에 뜨랑키오 호수가 있고 그 호수로부터 뜨랑키오 강이 연결되어 이 강물이 바로 까레라 장군(General Carrera) 호수로 흘러간다.

나는 이 거대한 호수가 만들어낸 작품을 만나러 이곳에 왔다. 부드럽고 잔잔한 물이 단단한 바윗돌을 깎고 갈아 만든 대자연의 걸작품으로 탄생된 화랑에 가서 세기의 증인이 되려 한다.

태평양으로 흐르는 베이커 강

마블 대 성당 Marble Cathedral

마블 대 성당이 있는 '까레라 장군 호수'는 남미에서 페루와 볼리비아의 경계에 있는 띠띠까까 호수 다음으로 큰 호수로 칠레와 아르헨티나 두 나라에 걸쳐 있어 같은 호수지만 아르헨티나 사람들은 '부에노스 아이레스(Buenos Ares)' 호수라 부른다.

호수의 수 면적은 1,850km²로 이 중 970km²는 칠레에, 880km²는 아르헨티나에 속하며 안데스산의 빙하가 녹은 물이 흘러 들어와 호수에 머물다가 베이커 강을 거쳐 태평양으로 흘러 간다.

호수의 수심은 586m이고 호수 주위를 한 바퀴 도는데 자동차로 8시간이 걸린다고 하니 상상을 넘는 크기다. 호수의 온도 또한 매우 낮아 연어(salmon), 송어(trout) 등의 물고기만 자란다니 어종의 특성상 '물이 깨끗하겠구나' 미루어 짐작해 본다.

호수 주위로 돌산이 많은데 특히 트랑키오시쪽에 있는 마블 대 성당은 거센 호수의 물결이 만들어낸 걸작품으로 이것을 보기 위해서는 파도가 심한 오후를 피해 그나마 잔잔한 아침 시간을 이용해야 한다.

아침은 파도는 잔잔하지만, 온도가 내려가 매우 추웠다. 현지인 윌리(Willie)와 함께 선착장에서 배를 타고 약 한 시간 정도를 가니 오른쪽으로 돌산들이 하나 둘씩 모습을 나타내기 시작한다.

오랜 세월 거친 파도로 인해 만들어진 동굴과 돌 기둥은 세계 유수의 동굴에서도 볼 수 없는 독특하고 아름다운 모습을 자랑할 뿐 아니라 빙하가 녹은 옥색 물과 조화를 이뤄 장관을 연출한다. 또 동굴을 통해 들어온 빛이 일렁이는 물에 반사되어 천정에 아롱거리니 마치 샹들리에를 매달아 놓은 듯 영롱해 보인다.

호수 저편에는 하얀 눈에 뒤덮인 산과 수정같이 맑은 물이 내 시야를 압도하며 물 위로 우뚝 선 대리석 기둥 사이사이를 술래잡기에 마음이 빼앗긴 아이처럼 휘젖고 다녀도 지겹지 않고 마음이 찬란해지는 것이다. 나는 용기를 내서 동굴을 잠시 걸어보려 했지만 바닥이 날카로워 오랫동안 머물 수 없었다.

인간에게 하락된 시간은 아주 짧아 파도가 더 심해지기 전에 돌아가야 한다는 선주 아저씨의 말에 우리는 서둘러 출발하였다. 파도에 춤추는 뱃전에 앉아 멀어져 가는 마블 대 성당을 바라보며 빠르게 내달리는 물살에 옷을 적셔도 머릿속에 남은 잔상에 나는 아무 말도 할 수 없었다.

자연이 만들어낸 경이로운 감격이 채 가시기도 전에 놀라운 일이 나에게 또 벌어졌다. 여행을 떠나기 전 사전 조사 과정에서 매해 이곳을 찾아 학생들과 사진을 찍는다는 린데 와이다호퍼(Linde Weidehofer)의 사진이 많은 도움이 되었는데 사진을 보면서 어느새 나는 그녀에게 호감을 갖게 되었다.

콜로라도(Colorado)에 살고 있는 큰 아이를 방문할 때 린데를 꼭 한 번 만나봤

으면 하고 생각하고 있었던 나인데 우리가 머무른 우띠(Uti)의 파사렐라 여인숙(Pasarela Lodge)에서 남편과 커피를 마시러 온 린데를 만난 것이다. 이것은 내가 번개에 맞을 확률보다 더 엄청난 일로 그저 우연이라 하기에는 믿기지 않는 운명 같은 사건이었다.

동그란 검은 뿔테 안경을 쓴 린데의 남편 리또(Lito)가 자기 아내를 사진작가

라고 소개했는데 내가 혹시 린데가 당신 아내냐고 묻자 그들 또한 매우 놀라고 반가워했다. 우리는 함께 커피를 마시며 금세 친구가 되었다. 나이도 비슷하고 산을 좋아하고 글도 쓰니 우리들의 재미 있는 이야기는 끝이 없다. 그리고 내가 입고 있는 파타고니아 옷을 보더니 파타고니아 상표는 아르헨티나의 피츠로이 산을 로고로 사용했다고 알려 주었다.

또, 에스프리(Esprit) 의류 회사 창업주 더그 톰킨스(Doug Thompkins)는 한국에서 두 명의 아이를 입양했고 아이들과 함께 에스프리 회사를 설립하여 성공했다고 들려 주었는데 더그 톰킨스와의 친분 외에도 내가 한국 사람이기 때문에 화제에 오른 것 같다. 리또와 더그 톰킨스 그리고 파타고니아 의류회사의 창업자 이반과는 대학시절 함께 산을 타던 친구라는 설명도 덧붙였다.

마지막으로 아르헨티나를 가면 꼭 피츠로이를 가보라고 추천해 주었는데 다음에 이곳을 또 방문한다면 자신들의 집에 머물라며 초대까지 해 주었다. 자연을 좋아하는 사람들의 순수한 마음은 인종의 벽을 넘어 이어지는 것 같다. 린데는 지금도 멋진 사진을 찍어 나에게 이메일로 보내주는데 좋은 친구가 생긴 것에 감사한다.

내가 머물렀던 여인숙은 호수의 남쪽 베이커 강으로 흘러가는 곳에 있으며 내

마블 대 성당(사진 린데 제공)

방은 눈 덮인 하얀 산과 호수가 한눈에 보이는 특실 같은 방이다. 이곳은 관광객이 많지 않아 미리 예약하면 조리사를 비롯한 직원들이 와서 손님이 머무는 동안 일하다가 손님이 떠나면 자신의 생업으로 되돌아간다고 한다.

우리는 베이커 강(river Baker) 주위를 산책하다 이곳에 살고 있는 미국인 조나단(Jonathan)을 만났다. 파타고니아의 매력에 빠져 이곳으로 이주해 왔다는 그는 산악 여행을 준비하는 사람들이 안전하게 여행할 수 있도록 안내하는 프로그램을 만들어 운영하고 있다.

내셔널 지오그래픽(National Geographic) 잡지에 그가 하는 일이 소개된 후 많은 사람들이 조나단의 도움으로 어렵고 힘든 파타고니아의 산악 여행을 안전하게 할 수 있게 되어 파타고니아를 알리는 일에 앞장선 이곳의 일등 공신이다. 자신의 일에 자부심이 대단한 그는 안전을 최우선으로 생각한다니 그의 말 한마디 한마디에 믿음이 간다. 그의 창고에 철저하게 준비되어 있는 여러 가지 등산 장비와 비상 식량들을 보니 만약 파타고니아 등반을 계획한다면 조나단을 믿고 함께 할 수 있을 것 같은 건실한 청년이었다. 베이커 강의 급류타기나 산악 등반 등 다이내믹한 여행을 생각한다면 조나단의 웹 사이트를 소개하니 참고하길 바란다.(조나단 웹 : www.adventurepatagonia.com)

토르텔 Tortel

토르텔은 코크란(Cochran)에서 서쪽으로 135km 떨어져 있는 태평양 연안 도시이다. 사이프러스(Cypress)와 렝가(Lenga)나무가 많아 벌목꾼이 모여들어 도시가 되었고 2003년에야 길을 만들어 자동차가 다닌다. 그전까지는 비행기를 타고 와서 다시 배를 타고 와야만 했던 오지 중 오지였다. 현재 인구는 약 500명이며 학교는 한 개가 있는데 1학년부터 8학년까지만 다닐 수 있고 학생 수는 약 100명 정도라 한다.

숙소가 있는 데사구이(Desagui)에서 코크란까지는 약 110km, 코크란에서 토르텔까지 다시 135km를 더 가야 하는 긴 여정으로 약 4시간이 걸린다 하여 우리는 아침 7시에 부지런히 토르텔로 출발했다.

데사구이에서 코크란 까지는 약 2시간 정도 걸리는 거리지만 베이커 강을 따라 펼쳐지는 경치가 절경이라 우리는 중간중간 내려 구경하고 사진 찍고 하다 보니 예상보다 더 많은 시간이 걸렸다.

지금 칠레 정부에서는 이 베이커 강에 5개의 댐을 건설하여 수력 발전소를 건설하려는 계획에 따라 공사가 진행되고 있었고 이 대대적인 공사에 관련된 사

토르텔 마을

람들이 유입될 것을 예상하여 코크란 시내에는 많은 집들과 상가들이 들어서고 있었다. 몇 년 후 모습은 지금과는 사뭇 다른 모습일 텐데 이 아름다운 자연의 훼손 없이 공사가 잘 진행되었으면 하는 바람이다.

코크란에는 따망고 국립 보존 지역(Tamango National Reserve Area)이 있고 이 공원 안의 물이 맑아 선녀가 목욕하러 내려온다는 따망고(Tamango) 호수와 따망고 산이 둘러싸여 있다.

원래 계획은 배를 타고 호수를 한 바퀴 돌아볼 계획이었는데 성수기가 아니어서인지 사람의 모습은 찾아볼 수 없고 호숫가에 배만 덩그러니 남아 있었다.

길 옆 관광 안내소는 염소 떼가 차지했고 길을 달리는 차도 우리뿐, 지나가는 차를 만나기가 쉽지 않았다.

1991년에 허드슨 화산(Hudson Volcano) 폭발로 인해 타 죽은 나무들이 마치 사열을 하듯이 서 있는 사이사이로 강인한 생명을 가진 풀들이 푸른빛을 띠며 자라고 있다.

마을로 들어가기 전 전망이 좋은 곳에 차를 세우니 동네가 한눈에 들어온다. 드디어 토르텔에 도착한 것이다. 작은 만(bay) 주위로 나지막한 돌산이 둘러싸여 있고 집들은 돌산 아래 바다 쪽으로 옹기종기 모여있는 작은 마을로 길이 없는 마을이라고 해서 무슨 말인가 했는데 나무다리로 길을 낸 것이다.

사이프러스 나무로 만든 좁은 다리를 물위에 세워 길을 만들고 계단으로 된 다리는 집집마다 연결되어 있어 돌산으로 이루어진 자연환경을 잘 극복한 사례이다.

코스타네라(costanera)라고 부르는 이 나무다리의 길이는 무려 7km라 한다.

여행자 안내소가 있는 작은 광장에 차를 세우고 나무계단을 걸어 바닷가 쪽으로 내려가며 언덕에 비스듬히 지어진 집들을 보며 어떻게 살까 궁금하였지만 닭 키우고, 개 키우고, 굴뚝에 연기가 나며 아이들의 웃음 소리가 들리니 사람 사는 훈훈함이 느껴진다.

미국에서 이렇게 풍경 좋은 바닷가 언덕에 집이 있다면 몇백만 달러는 호가할

텐데 이곳은 얼마나 싸려나? 너무 물질만능 주의적인 생각인가? 현실적인 생각일랑 날려버리고 한 계단 한 계단 다리에 힘을 주어 나무계단을 내려가는데 오랜 세월의 흔적이 느껴지는 코스타너 라가 뒤틀어지지도 않고 견고하기 이를 데 없어 신통방통하다.

이름 모를 붉은 꽃들이 바다로 내려가는 계단 양 옆으로 활짝 피어있고 나무 사이로 물이 졸졸 흐르며 빠르게 바다로 흘러 간다.

갑자기 시장기가 몰려 와 물어물어 이곳에 있는 7개의 식당을 모두 찾아갔으나 관광 성수기가 아니라 손님 맞을 음식이 없다며 모두 퇴짜를 놓으니 우리는 할

수 없이 마켓에서 구입한 과자와 과일 몇 개로 점심을 해결했다. 휴~ 정말 오지구나 싶다.

코스타네라 중간중간은 바다로 연결되어 사람들은 그곳에서 배를 타고 바다로 나간다. 바다에 떠 있거나 뭍에 올라와 있는 배는 여러가지 색깔로 칠해져 있다. 패티오 끝에는 나무 자르는 일에 종사했다가 원인 모를 병으로 죽은 이들을 기리는 시비와 함께 그들이 일하던 모습이 조각되어 있었다.

길은 더 길게 펼쳐졌지만 숙소로 돌아갈 시간이 되어 서둘러 길을 떠났다. 아침부터 부지런을 떨어서였을까 돌아오는 길에 잠깐 잠이 들었는데 차가 심하게 요동쳐 깨어났다. 눈을 떠 보니 자동차는 나무에 부딪쳐 멈춰 있는 상태고 시간을 보니 우리가 토르텔을 떠난 지 한 시간쯤 지나 있었다.

한 10분쯤 후 이 길을 담당하는 군 부대 소속요원이 달려왔고 이곳에서 제일 가까운 경찰서가 있는 코크란에서 경찰이 오기까지 숲 속에 누워 파타고니아의 하늘을 바라보며 느긋하게 기다렸다.

아무리 빨리 와도 2~3시간, 아니 더 늦을 수도 있다니 마실 물도 없고 근처에 인가도 없어 완전히 사면초가이다. 날이 어두워지면 더 추워질 테지만 다행히 따뜻한 옷은 충분히 가져 왔고 차에 들어가서 기다리면 해결되겠지만 마실 물은 꼭 필요한데 방법이 없다.

얼마를 기다렸을까? 드디어 경찰이 와서 사고 난 차는 그곳에 사는 오거스토 (Augusto) 집에 임시로 주차시킨 후 경찰차를 타고 코크란 경찰서로 우리를 데려갔다. 조서를 작성한 후 거금 $200를 벌금으로 내기로 하고서야 경찰서에서 나올 수 있었다. 칠레에서는 사람이 다치면 가해자는 그 사건이 끝날 때까지 유치장에 있어야 하기 때문에 인명피해가 나지 않도록 하는 것이 제일 중요하다. 아무도 다치지 않았으니 불행 중 다행이었다.

베이커 강 상류의 다리

택시를 타고 숙소로 돌아가는 길에는 토끼와 여우들이 자동차와 경주하듯 나타났다가 사라지고 또 다시 나타나는 광경에 조금 전의 사고는 까맣게 잊고 밤의 풍경을 흐뭇하게 즐길 수 있었다.

택시 운전사는 이곳은 비포장 도로여서 길 폭도 좁고 휘어진 길이 많아 바짝 신경 쓰지 않으면 위험하다면서 자신도 3~4년 전 사고가 나서 60m 벼랑으로 차가 뒤집혀 떨어지는 바람에 대퇴부 골절상으로 쇠를 넣어 뼈와 연결하는 큰 수술까지 받았단다.

"파타고니아에 와서 아무 사고 없이 무사히 여행을 마치면 파타고니아 온 것이 아니다"라는 말처럼 사고를 당하고 나니 나름 파타고니아 신고식을 치른 것이니 불행 중 다행이 아닐 수 없다. 아니 다쳤더라도 괜찮다고 해서 경찰서를 빠져 나오지 않으면 여행을 다 망쳐 버리는 것이다.

이곳을 떠나던 날 아침부터 부슬부슬 비가 내리더니 급기야 하얀 눈이 펄펄 날리기 시작한다. 들어올 때 보던 아름다운 파란 경치는 하얀 세상으로 변해 떠나려는 나에게 백설의 환송 잔치를 베풀려나 보다.

길 옆에 서 있는 "백작"이라는 돌 사람마저도 나에게 잘 가라고 "안녕"하는 것 같다.

밀로돈 동굴 Milodon Cave

우리는 푼타 아레나스(Punta Arenas) 공항에서 버스를 타고 토레스 델 파이네(Torres Del Paine) 국립공원으로 가기 위해 푸에르토 나탈레스(Peurto Natales)로 향했다.

푸에르토 나탈레스는 푼타 아레나스에서 북서쪽으로 약 250km 떨어져 있는데 국립공원으로 갈 수 있는 제일 마지막 도시로 많은 산악인들이 이곳에서 산행을 준비한다.

3시간 정도를 푸에르토 나탈레스로 이동하는 동안 버스 유리창 위로 빗물이 흘러내리는가 싶더니 갑자기 차창 밖으로 어지럽게 눈발이 날린다. 그러다 세차게 비를 뿌리다 또 눈이 내리다를 반복하며 변덕을 부린다. 이제는 바깥 경치도 잘 보이지 않을 정도이다.

한파로 얼어 죽은 것처럼 보이는 나무나 살아 있는 나무나 한결같이 똑바로 서 있지 못하고 비스듬히 누워 있는 모습이 기묘하다.

차창 밖 풍경에 온통 집중하고 있던 나는 깜빡 잠이 들었나 보다. 웅성거리는

소리에 눈을 뜨니 승객들은 다 왔다며 내릴 준비로 부산하다. 저녁이 다 되어서야 아주 작은 항구 도시 푸에르토 나탈레스 버스 정류장에 도착하여 버스에서 내리니 싸늘한 바람이 온몸을 훑고 지나간다.

우리는 서둘러 이곳에 있는 동안 머물게 될 코스타우스타랄리스(Costaustaralis) 호텔에 도착해 짐을 풀었다. 이 호텔은 바다와 저 멀리 눈 덮인 하얀 산들이 마주 보이는 경관이 좋은 곳에 위치해 있어 마음이 흡족하였다.

아침 3시에 일어나 하루 종일 비행기로 버스로 이동하느라 몸이 피곤할 만도 한데 잠시 눈을 붙여서인지 아니면 기대와 흥분 때문인지 하나도 피곤하지 않다.

우리는 풍광이 아름다워 관광객들 사이에서 인기가 높은 토레스 델 파이네 국립공원으로 가는 길에 지금은 멸종된 밀로돈이 발견된 동굴(Milodon Cave)을 관광할 계획이다.

푸에르토 나탈레스는 항구 도시로 이곳에서 푸에르토 몬트(Peurto Montt)로 가는 배를 타면 칠레에서 가장 아름다운 피요르드(fjord)를 볼 수 있다. 1557년 마젤란 해협을 발견하기 위해 떠난 항해사들이 이곳에 남아 살기 시작했다는데 그 후 유럽인들이 이주하여 동네가 만들어졌고 후에 칠레 사람들이 이주해 양 목축업을 하며 살고 있다.

그 후 1911년 시로 승인이 되었고 이곳에서 생산되는 양고기와 각종 생선을 다

푸에르토 나탈레스 시 내에 있는 집과 기념품 가게

른 도시로 출하하여 한 때 전성기를 구가했다 한다. 그 당시 양고기와 생선을 저장했던 냉동 창고가 아직도 남아 있으나 지금은 관광 사업이 주종을 이루며 토레스델 파이네를 가기 위한 경유지로 한적한 시골마을 느낌이다.

약 20,000명이 산다는 이곳은 동네가 아주 작아 걸어 다니며 구경해도 부담이 없을 뿐 아니라 오래된 집들과 성당, 길거리의 작은 소품 등은 관광객들에게 소소한 즐거움을 주고 광장에서는 작은 콘서트도 진행하고 있었다. 또 기념품 가게와 예쁜 식당, 여인숙 등은 이곳이 관광지임을 느낄 수 있게 해 주었다.

푸에르토 나탈레스에서 북서쪽으로 24km(15mil)에 있는 밀로돈(Milodon) 동굴은 '악마의 의자(Devil's Chair)'라는 돌 산에 있는 몇 개의 동굴 중 하나이다. 18500년 전 이곳 파타고니아 지역은 모두 빙하로 둘러싸여 있었으나 빙하가 서서히 녹기 시작하면서 호수가 형성되었고 그 호수의 크고 사나운 물결에 의해 산과 흙이 조금씩 침식하여 지금의 동굴이 되었다 한다.

1895년 독일의 고고학자에 의해 발견된 200m길이의 동굴에서 알 수 없는 동물의 가죽이 발견되었는데 이는 10000~14500년 전에 살았던 동물로 머리에서 꼬리까지 길이가 2m, 무게가 1톤이며 털이 길고 강하며 날카로운 이빨을 가진 밀로돈이라는 동물이다. 지금은 멸종 되어버린 나무늘보 계의 동물인 밀로돈(milodon)은 마치 곰과 공룡을 합해 놓은 것 같은 외형이지만 초식 동물이라

밀로돈 동굴

한다.

이 동물의 이름을 따서 밀로돈 동굴이라 부르데 입구에는 밀로돈 모형 뿐 아니라 발견된 털과 뼈도 전시되어 있다. 또한 밀로돈의 습성을 보여주는 그림 안내판도 세워져 있어 쉽게 이해하는데 많은 도움을 주었다. 이 돌산에서 가장 크다는 밀로돈 동굴을 구경하는데 약 30~45분 정도 걸리며 동굴 일부에서는 아직도 물방울이 떨어지는 것이 빙하시대의 전설을 들려주는 것 같다.

토레스 델 파이네 Torres Del Paine 국립공원

푸에르토 나탈레스에서 북쪽으로 70마일(112km) 떨어진 곳에 자리잡은 이 국립공원은 칠레에서는 가장 크고 귀중한 보물 같은 공원이다. 칠리를 찾는 관광객 중 3번째로 많이 방문하며 1978년 유네스코에서 자연 보호 지역으로 지정했고 내셔널 지오그래픽에서는 죽기 전에 가 봐야 할 50곳에 선정된 곳이니 그 아름다움에 대하여 더 이상의 설명이 필요 없다.

전체 면적은 250,000헥타르(500,000에이커)로 광대하며 파이네(Paine, 3050m) 산을 비롯한 수 많은 산과 호수, 강, 빙하가 어우러져 장관을 연출하며 하루에도 일 년 사계절을 다 경험할 수 있는 아주 독특한 곳이다.

파이네(Paine)는 이곳 원주민 떼우엘체(Tehuelche)말로 '푸르다(Blue)'는 뜻

이고 토레스(Torres)는 '탑(tower)'이라는 뜻이니 토레스 델 파이네(Torres Del Paine)는 '푸른 탑(Blue tower)'이라는 뜻인데 높은 화강암 덩어리 산에 쌓인 빙하의 색깔 때문일까 짐작해 본다.

매년 약 18,000명 정도의 방문객이 이곳을 찾는데 그중 75%가 외국인으로 주로 유럽 관광객이 많으며 이들 중 대부분은 높이가 2,000m가 넘고 봉우리가 15개나 되는 이 국립공원을 보러 오지만 소수의 사람들은 이 국립공원 서쪽에 있는 버날드 오히긴(Bernardo O'Higgings) 국립 공원과 북쪽에 있는 아르헨티나 빙하(Argentine Los Glacier) 국립 공원을 함께 둘러보는 코스를 선택한다. 국립공원은 5개의 출입구가 있는데 워낙 방대하고 나무가 많으니 종종 산불도 난단다.

1985년 일본 관광객에 의한 산불로 페호에 호수(Lake Pehoe) 근방 150평방 킬로가 불타는 사고가 발생했고 2005년에는 체코 등산객의 부주의로 산불이 났는데 이에 체코 정부에서 본 국민의 실수를 사과하기 위해 미화 백만 달러를 보내 산림 복구를 도왔다.

그레이 호수와 빙하

또 2011년에는 이스라엘 사람의 실수로 불이 났는지 아닌지 확실하지 않은데도 이스라엘 정부에서는 복구 팀을 보내 훼손된 지역에 나무를 심는 등 복구 작업을 도왔단다. 특히 이곳에서 산불이 날 때는 이웃 나라인 아르헨티나 소방대원들까지 와서 산불 진화를 돕는다고 하니 모두가 알아주는 값진 곳이다.

토레스 델 파이네 국립공원은 12월에서 3월이 여행하기 적합 하기로 알려져 있지만 이곳의 기후는 전혀 예상할 수 없기 때문에 두꺼운 겨울(winter warm clothing) 외투에서부터 바람 막이 옷(wind breaker)과 비옷(rain jacket), 체온 유지를 위한 모자와 장갑도 기본으로 준비해야 한다.

아침에 일어나 하늘을 보니 가을 날씨 같이 청명하여 오늘 출발이 좋은 것 같다. 라티나(Latina) 강을 따라 국립공원으로 가는 길목에는 150년의 역사를 자랑하는 여인숙이 있다. 아마 많은 여행자들이 이곳을 거쳐 각자의 목적지로 향했을 것이다. 드물게 가옥들이 보이고 끝없이 펼쳐진 목초지에서 방목되는 소와 양 떼들은 더할 나위 없이 한가로워 보인다. 남아메리카에 서식하는 까이껜(Caican)이라는 새는 수놈은 하얀색, 암놈은 갈색인데 집 거위보다 작으며 크기가 비둘기와 비슷하고 암컷과 수컷이 항상 함께 있으며 원앙같이 사이가 좋은 새라 한다.

삼거리에서 잠시 쉬어 가겠다고 해서 버스에서 내리니 직진은 까스티요 산(Cero Castillo), 왼쪽은 토레스 델 파이네(Torres del Paine)라는 사인이 보인다.

바람을 쐬기에는 바람이 너무 차다. 찬 바람이 거세게 불어대니 그냥 서 있을 수 없어 근처의 조그만 가게에서 기념품 구경을 하며 시간을 때웠는데 가게는 커피나 간단한 식사 그리고 화장실도 이용할 수 있어 나름 유용하다.

차는 국립 공원에서 약 15~20분 정도 더 들어가 멈춰 섰는데 왼쪽 언덕에 있는 새를 보기 위해 잠시 내린다는 안내양의 말을 듣고 보니 저 언덕 위로 타조 같은 새가 성큼성큼 걸어간다.

이 새는 난두(Nandu)라고 부르는데 무게가 약 20km로 날개가 작아 날지 못하

지만 달리기 선수처럼 잘 뛰고 회색과 갈색 깃털로 싸여있고 점점이 하얀 털이 나 있다. 타조와 매우 흡사하나 타조는 발가락이 두 개이지만 난두는 발가락이 세 개이고 한 번에 약 30개의 알을 낳으며 35일의 부화기를 거쳐 난두 병아리가 태어나는데 보통 수놈 난두가 알을 품는다 한다. 칠레의 북쪽 아타카마(Atacama) 사막에서도 이 난두를 만나 볼 수 있다.

또 이곳의 야생 동물로 과나코(Guanaco)라는 야마(Llama)처럼 생긴 동물도 쉽게 만날 수 있는데 과나코는 이곳 파타고니아에 사는 가장 큰 동물로 키가 90cm에서 1.5m이며 몸 무게는 약 90kg(200lb)이며 수놈 한 마리가 2~30마리의 암놈을 거느리고 산다. 산 위에 혼자 서 있는 것은 십중팔구 수놈이고 암놈은 여러 마리가 함께 모여 살고 있으며 붉은색이 감도는 긴 갈색 털은 등과 다리에 흰색 털은 가슴과 배를 감싸고 있다.

작은 머리, 쫑긋한 두 귀, 긴 목을 가졌으며 다리는 가늘고 길어 얼마나 잘 뛰는지 푸마(Puma) 조차도 성년 과나코를 잡아 먹기는 쉽지 않아 애기 과나코만 잡아 먹는다 한다.

과나코는 달리기와 수영에 모두 능하지만 초식동물 특유의 온순함이 있어 맹수의 밥이 되곤 하는데 푸른 하늘이 보이는 돌산 위에 혼자 서 있는 도도한 모습의 수놈 과나코는 '내가 이곳의 주인'이라 선언하는 것 같다.

이곳에서는 하늘의 황제 콘돌(condor)과 푸마(puma)도 볼 수 있다고 했는데 푸른 창공을 날고 있는 콘돌은 보았지만 푸마는 보지 못했다.

국립공원 안에는 쌀미엔토(Sarmiento) 호수, 아말가(Amarga) 호수, 그레이(Grey) 호수, 페호에(Pehoe) 호수, 메이야스(Mellizas) 호수, 아줄(Azul) 호수, 핑고(Pingo) 호수, 또로(Toro) 호수, 파이네(Paine) 호수 그리고 노르덴스콜드(Nordenskjord) 호수 등이 있는데 그 많은 호수가 모두 특색이 있다고 하니 더욱 신기한 노릇이다.

빙하가 녹아 내려와 터코이즈 페인트를 부어 놓은 듯한 호수와 깊고 맑은 에메랄드 색의 호수, 광물질 침전이 많아 탁해 보이는 회색의 호수, 너무나 수심이 깊어 검푸른 호수도 있고 물고기가 없는 호수도 있단다.

산과 산 사이로 보이는 푸른 빙하가 녹아 호수를 만들고 강을 만들어 굽이굽이 휘감고 흐르며 태평양으로 흘러간다. 강물이 흘러 높고 낮은 폭포를 만들며 연신 분무기를 뿌리듯 튀어 오르는 물방울은 햇빛에 반사되어 묘연한 무지개를 만든다. 토레스 델 파이네 국립공원은 현실과 공상의 중간 지점처럼 눈 시리게 아름다운 그런 곳이다.

페호에 호수와 호수 안에 있는 호텔

그레이 호수 Lake Grey

그 좋던 날씨가 국립공원 안으로 들어오니 갑자기 변해 하늘이 어두워지고 바람이 불기 시작한다. 호수 둘레가 70km나 되어 하얀 모래사장도 있으며 수심이 깊어 검푸른 물로 가득한 쌀미엔토 호수와 분홍빛 야생화 네네오(Neneo)가 호수 주위로 피어 있어 자연의 향기를 뿜어내는 아말가 호수, 파이네(Paine) 강의 폭포에서 보는 3타워는 꼭 보아야 한다니 먹구름으로 가득한 하늘 때문에 마음이 무겁지만 폭포나 구경하자는 마음으로 차에서 내렸다.

파이네 폭포는 유수 때문인지 돌멩이 모양도 요상하고 언제 났는지 알 수 없는 산불의 흔적은 타고 남은 나무 그루터기 조차 자연스러워 한 폭의 그림이 따로 없다.

빙하 녹은 물인 파이네(Paine) 강은 파이네 폭포를 지나 아말가 호수를 거쳐 놀덴스코르드(Nordenskjord) 호수로 들어가서는 터코이즈 페인트 물로 변해 페호에(Pehoe) 호수로 간단다. 힘차게 흐르는 폭포 소리를 들으며 분주히 사진을 찍어 보았는데 어느 각도에서 보아도 예술이기는 한데 바람이 점차 거세지며 나를 몰아세우고 구름 속에 숨어버린 산은 끝까지 볼 수 없었다. 검고 높다란 건 산이라고 대충 넘어가야 하는 이 기막힌 여행에 보태어 이제는 비까지 오기 시작한다.

비와 거센 바람이 아침에 쨍쨍했던 햇빛을 어디로 날려버린 것일까? 비는 사정 없이 내리는데 버스는 호텔 주차장 나무 밑에 짐을 내려 주고는 곧 호텔 직원이 와서 도와 줄 것이라며 휑하니 떠나고 우산을 꼭 쥐고 오들오들 떨며 서 있으니 처량하기 이를 데 없다. 한참을 그렇게 대책 없이 서 있다가 때마침 지나가는 사람에게 부탁해 겨우 호텔로 들어갈 수 있었다. 얼마나 떨었는지 은근히 부아가 났다.

파이네 폭포

호텔 직원이 안내한 새로 지은 객실 903호는 방의 한 쪽 면이 유리로 만들어져 거대한 빙산과 바람에 방향을 잃고 흔들리는 나무, 거침 없이 흘러가는 강, 그 옆에 짙게 드리워진 높은 산이 병풍처럼 펼쳐져 있는 곳이었다.

시간이 지남에 따라 산은 어둠 속으로 모습을 감추는 것과 대조적으로 그레이 호수에 떠 있는 빙산은 더욱 푸르름을 발산하며 빛나서 시시때때로 바뀌는 아름다운 풍광에 몸도 녹고 마음도 녹는다.

집에서 준비한 누룽지를 뜨거운 물에 불려 누룽지탕을 만들어 간단한 식사를 하고는 침대에 누워 파타고니아 산을 흐뭇하게 바라보다 퍼뜩 눈을 뜨니 벌써 아침이다.

오늘 아침엔 다행히 파이네 그란데(Paine Grande, 3050m) 산이 어제보다 더 잘 보이고 빙산 조각도 더 선명하다. 호텔 지배인 다니엘라 쎄론(Daniela Seron)의 배려로 빅토르(Victor)가 운전하는 호텔 전용 밴을 타고 다시 국립공원으로 향했다. 어제 보다는 날씨가 좋지만 청명한 날씨는 아니어서 구름이 흘러가는 모습만 보아도 불길하다.

전날 날씨 때문에 보지 못한 3타워를 보기 위해 파이네 폭포로 향했는데 오늘도 구름에 가려 시야가 좋지 않다. 운전기사 빅토르에게 사정사정하여 30분 정도를 머문 다음에야 희미한 형상을 볼 수 있었다.

높은 탑같이 생긴 3개의 화강암 덩어리가 나란히 서 있는데 이것이 바로 그 유명한 국립공원의 상징 3타워(Three Towers)이다.

왼쪽이 토레스 술(Torres Sur, 2850km), 가운데가 토레스 쎈트랄(Torres Central, 2800km), 오른쪽에 서 있는 산이 토레스 노르떼(Torres Norte,

2400km)이고 그 다음 오른쪽에 있는 산이 콘도르 네스트(Condor nest), 그 옆으로 파이네 힐(Paine Hill)이 서 있다.

원래 계획은 이 산밑에서 캠핑을 하던지 아니면 전망대까지 트레킹 할 예정이었는데 여행 중 발을 다쳐 포기 하고 그레이 호수의 빙하와 빙산을 보러 갔다. 우리는 숲 속을 지나 호수 물에 의해 생긴 모래밭을 걸어 그레이 호수에 도착했는데 이곳에는 유람선이 있어 아주 가까운 곳에서 빙하와 빙산을 볼 수 있는데 약 3시간이 소요되며 약 $98한다. 유람선 외에 카누를 타고 호수로 나갈 수도 있는데 모험을 좋아한다면 한번 도전해 봐도 좋을 것 같다.

그레이 호수까지 도보로 약 3~4시간 걸렸는데 추워서 뺨이 얼얼하고 다리도 천근만근 무겁다. 그러나 돌아오는 길은 상쾌한 기분이 들며 오랫동안 미뤄왔던 과제를 끝낸 것처럼 마음이 가볍다. 흐드러지게 피어있는 들꽃과 푸른 하늘을 나는 이름 모를 새들은 바야흐로 봄의 서막이 시작되었음을 알리는 듯하다. 18,000페소(peso)를 지불하고 국립 공원 입장권을 사면 3일 동안 이곳을 다닐 수 있다. 페호에 호수 안에 있는 섬에는 그림 같은 호텔이 자리잡고 있는데 섬으로 가는 다리도 너무 아름답다.

버나도 오히긴 국립공원과 쎄라노 강

우리는 버나도 오히긴 국립공원(Bernado O'Higgins National Park)을 들어갈 때는 차로 가고 나올 때는 쎄라노(Serrano) 강물을 따라 배를 타고 내려오기로 했다.

쎄라노 강은 그레이 호수(Lago grey)에서 흘러내리는 강물과 또로 호수(Lago Toro)에서 흘러내리는 강물이 합쳐져 만들어진 강으로 남쪽으로 흐르다가 푸에르토 나탈레스를 거쳐 태평양으로 간다.

이 강물타기는 먼저 좁은 강의 급류를 타고 내려오다가 오히긴 공원에서는 유람선으로 갈아타는 여정으로 유람선의 일반석이 매진되는 바람에 일등석표를 구입했는데 일등석은 일인당 $215, 일반석은 약 $175정도였던 것으로 기억된다.

이 요금에는 토레스 델 파이네 국립 공원을 쎄라노(Serrano) 강에서 버나르도 오히긴(Bernardo O'Higgins) 국립공원까지 조디악(zodiac)으로 급류를 타고 내려 오다가 버나드 오히긴 국립 공원에서는 유람선으로 갈아타고 푸에르토 나탈레스에 도착해 양고기 전문 식당에서 저녁을 먹는 것까지 요금에 포함된 것이다.

우리는 11월 24일 아침 8시 호텔을 떠나 약 45분을 자동차로 이동해 쎄라노(Serrano) 강 선착장에 도착한 후 간단한 설명과 함께 우주인이나 입을 것 같이 생긴… 특별히 제작되었다는 방한 방수복을 입었다. 안 그래도 잔뜩 껴입은 옷 위로 우주복 같은 옷을 입고 걸으니 완전히 달나라에 도착한 우주인이 된 듯 걸을 때 뒤뚱거리며 부자연스러운 것이 스스로도 우스운 생각이 든다.

선착장에서 바라보는 파이네 그란데(Paine Grande), 혼(Horn), 알미란테 니

에토(Almirante Nieto) 산은 오늘따라 더욱 더 선명하게 보였고 토레스 쑬(Torres Sur)까지 다 보인다.

어제도 구름이 이렇게 빨리 흘러 주었다면 좋았을 것을 그렇게 애를 태우더니 비로소 그 모습을 공개하였다. 신은 나의 인내심을 시험한 것일까 아니면 극적인 반전을 보여주고 싶었던 것일까? 오랜 기다림 끝이어서 그런지 감동은 배가 되어 더욱 기쁘다.

9시가 되자 독일에서 온 젊은이 4명과 조디악(zodiac) 운전사와 보조 기사 그리고 우리 부부까지 모두 8명이 탑승하였다. 구름 속에 숨어 그렇게 보여주지 않던 도도한 산들은 배웅이나 해 주려는 듯 오랫동안 그 자태를 나타내며 나에게 위안을 주었다. 굽이치는 강물을 따라 내려가다가 폭포가 있는 곳에서는 조디악에서 내려 폭포 밑까지 뒤뚱 거리며 걸어 내려가 준비되어 있던 다른 조디악으로 갈아타고 다시 급류를 내려갔다. 틴달(Tyndall) 빙하도 지나고 눈 덮인 도노소 산도 지나가는 동안 비가 오기 시작하더니 바람마저 강하게 분다.

적응이 될 것 같지 않은 이 변화무쌍한 날씨에 선체에 부딪치는 강물이 사정없이 튀어 오르니 방수복을 입지 않았다면 이 추위를 온몸으로 감내해야 했을 것이다. 너무 추워 사진 찍는 것도 포기하고 경치 보는 것도 포기하고 고개를 푹 숙인 채 추위를 막기 위한 최상의 방법을 다 동원해서 잔뜩 온 몸을 웅크리고 있었다.

드디어 오히긴(O'Higgins) 국립공원에 도착하여 방수복을 벗으니 몸이 날아갈 듯 가볍고 바람도 잦아들어 추위도 느끼지 못하겠다. 혹한에서 벗어나서인지 빙하가 옆에 떠 다니는데도 오히려 따뜻한 느낌마저 든다.

우리는 발마세다(Balmaceda) 산, 버나르도 오히긴(Bernardo O'Higgins) 국립공원이란 팻말이 세워진 오솔길을 따라 발마세다 빙하로 향했다. 빙산까지는 걸어서 왕복 2시간 정도 걸리는데 빙산 아주 가까이까지 길을 만들어 놓았고 가는 길 옆 호수에는 작은 빙산과 얼음조각이 둥둥 떠 있었다. 우리는 다시 선착장으로 돌아와 유람선을 타고 푸에르토 나탈레스로 향했는데 약 2시간 정도 걸렸다. 일등석 손님에게는 주변 경치를 잘 볼 수 있는 2층 방이 제공되고 깔라파테 싸우어(Calafate Sauer)라는 깔라파테 베리(Calafate berries)로 만든 분홍색 칵테일과 스낵이 제공된다. 의자도 일인용으로 다리도 올려 놓을 수

있는 넓은 자리다.

유람선에서는 수많은 높고 낮은 폭포를 보면서 강을 내려갔다. 폭포수가 떨어지는 장관과 눈 덮인 산이 시야에 펼쳐지며 가슴까지 시원하다. 길게 펼쳐진 피오르 해안(fjord)을 보며 몇 모금 마신 칼라파테 사우어 때문인지 아침부터 부지런을 떨어서인지 깜박 잠이 들어 또 다른 나만의 여행을 떠났다.

푸에르토 나탈레스에 도착해 늦은 점심 겸 이른 저녁을 먹으러 양고기 식당으로 갔다. 배를 갈라 내장을 버리고 손질한 양을 틀에다 걸은 후 약한 장작불로 오랫동안 구워 기름을 쭉 빼서 담백하고 맛이 좋아 많은 손님이 이곳을 찾는단다. 흡족한 저녁을 마치니 해는 이제 기울기 시작해 금빛을 발하며 강물로 흐른다. 내일은 아르헨티나로 넘어갈 예정인데 한숨 자고 일어나서인지 배가 불러서인지 알 수 없지만 기운이 막 솟으며 발걸음도 사뿐사뿐 가볍다.

아르헨티나의 엘 칼라파테
El Calafate, Argentine

11월 25일 낮 12시에 푸에르토 나탈레스(Peurto Natales) 정류장을 떠난 버스는 북쪽으로 달려 약 1시간 반쯤 걸려 칠레 출입국 사무실에 도착했다. 출국수속은 친절한 직원이 여권에 도장을 '꽝' 찍는 것으로 간단히 마치고 우리는 아르헨티나(Argentine)로 향했다.

엘 칼라파테는 칠레의 푸에르토 나탈레스에서 북쪽으로 약 360km, 아르헨티나의 수도인 부에노스 아이레스(Buenos Ares)는 북쪽으로 2,727km떨어져 있는 작은 호반의 도시다.

파체코(Pacheco) 장거리 버스회사에서는 월, 수, 일 이렇게 일주일에 세 번만 칼라파테까지 가는 버스를 운행하며 요금은 12,000칠레안 페소($25)로 약 5~6시간이 소요된다.

이 버스에는 운전 기사, 안내원이 있는 앞자리와 승객 사이에 유리창문이 있어 차가 달릴 때는 이 문을 닫는다. 안전한 운행을 위한 방법일 것이다.

파타고니아의 강한 바람 때문인지 버스는 속도를 늦추어 천천히 달렸는데 들

엘 칼라파테 도시 전경

칠레 출입국 관리 사무실 직원과 엘 칼라파테 도시 사인

판에 방목되는 수많은 소와 말, 양은 한 폭의 그림처럼 평온하여 나는 창 밖의 풍경을 여유 있게 바라보았다.

20분쯤 달리고 나서 우리는 아르헨티나 출입국 사무실에 도착했는데 어찌나 바람이 부는지 모두 날아갈 것 같아 걱정스럽다. 칠레 출입국 관리 사무실과는 달리 아르헨티나 출입국 대기실은 좁아 많은 사람들이 길게 줄을 서 있었고 직원들의 경직된 태도 때문에 우리도 자연스럽게 얼굴이 굳어졌다.

아르헨티나 대통령의 사진을 찍으려다 주의를 받은 사람도 있어서 행동에 제약을 받은 듯 조심스럽기까지 하다. 우리는 버스의 마지막 승객까지 비자(visa)를 발급 받고서야 칼라파테를 향해 떠날 수 있었다.

오후 3시가 지나 버스가 주유소에 정착하여 나는 먹을 것을 구입하기 위해 편의점에 들렀는데 받은 거스름돈이 너무 모자란 것이었다. 자리를 뜨지 못하고 돈을 세고 또 세며 서 있으니 버스에 함께 탔던 젊은이가 이곳은 아르헨티나이고 칠레와는 환율이 달라서 그럴 것이라 말해주어 비로소 오해가 풀렸다. 나도 모르게 벌써 칠레 환율에 적응이 되었던 모양이다.

정유소를 떠나 한 시간쯤 지나자 안내원이 마실 주스와 과자 한 봉지를 모든

아르헨티나 호수

우리가 묵은 호텔

칠레와 아르헨티나를 연결해 주는 파타고니아 버스회사

승객에게 나누어 주었다. 거스름돈을 싫어하는 나는 이럴 줄 알았으면 편의점에서 아무것도 사지 않았을 것이다.

잠깐 졸았다가 눈을 뜨니 버스는 경찰 검문소에 정차해 있고 언덕 아래로 동네와 큰 호수가 보이는데 이곳이 바로 이번 여행지 칼라파테다. 드디어 페리토 모레노에 한 발짝 더 다가선 것이다. 우리는 버스에서 내려 택시를 타고 호텔로 향했는데 늘 여행자가 많이 몰리는 곳이니 예약은 필수이다.

아르헨티나 호수가 보이는 언덕에 위치한 2층짜리 파타고니아 파크 플라자 호텔(Patagonia Park Plaza Hotel) 방에 짐을 놓자마자 실내 수영장 옆에 있는 사우나로 갔다. 하루 종일 버스를 타고 칠레에서 아르헨티나까지 이동했더니 궁둥이도 얼얼하고 어깨도 욱신거려 사우나를 하면서 쉴 예정이다.

칼라파테는 아르헨티나의 산타 쿠르즈(Santa Cruz) 도에 있는 작은 관광 도시로 페리토 모레노 빙하(Perito Moreno Glacier)와 아르헨티나 빙하 국립공원을 보기 위해 이곳을 방문하거나 찰텐(Chalten)에 있는 피츠로이(Fitz Roy) 산이나 토레(Torre) 산을 가기 위한 관문으로 이곳에 온다.

겨울은 춥고 비가 많이 오며 여름은 시원하고 건조한 날씨로 추울 때는 화씨 20도에서 따뜻할 때는 화씨 65도로 남부지역은 한대 기후다.

지금 이곳에는 약 20,000명의 주민이 살고 있는데 주로 관광업에 종사하며 국제 공항이 있어 비행기를 이용하여 바로 칼라파테로 올 수도 있다.

인근 동네 목축업에 종사하던 사람들이 양털을 모아 칼라파테에서 큰 도시로 보내기 시작하면서 마을이 형성되었는데 빙하 녹은 물인 아르헨티나 호수(Lago Argentino) 주위로 마을이 발전했다. 아르헨티나 호수는 남미에서 페루(Peru)의 티티카카 호수(Lago Titicaca), 칠레(Chile)의 까레라 장군 호수(Lago General Carrera)에 이어 3번째로 큰 호수로 수면이 1,600제곱 킬로미터나 되는 거대한 호수다. 빙하가 흘러내려 이루어진 이 호수는 물의 온도가 섭씨 8도라니 여름에 왔더라도 수영은 불가능할 것이다.

느긋하게 푹 쉬고 시계를 보니 저녁 9시인데도 로스앤젤레스의 오후 3~4시처

럼 밖이 훤하다. 플라밍고 새가 아르헨티나 호수에 날아와 눈 덮인 산과 호수의 아름다움을 더 한다.

호텔 유리창 밖으로 쌩쌩 부는 바람 소리에 몸이 부르르 떨린다. 회색구름 사이로 파란 조각 하늘이 드문드문 보일 뿐이어서 내일은 날씨가 좋았으면 하고 생각해 본다.

우리는 오전에 페리토 모레노와 빙하국립공원을 가고 다행히 남극의 백야현상으로 해가 길 때여서 저녁에는 산악인들이 동경한다는 피츠로이(Fitz Roy)산도 가 볼 예정이다. 호텔에 부탁해서 찰텐행 왕복($280) 표를 예약하고 방으로 돌아오는 것으로 오늘을 마무리한다.

아르헨티나의 빙하공원
Los Glaciares National Park

산타쿠르즈(Santa Cruz)주 남서쪽에 위치하고 있는 아르헨티나 국립빙하공원은 면적이 약 600,000헥타르로 약 47개의 큰 빙하와 200여 개의 작은 빙하가 이 공원에 속해 있으며 1937년 자연보호구로 지정되었고 1981년 유네스코에서 세계자연문화로 등재되었다. 또 남극(Antartica)과 그린랜드(Greenland)에 이어 세  계에서 3번째로 큰 빙하로 평균온도는 섭씨 7.5도이지만 겨울에는 -0.6도 여름에는 13.4도를 오르내린다.

이곳은 해발 1,100m이상으로 춥고 바람이 심해 식물이 자라지 못하고 파타고니아 초원에서만 식물이 자라는데 나무로는 랜가(Lenga), 구인도스(Guindos), 니레스(Nires)가 주종을 이룬다.

그 외에도 콘돌(condor)과 매를 비롯하여 1,000여 종의 새들이 서식하고 있는 것으로 알려져 있으나 실제로는 100여 종만이 볼 수 있다고 한다. 또 과나코(guanaco)를 비롯한 여우, 쿠가(cougar), 푸마(puma) 등의 야생동물이 살고 있단다.

공원은 크게 남과 북 두 지역으로 나뉘는데 북쪽에 있는 비에드마 빙하(Viedma Glacier)와 비에드마 호수(LagoViedma) 그리고 피츠로이(Fitz Roy) 산과 토레

(Torre) 산이 속해 있고 남쪽에는 페리토 모레노(Perito Moreno)빙하를 비롯하여 웁쌀라(Upsala)빙하, 스페가차니(Spegazzini)빙하 그리고 아르헨티나 호수(Lago Argentine)가 이에 속한다.

웁쌀라 빙하와 스페가차니 빙하는 배를 타고 가야지만 볼 수 있지만 페리토 모레노 빙하는 지면과 연결되어 있어 배에서도 볼 수 있고 땅에서도 볼 수 있다. 그래서 페리토 모레노 빙하는 배를 타고 빙하를 구경하는 관광패키지와 빙하 위를 걷는 다양한 트래킹 패키지도 함께 있어 본인의 취향과 체력에 맞춰 선택할 수 있다.

호텔은 이 거대한 빙하를 보러 온 사람들로 북적이고 계속 큰 버스가 호텔 주차장에 쉬지 않고 관광객을 내려놓는 모습이다. 이 많은 사람들이 모두 구경할 만큼 배가 있을지 걱정스러울 정도이다.

우리는 11월 26일 아침 7시 30분 버스를 타고 마치 망망대해 같은 아르헨티나 호수를 따라 빙하 선착장인 반데라(Bandera) 항구로 향했다. 입구에서 국립공원 입장료 $100을 지불하고 선착장으로 가니 내가 탈 배를 지정해 준다.

배로 약 200km의 거리를 빙산과 빙하를 돌며 구경하는데 소요되는 시간은 약 7시간이고 요금은 $540이다. 배에서는 점심을 제공하지 않는다고 해서 호텔에서 점심 도시락을 주문해 왔는데 배에서도 사 먹을 수 있었다.

이 빙하 관광은 웁쌀라(Upsala) 빙하를 시작으로 에임(Heim) 빙하와 스페가찌니(Spegazzini) 빙하 그리고 페리토 모레노(Perito Moreno) 빙하까지 볼 수 있어 남쪽에 위치한 빙하는 모두 보는 것이다.

9시 30분에 뱃고동을 울리며 선착장을 떠난 배는 바다 같은 호수를 힘차게 가르며 내달렸는데 얼마 가지 않아 작은 빙산들이 줄지어 떠 있는 모습 나타났다. 배에 있는 관광객들은 흥분하여 사진을 찍느라 부산하게 갑판을 오르내린다. 터코이즈색의 호수 위로 연한 옥가락지 색깔의 빙산이 둥둥 떠 흘러가고 하얗게 눈 덮인 산들이 병풍처럼 서 있다.

밖은 비가 부슬부슬 내리기 시작하더니 바람마저 심상치 않은데 배는 묵묵히 하얀 물살을 거침없이 헤쳐 나간다. 뱃전에 튕겨 나온 물방울이 유리창에 사정없이 부딪치고 안내방송은 아무런 동요 없이 스페인어, 영어, 불어 등 3개국어로 설명을 이어나간다.

어느덧 호수에 빙산이 박혀 있는 것 같은 웁쌀라 빙하 앞에 배가 멈췄다. 멀리 웁쌀라 빙하가 보이고 빙하와 배 사이에는 무수한 유빙들이 빼곡히 떠 있다. 웁쌀라 빙하는 모레노 빙하보다 3배나 더 큰 빙하지만 떨어져 내리는 속도가 빠르기 때문에 위험해서 가까이 갈 수 없다.

1977년부터 1997년까지 20년 동안 17km나 떨어져 나가 작아졌으며 2008년에서 2012년까지 4년 사이에 4km가 떨어져 나가 지구 온난화가 가속화되고 있는 것을 실감할 수 있었다.

빙하에서 떨어져 나온 빙산 조각 역시 수면에 약 10분의 1만 보이기 때문에 이곳을 항해하는 선박들이 종종 좌초되었다는 소식을 접하게 되는 것이다. 빙하에서 떨어져 나온 빙산이 완전히 녹는데 걸리는 시간은 크기에 따라 다르지만 보통 6개월이 걸린단다.

웁쌀라 빙하(위) / 페리토 모레노 빙하(아래)

안내인 다니엘로(Danielo)의 설명을 들으니 흥미롭기도 하고 오늘 여행이 더 재미있게 생각된다. 어떤 사람들은 매점에서 판매하는 빙산 조각에 스카치를 부어 만든 '스카치온더락(scotch on the rock)'을 마시며 여행의 맛을 더한다. 배는 다시 빙벽이 잘 떨어진다(Calving)는 스페가치니 빙하가 있는 곳으로 뱃머리를 돌렸다.

와! 배가 멈춘 곳은 절벽처럼 서 있는 푸르스름한 빙산 앞으로 탄성이 절로 나온다. 더군다나 이곳에서는 아주 가까운 거리에 배가 섰기 때문에 빙벽을 마주볼 수 있어 너무 좋았다. 빙하는 눈이 압축되며 얼음덩어리로 변했기 때문에 마치 작은 유리구슬이 엉켜져 있는 것 같고 알갱이의 크기는 좁쌀만 하다.

바람이 너무 심하게 불어 모자가 바람에 날아가면 승무원들은 갈고리로 호수로 떨어진 손님의 모자와 목도리를 주워 올리느라 바쁜데 그런 모습을 옆에서 지켜보는 것도 재밌다.

작은 빙벽이 떨어질 때마다 사람들은 환호성을 지르며 축제 분위기다. 좀 더 큰 것이 떨어질 것이라고 모두들 사진기와 비디오 카메라를 들고 대기하는데 마침 큰 빙벽이 '와르르쾅' 하고 떨어지자 배가 크게 출렁거리며 뱃머리의 방향이 바뀌었다.

환호성 소리가 얼마나 큰지 그 옆에 있는 빙벽이 금방이라도 떨어질 것만 같은데 용케도 잘 붙어 있는 모습이 다음 배를 위한 자연의 안배인가 여겨진다. 우리는 빙벽을 배경으로 제대로 된 사진을 찍기 위해 배에 상주하는 전문 사진사에게 사진을 찍었는데 기념사진을 하나 만들었다고 생각하니 절로 기분이 좋아진다.

스페가차니 빙하에서 페리토 모레노 빙하까지는 2시간 정도 걸린다 하니 나는 배 안으로 들어와 잠시 눈을 붙였다.

페리토 모레노 빙하
Perito Moreno Glacier

알젠틴의 싼타쿠르스(Santa Cruz) 주 국립 빙하공원 내에 있는 페리토 모레노(Perito Moreno) 빙하는 아직도 빙하가 계속 형성되고 있는 빙하 중 하나로 빙하의 총 면적이 250㎢ (97 평방 mi)나 되는 어마어마하게 큰 빙하이다.

파타고니아(Patagonia)의 거대한 두 산 사이로 흘러 내려오는 푸르스름한 빙하의 길이만도 장장 30km(19mi)이며 빙하의 깊이 또한 530m나 된다. 마치 거대한 병풍처럼 웅장하게 서 있는 빙벽 길이 만도 5km(3mi)이며 빙벽의 높이가 평균 60~70m로 물 속에 있는 170m정도의 빙벽 길이까지 합한다면 200m도 더 되는 고층 빌딩의 얼음 벽인 것이다.

이 빙하는 국립 빙하공원 내에서도 관광지로 잘 개발된 곳으로 여러 관광 코스가 있는데 아르헨티나 호수에서 배를 타고 빙산 가까이에서 보거나 자동차로 산 높이까지 올라가 트래킹하며 강철로 된 각기 다른 높이의 전당대에서 전경을 볼 수 있는 코스가 있다.

페리토 모레노 빙하란 '숙련된 또는 느련한'이라는 뜻의 '페리토(Perito)'와 '프랜시스코 모레노(Francisco Moreno)'라는 사람 이름이 합쳐진 것이다. 부에노스 아이레스(Buenos Ares)에 사는 프랜시스코 모레노는 아르헨티나와 칠레 사이에 있는 이 빙하로 야기되는 국경문제에 많은 공헌을 했고 이 빙하에서 20km 떨어진 곳에 전초기지를 세워 그곳에서 연구를 하며 헌신한 개척자이다.

약 130년 전 자동차가 없었던 시대에 부에노스아이레스를 떠나 3,000km나 떨어져 있는 이곳까지 말을 타고 와서 힘든 환경에서도 빙하에 관한 연구를 멈추지 않아 국가에 많은 공헌을 하였다.

그 당시에는 여러 가지 여건상 빙하까지 접근할 수가 없었기 때문에 그는 살아 생전 모레노 빙하를 보지 못했지만 그의 업적을 기리기 위해 빙하의 이름에 그의 이름을 명명하여 '페리토 모레노 빙하' 라는 이름이 탄생한 것이다.

이 빙하는 한쪽에서는 빙하가 계속 생기고 또 한쪽에서는 녹고 해서 지금도 1917년도의 빙하 길이를 그대로 유지하고 있다니 얼마나 다행인지 모르겠다.

모레노 빙하는 남쪽면(south face)과 북쪽면(north face)에서 볼 수 있는데 북쪽면은 빙하 해협에서 배를 타고 바라 볼 수 있고 남쪽면은 한 시간 반 동안 빙하를 걸어 보는 미니 트레킹(mini trekking)과 5시간 여정의 빅 아이스(big ice) 코스가 있다. 직접 빙하 위를 걸을 수 있기 때문에 관광객에게 인기가 아주 많으며 빙하 동굴 속을 걷는 프로그램도 있다.

그러나 안타깝게도 빅 아이스 트레킹의 경우 나이 제한이 18~50세로 우리 부부는 갈 수 없어 억울한 마음에 나이 차별을 하는 것이냐고 따져 물으니 신체 건강과 안전상의 이유 때문에 할 수 없다는 설명에 이해는 하지만 아쉬움은 어쩔 수 없다.

페리토 모레노 빙하는 이 국립 빙하 공원에서는 가장 볼 만한 곳이었다. 그러나 다행히 미니 트레킹의 나이 제한은 10~65세였기 때문에 빙하 위에서 넘어져 엉덩이가 부서지는 한이 있어도 일생에 단 한 번 있을 법한 일이기 때문에 떨리는 마음으로 신청하였다.

어제 배를 타기 위해 $100 알젠틴(미화 $20)달러를 내고 빙하 국립공원 입장권을 샀는데 오늘 또 입장권을 사야 된다고 하니 할 수 없이 또 요금을 지불해야 했다. 미국에 사는 나의 경우 '경로 우대'를 받는 나이이기 때문에 한 번 국립공원 입장권을 사면 미국 내의 모든 국립공원을 평생 무료로 사용할 수 있고 또 그렇지 않은 나이라도 한 번 사면 일년은 쓸 수 있기 때문에 관광객에게 바가지를 씌우는 것이 아닐까 하는 생각이 잠시 들었다.

호텔에서 국립공원을 지나 쏨브라스 홍(Port Sombras)까지 버스로 가서 다시 배를 타고 강폭이 15m밖에 되지 않는 리꼬 암(Rico Arm) 강을 지나 강 건너 쉘터(shelter)에 도착하면 스페인어, 영어, 불어, 독일어를 구사하는 안내인이 표지판을 들고 기다리고 있다. 자신에게 맞는 언어를 선택하면 몇 개의 소 그룹이 자연스럽게 형성된다.

또 빙하를 걷는데 필수적인 크램푼(crampons-아이젠)을 신기에 적합하지 않은 신발을 신은 사람들을 위해 신발을 대여해 주는데 준비된 신발 통 속에는 운동화가 수북하게 쌓여 있어 발 크기에 따라 신발을 무료로 빌려 신을 수 있다.

빙하 입구에서 도우미들의 도움으로 크램푼(crampons)을 신발 위에 신고 걸어보니 굵은 톱날이 달린 크램푼을 신고 걷는다는 게 용이하지는 않았다. 그런데 빙하를 걷는데는 이 신발이 필수적이라니 신을 수 밖에….

주의 사항을 듣고 걷는 동안 두 손을 자유롭게 사용할 수 있도록 카메라나 비디오 카메라를 제외한 모든 물건은 쉘터에 내려놓고 숲 속으로 만들어 놓은 길을 따라 빙하 트레킹을 떠났다.

한참을 걸어 호수 옆 해변에 도착한 우리는 그곳에서 다시 한 번 빙하 형성에 관한 자세한 설명을 듣고 빙하 입구까지 걸어갔다. 마침 아르헨티나 국영 텔레비전 회사에서 빙하 국립공원의 다큐멘터리를 찍기 위해 나온 촬영기사 뿐만 아니라 기자들도 우리와 함께 동행하다가 스페인어를 사용하는 그룹으로 갔기 때문에 끝까지 함께 할 수 없어 아쉬움이 컸다.

영어권 팀 리더인 쎄페리노(team leader Ceferino)가 앞장을 서고 우리는 일렬로 따르며 보조 안내인은 제일 뒤에서 도움이 필요한 사람을 도와 주었다. 얼음 위를 걸을 때는 두 발을 벌리고 똑바로 걷되 몸을 굽히지 말고 허리를 펴서 뒤로 제치고 걸으라는데 꼭 넘어질 것 같고 발 걸음을 옮길 때 마다 얼음에 발을 "콱콱" 찍어 크램폰이 얼음에 박혀 미끄러지지 않게 해야 하는데 그게 생각처럼 쉽지가 않다.

얼음 언덕을 겨우 하나 넘고 드디어 평평한 곳에 도착했을 때는 마치 십 리는 걸은 것처럼 다리가 뻐근하여 얼빠진 사람처럼 서 있는데 팀장 쎄페리노는 "조금 걸어 보았으니 더 이상 걷기가 힘든 사람은 여기서 포기하라"며 나를 곁

눈질한다. 왜 하필 나인가 싶어 둘러보니 남편과 나 그리고 머리가 희끗희끗한 부인 한 명을 빼고는 모두 젊은이들이다.

나중에 알았지만 이 부인은 나보다 12살이나 아래였으니 남편과 내가 그 그룹에서 가장 연장자였던 것이다. 나는 꼭 이 코스를 완주해야 할 이유를 설명하고 도움을 청했고 마음이 통했는지 쎄페리노는 한 손은 남편을 한 손은 나를 잡고 다시 등반길에 올랐다.

쎄페리노는 나를 '리더(leader)'라 부르며 잘 따라가면 아낌없이 칭찬해 주며 독려하였다. 다른 사람들에게 미안한 마음도 조금은 가벼워졌다. 나에게 큰 힘이 되었다. 쎄페리노는 유럽에서 아르헨티나로 이민 온 이민 5세로 경력 6년의 베테랑 가이드인데 영화제작을 전공한단다.

그는 제한된 낮 시간에 트레킹 한 나를 위해 저녁 노을에 비친 빙하의 사진을 보내주었는데 직접 볼 수 없는 아쉬움을 사진으로 달래야 했다. 그가 아니었다면 불가능했을 빙하 트레킹이었기 때문에 이 글을 빌어 다시 한 번 감사의 마음을 전한다.

우리 팀에서 가장 '청 개구리' 같았던 미국 동부에 사는 청년은 꼭 쉬는 시간이 주어질 때만 사진 찍으라는 규칙을 하나도 지키지 않고 이동 중에 사진을 찍고 빙하에 벌렁 들어 눕는 등 돌발 행동을 서슴지 않았다. 빙하 물이 고여있는 웅덩이를 펄쩍펄쩍 뛰어다녀 위험한 행동도 했지만 어쩐지 나는 하나도 밉지가 않았다.

젊으니까… 언제 또 저런 돌출된 행동을 하겠는가? 우리는 빙하 갈라진 곳과 싱크홀, 빙하 녹은 물이 흐르는 강과 빙하 물로 가득 찬 옹달샘을 지났다. 400년 이상 된 눈부시게 푸른 빙하를 걸으며 목이 마를 때는 수정 같은 빙하 조각도 먹고 빙하 강이나 웅덩이에 두 손으로 얼음 물도 떠 마셨는데 순수하고 깨끗하며 단 맛이 나는 이 빙하 물맛은 지금도 잊을 수 없다.

완주의 기쁨은 꿀처럼 달다. 트레킹이 끝나고 자축하는 건배를 했는데 빙하 조각에 위스키를 넣어 한 잔씩 마셨다. 젊은 사람들은 크램폰을 벗어 놓고 팔랑

완주 후 빙하 얼음 조각으로 칵테일을 준비하는 안내자 쎄페리노

개비처럼 가볍게 돌아다니는데 나는 너무 용을 쓰고 걸은 탓에 온 몸과 다리가 천근만근 무겁게 여겨져 제일 마지막으로 쉘터에 들어섰다.

점심을 먹으려 자리를 잡으려는데 배가 떠난다고 빨리 승선하라니 먹으려던 점심을 도로 가방에 집어 넣고 부지런히 선착장으로 향했다. 다음 목적지는 페리토 모레노 빙하 전망대로 빙하 쪽으로 난 계단을 내려가면서 거대한 모레노 빙하의 빙벽을 위에서 한 눈에 볼 수 있는 곳이다.

주차장에서부터 1차, 2차, 3차 전망대가 다리와 계단으로 이루어져 있어 내려갈수록 점점 더 빙하를 가까이에서 볼 수 있도록 설계되어 있고 엘리베이터도 있어 걷기 힘든 사람들도 제일 아래 전망대까지 볼 수 있으니 다행이다.

빙하는 자연의 섭리를 조용히 따른다. 인간은 티끌처럼 작은 존재인데 왜 순응하며 따르지 못하는 것인지… 나는 돌 기둥처럼 꼼짝도 하지 않고 그저 관망하며 서 있었다. 늘 수면에서 올려다 보던 빙하를 위에서 내려다 보니 느낌이 새롭다.

엘 깔라파테에서 페리토 모레노 빙하까지 약 2시간이 소요되므로 일일 관광이 가능하다.

아르헨티나의 엘 찰튼
El Chalten, Argentine

테후엘체(Tehuelche)말로 '연기나는 산(Smoking Mountain)'이라는 뜻의 찰튼(Chalten)은 토레 산(Cerro Torre)과 부엘타스 강(Rio Vueltas)이 흐르는 곳에 자리잡은 아주 작은 마을로 주로 이곳을 찾는 산악인들의 편의를 제공하기 위해 한 사람 두 사람 모이기 시작하면서 1985년이 되어 비토소 동네가 생겼다.

엘 찰튼(El Chalten)은 아르헨티나호수(Lago Argentine)를 사이에 놓고 엘 칼라파테(El Calafate)에서 동북쪽으로 은 220km거리에 있으며 자동차로는 편도에 약 3시간이 소요된다.

가는 길은 그리 나쁘지 않지만 워낙 바람이 많이 불어 자동차가 속력을 낼 수 없을 뿐 아니라 위험하므로 이곳 지리를 잘 아는 운전기사를 이용하는 것이 바람직하다.

예측할 수 없는 악천후의 기후로 여름은 화씨 40~60도이고 겨울은 30~40도로 매우 춥기 때문에 이곳을 찾는 많은 산악인들은 남반부의 여름인 11월에서 2

피츠로이 산(쎄페리노 제공)

월 사이에만 산행을 한다.

3,405m 높이의 피츠로이 산과 3,133m 높이의 바늘같이 뾰족하게 생긴 토레 산은 산악인들에게는 에베레스트(Mt.Everest) 등반보다 더 힘든 산이라 한다. 끊임없이 불어닥치는 강풍과 산을 덮고 있는 얼음을 극복해야 하는 이 등반은 수많은 사람들에게 좌절의 아픔을 안겨 주었는데 1952년 프랑스 등반대에게 처음으로 정상을 허락했다 한다.

이 마을 입구 왼쪽에는 비에드마 빙하(Viedma Glacier)가 있고 비에드마 빙하에서 흐른 물로 이루어진 비에드마 호수(Lago Viedma)가 멀리 보인다. 낮게 드리워진 구름 사이로 간간이 보이는 햇빛과 구름 사이로 보이는 영롱한 조각 무지개는 멀리 보이는 반짝이는 호수를 아름답게 꾸며주는 듯하다.

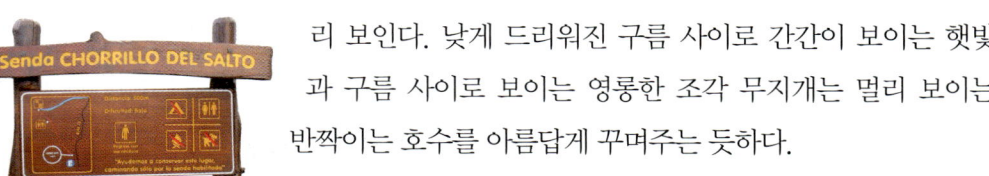

산 밑의 조그만 동네는 참으로 정겹게 느껴지는데 정작 봐야 할 피츠로이 산은 보이지 않는다. 열 번을 와서 한번 보면 행운이라더니 야속한 비는 오다가 멈추고 또 내리고를 반복한다. 그런데 이곳은 비가 와도 절대 번개 치는 일은 없다니 계속 상주

하면서 확인할 수도 없고 신기한 일이다. 이 동네에는 산악용품 가게와 몇 개의 식당, 숙소 그리고 마켓이 있는데 길에는 자기 키만 한 백팩을 지고 다니는 젊은이들을 심심치 않게 볼 수 있다.

저 젊은이들은 산을 정복하기 위해 이곳을 찾았을 것이다. 어마어마한 가방의 크기 만큼이나 수많은 시간을 준비했겠지? 그들이 아무런 사고 없이 무사히 여행을 마치길 소원해 본다. 검은 하늘에 반짝이는 별을 보며 돌아오는 길에 야자수 나무가 바람에 날라가는 그림의 표지판이 웃음을 자아낸다.

뒷자리에 길게 누운 남편은 코를 드르렁 거리고 자고 있고 운전기사 로드리게스(Rodriguez)는 입이 찢어져라 하품을 하니 불안한 마음에 스페니쉬를 가르쳐 달라고 조르며 계속 이야기를 하게 했다.

어둠 속을 얼마나 달렸는지 마침내 호수 저편에 청보석, 홍보석, 황보석 같은 환한 불빛이 보이며 불안한 내 마음에 안도감을 안겨주었다.

탄자니아
Tanzania

동물의 왕국 탄자니아

탄자니아(Tanzania)! 힘든 여정이 될 아프리카 여행을 가볍지 않은 나이에 가려니 황열병(yellow fever), 말라리아(Malaria) 등의 기본적인 준비 외에도 챙겨야 할 것이 너무도 많다. 이번 여행에는 킬리만자로 등반도 포함되어 있어 떨리는 마음으로 더욱 만반의 준비를 해야 했다.

LA(Los Angeles)를 떠나 미시간(Michigan) 주의 디트로이트(Detroit)를 거쳐 네델란드(Netherlands)의 수도 암스테르담(Amsterdam)에 도착한 후 이곳에서 또 8시간을 날아가 드디어 탄자니아 아루샤(Arusha)에 있는 킬리만자로(Kilimanjaro) 국제공항에 도착할 수 있었다.

정말 긴 여정으로 꼭 가보고 싶다는 열정이 없었다면 불가능할 만큼 힘든 여행이었다. 킬리만자로 국제공항은 아주 작은 공항이지만 킬리만자로 산을 가는 사람들이나 사파리(safari)를 하려는 사람들이 주로 이 공항을 이용한다.

미국에서 현지 여행사를 통해 공항에서 받는 비자(Visa on Arrival)를 미리 신청하여 아루샤공항 출입국관리소에 미화 $100을 지불하고 비자를 받은 후 입국수속을 했다. 짐을 찾아 밖으로 나오니 영어가 서툰 운전기사가 우리들을 기다리고 있었다. 공항 밖은 이미 어두웠고 그나마 가로등으로 환했던 공항 주차장을 벗어난 차는 캄캄한 시골길을 끝없이 달린다. 드디어 멀리서 불빛이 보이기 시작하여 '다 왔구나!' 하는 설렘도 잠시 우리를 태운 차는 계속 앞을 향해 달렸다. 나는 괜스레 의심스런 마음이 들어 불안한 치안에 희생양이 되는 것은 아닐까 하며 온갖 상상력을 발휘하며 좌불안석이다. 그러다 아루샤 시내로 들어섰는지 주위가 밝아지며 아프리칸 튤립(African Tulip)호텔 정문안으로 들어 왔다. 드디어 무사히 도착한 것이다. 속으로 운전기사에게 미안한 마음도 들고 내 노파심을 스스로 나무라며 머쓱하게 웃어 보았다.

아프리카 남동쪽에 있는 탄자니아는 북으로는 케냐(Kenya)와 우간다(Uganda)가 서쪽은 르완다(Rwanda), 브룬디(Burundi), 콩고(Congo)가 남쪽에는 잠비아(Zambia), 말라위(Malawi), 모잠비크(Mozambique)가 국경을 맞대고 있으며 동쪽은 인도양을 접한다.

아프리카에서 가장 높은 킬리만자로 산이 탄자니아의 북동쪽에 있으며 세계에서 두 번째로 큰 빅토리아(Victoria) 호수는 북서쪽에 있다. 또 세렝게티(Serengeti) 국립공원과 응고롱고로(Ngorongoro) 분화구, 타랑기리 공원(Tarangire), 만야라(Manyara) 호수 국립공원 등 동물의 왕국을 방불케 하는 국립 공원들은 모두 북 중부에 길게 걸쳐있다. 그래서 이 야생 동물을 보기 위해 수많은 관광객이 케냐와 탄자니아를 찾을 뿐 아니라 많은 과학자들은 생태 연구를 위해 이곳에서 동물과 함께 살다 일생을 바치기도 한다.

탄자니아 전체 면적은 365,000 km^2로 한국의 4배가 넘는 광활한 땅을 갖고 있지만 인구는 고작 45백만으로 주로 도시에 모여 살고 있다.

수쿠마(Sukuma)와 마사이(Maasai)족을 비롯하여 원시 시대에서 나온 듯한 하드쟈베(Hadzabe)족 등 약 120여 종족이 그들의 고유언어를 사용하고 있지만 공용어는 스와힐리(Swahili)어와 영어이다.

아루샤 공항에서 바라본 킬리만자로 산

19세기에는 독일과 영국의 식민지로 있다가 독립한 후 1964년에 이르러 잔지바르(Zanzibar)와 탕가니카(Tanganyika)가 통합하여 탄자니아 공화국으로 태어났다. 수도는 도도마(Dodoma)이지만 인도양 해안에 있는 다르에스 살램(Dar es Salaam)은 경제중심 도시로 거의 모든 국제선 비행기가 이곳으로 들어온다.

열대성사바나(Savannah) 기후로 우기와 건기로 나뉘며 화폐는 쉴링(Shilling)을 사용하지만 미국 달러를 선호하고 기독교와 이슬람교, 토속 신앙 등을 믿는다. 농업이 주종을 이루며 다이아몬드, 철, 석탄, 우라늄 등 광물질도 많이 매장되어 있고 푸른색의 보석 탄자나이트(Tanzanite)는 이곳에서만 나온단다.

이번 여행에서는 아프리카에서 가장 높다는 킬리만자로 산을 등반하고 사파리를 하며 야생동물도 보고 나일강의 근원지인 빅토리아(Victoria) 호수도 가 볼 계획이다.

아침에 눈을 떠 창문 밖을 보니 높은 산이 보인다. 나중에 알았는데 탄자니아에서 두 번째로 높은 메루(Meru) 산이다. 아프리카는 평원만 있는 줄 알았는데 산도 많아 생각했던 것과는 다른 모습을 보여 주었다. 탄자니아에서는 "하꾸나마타타(HakunaMatata)"라는 말을 많이 하는데 걱정 없이 살고 싶다는 염원이 담겨 있다고 하며 가만히 생각해 보니 어디서 많이 듣던 말이다.

한때 전세계의 아이들은 물론 어른들도 보지 않은 사람이 없을 정도로 유명한 만화영화 '사자왕(The Lion King)'에서 아버지를 잃은 아들 씸바(Simba)가 고향을 떠날 때 걱정하지 말라고 친구들이 불러 준 노래의 한 구절이 아닌가? 그 만화영화는 탄자니아를 배경으로 만든 게 분명하다.

이번 사파리 여행에서 다음 목적지로 차를 타고 이동하던 중 타이어가 펑크가 났다. 야생동물이 우글거려 위험한 상황에서도 안내인은 걱정하는 우리들에게 '하꾸나마타타' 하며 하얀 이를 드러내며 환하게 웃는다. 무슨 마법의 주문이라도 외우는 것처럼. 그 말을 계속 들으니 곳곳에 위험이 도사리고 있어 불안했던 마음이 나도 모르게 위안이 되어 편안해 졌다.

킬리만자로 산 ❶

킬리만자로 산은 아프리카 대륙에서 가장 높은 산으로 높이가 5,895km이며 마웬지(Mawenzi) 화산, 시라(Shira) 산 그리고 우후루봉(Uhuru peak)이 있는 키보(Kibo) 산 이렇게 3개의 큰 봉우리가 있는 만년설의 아름다운 산이다. 킬리만자로는 흰 언덕 또는 하얀 산이란 뜻으로 '언덕(hill)'이라는 뜻의 킬리마(Kilima)와 '희다(white)'라는 뜻의 은자로(njaro)를 합해 킬리만자로라 불렸다.

아프리카 열대 정글 위로 우뚝 솟은 눈 덮인 산을 오르기 위해 많은 사람들이 이곳으로 모여 드는데 일년에 15,000여 명의 등반가들이 우후루(Uhuru) 정상을 향해 등반을 시도하지만 약 40% 정도의 사람들만 정상에 오를 수 있는 만만치 않은 산이다.

아시아에는 에베레스트(Everest) 산이, 남미에는 안데스(Andes) 산이 있고 아프리카에는 킬리만자로 산이 있는 것이다. 처음 이 산을 본 영국인이 '아프리카에 눈 덮인 산'이 있다고 했을 때 많은 사람들은 그의 말을 믿지 않았다고 한다. 그 후 수많은 유럽인들이 이곳을 찾았지만 정상에 오르지는 못했는데 1889년 독일의 지리학 교수 한스 메이어(Hans Meyer)가 처음으로 정상을 정복하였고 때문에 그의 흉상이 마랑구 게이트(Marangu Gate) 입구에 세워지는 영광을 누리게 되었다.

킬리만자로 산은 적도에서 330km 남쪽에 있으며 탄자니아의 북동쪽에 위치하고 고도와 강우량, 기후, 온도, 동식물의 분포에 따라 산 아래에서 정상까지 5개의 지역으로 나뉜다.

산의 제일 아랫부분은 높이 1,200m~1,800m로 농사를 지을 수 있는 경작지인데 농경지(Cultivation)라 부른다. 1,800m~2,700m는 숲이 울창한 열대림으로 산림지(Forest)라 부르며 2,700~4,000m까지는 황무지(Moorland), 4,000~5,000m는 고원 사막지대인 불모지(High Desert), 제일 위는 산 정상(Summit)이라 부른다.

정상까지 올라갈 수 있는 등산로는 6개가 있는데 보통 7~8일 코스로 우리는 그 중 가장 쉽다는 마랑구 게이트(Maragu gate)에서 시작하여 9,000피트의 만다라 산장(Mandara Hut)까지 가는 코스를 선택했다.

열대 숲이 장관을 이루는 이 등산 코스에 일명 '코카콜라 루트(CokaCola route)'라는 재밌는 이름이 있는데 예전에 산악인들을 위해 이 길에서 차와 콜라를 팔았기 때문이라고 한다.

또 이 코스는 킬리만자로 산을 오르는 가장 쉬운 코스로 알려져 있어 대다수의 사람들이 완벽한 준비 없이 등반 길에 올라 사고가 많은 지역이라고 한다. 킬리만자로 산은 아루샤(Arusha)에서 동북쪽으로 135km 떨어져 있지만 도로 사

산 정상으로 가는 코카콜라 루트

정이 좋지 않아 약 3시간 정도 걸릴 예상이다. 차에는 등반할 때 도움을 줄 도우미들과 요리사, 안내인 등이 함께하여 아침 일찍 호텔을 떠나 대장정의 길에 올랐다.

차창 밖 풍경은 현란한 색상의 천으로 만든 옷을 입고 시장 나온 여인들과 아이들, 남정네들로 시골 장이 시끌벅적하다. 하얀 이를 드러내고 웃는 아이들의 해맑은 얼굴을 보니 절로 미소가 지어진다. 담소를 나누는 할머니의 검게 그을은 얼굴 뒤엔 사정없이 내리쬐는 햇빛이 양철 지붕 위에 이글거리고 열대 꽃들이 흐드러지게 피어 아름다운 풍경을 만든다.

창 밖으로 지나가는 풍경에 온통 시선을 빼앗긴 우리를 태운 차는 모시(Moshi)와 하이모(Himo)를 지났다. 멀리 킬리만자로 산이 희미하게 보이더니 드디어 국립공원 앞에 차가 섰다. 운동장만한 공터가 베이스 캠프인데 사람들은 입산 허가서를 받기 위해 여권을 제시하고 서명을 하느라 분주하며 함께 온 도우미들과 요리사는 점심 준비로 바쁘다. 간단하게 점심 식사를 마친 후 오후 2시가 되어서야 등반에 오를 수 있었는데 산을 올라가려는 사람과 산을 내려오는 사람들 그리고 그들을 위한 자동차로 인해 베이스캠프는 시장통처럼 분주하다.

모시(Moshi) 시내 번화가 　　　　　　　　　국립공원 안내 사무실

만다라 임시 숙소(Mandara Hut)에서 하루 밤 잘 준비오- 등반할 때 신을 운동화, 지팡이, 모자, 자외선 차단제, 선글라스 등을 챙기고 간식과 비상시 사용할 것을 백팩(back pack)에 준비했다. 숙소까지의 소요시간은 3시간으로 우리는 6,000피트인 이곳에서 9,000프트까지 갈 예정이다. 너무 늦게 떠나는 게 마음에 걸리지만 긴 여정이 아니므로 괜찮다고 스스로 위안하며 발길을 재촉한다.

킬리만자로 산 ❷

등산로 입구에서 입산 허가서를 보여 주고 'Wishing you a good climb-등산 잘 하세요'라는 문구가 쓰여진 문을 통과하며 등반의 첫발을 내디뎠다.
안내인 에드리쉬(head guide Edrish)를 위시하여 앞에 두 명, 뒤에 두 명의 길잡이 사이로 우리 8명이 일렬로 서서 총 12명이 등반길에 올랐다.

에드리시가 계속 천천히 걸으라고 "폴리 폴리(pole pole)" 하며 주의를 주었지만 신이 난 우리들은 단박에 올라갈 것 같은 기세로 속도를 내며 걸었고 등산로도 잘 만들어져 있어 힘들이지 않고 오를 수 있었다.

하늘도 보이지 않게 빽빽하게 자란 나무숲 사이로 푸른 색깔이 감도는 블루 원숭이가 보이고 아주 가까이에서 들리는 새들의 지저귐 소리를 반주 삼아 형형색색의 나비가 춤을 추듯 날아다닌다.

이곳이 바로 킬리만자로 산! 가슴이 벅차 오르며 역시 오기를 잘 했다는 생각이 든다. 오늘 저녁은 킬리만자로 산 중턱에 있는 숙소(cabin)에서 하루 밤 묵을 예정이어서 더욱 기대된다. 밤 하늘을 수놓은 별은 도시의 그것과는 확실히 다를 것이다.

얼마나 걸었을까? 더운 날씨 때문인지 금새 온몸에 땀이 흥건해졌지만 이런 등산로라면 문제 없을 것 같은 자신감이 든다. 그런데 일행 중 한 명인 데비(Debbie)의 얼굴이 갑자기 창백해지며 주저앉았는데 그를 보는 순간 나도 현기증을 느끼며 다리에 힘이 빠져나간다. 높은 곳에 오르니 낮아진 기압 때문에 생기는 현상일 것이다. 급격히 창백해진 두 사람 때문에 포기하고 내려가자는 의견과 내려가면 잘 곳도 마땅치 않으니 그냥 올라가자는 의견이 팽팽하게 맞섰고 결국 목적지가 얼마 남지 않았다는 이유로 잠시 휴식을 취한 후 다시 올라가기로 의견이 모아졌다.

조금만 가면 길도 평평하고 쉴 때도 있다는 안내인의 선의의 거짓말에 속아 3시간이면 갈 수 있다는 거리를 장장 7시간 반을 걸어 어두운 밤이 되어서야

9,000피트 높이의 숙소에 도착했다. 먼저 도착한 도우미들은 저녁 식사로 생선탕과 밥을 준비했는데 기력이 쇠진할 대로 쇠진해진 우리는 식사는 커녕 눈도 뜰수가 없어 저녁을 먹는 둥 마는 둥 하고 방으로 돌아왔다. 씻으라고 가져다 준 세숫대야에는 물 두 컵 정도의 미지근한 물이 담겨져 있었고 그 나마도 차가운 공기 탓에 금세 싸늘하게 식어버렸다.

겨우 고양이 세수만 할 수 있고 화장실은 너무 멀리 떨어져 있어 큰 맘 먹고 다녀와야 하고 태양열로 만든 전기는 우리가 도착한 후 아주 잠시 불을 밝혀주었을 뿐이어서 깜깜한 어둠을 뚫고 산책 나갈 엄두도 나지 않는다. 손전등은 꼭 필요할 때만 사용하기 위해 머리맡에 놓아 두고 겨우 문을 열고 잠시 별을 감상한 것이 내 체력의 전부였다. 더나기전 킬리만자로 산 위에서 부르겠다고 열심히 연습했던 조용필씨의 "킬리만자로의 표범"은 첫 소절도 불러보지 못했다.

출발할 때의 계획과는 다르게 천근만근 무겁고 피곤하여 침대에 누워 이렇게 힘든 곳은 '젊어서 와야 한다'며 부질없는 생각을 해본다. 얼굴이 좀 찌릿찌릿 하지만 고산병 약을 미리 먹어 목적지까지 올라 올 수 있었던 것 같다. 자고 나면 피로가 좀 풀리겠지 하고 잠시 눈을 붙였는데 눈을 뜨니 어느새 아침이다.

이곳에서 약 35분 정도를 걸어가면 마운디(Moundi) 분화구(crater)가 있다는데 내 걸음으로는 한 시간도 더 걸릴 것이다. 그곳을 갔다가는 오늘 산을 못 내려갈 수도 있다는 위기감에 안내인 에드리쉬(Edrishi)에게 사진을 부탁했다. 아침식사를 하려는데 에드리쉬가 찍은 분화구와 그 주변의 사진을 보여준다. 그는 아마도 날아갔다 온 모양으로 얼마나 고마운지 사진으로나마 아쉬운 마음을 달래본다.

아침 식사 후 산을 내려올 때는 어제와는 달리 여유 있어 주변 경관을 자세히 볼 수 있었다. 습도가 높아 열대식물들이 많았는데 특히 이 산에서만 자란다는 주홍색의 작은 야생화 인페씨언트 킬리만자로(Impatient Kilimanjaro)는 요염하여 나의 눈길을 끈다.

하산하는 길에 간이 침대 같이 생기고 가운데에 자전거 바퀴가 달린 부상자 운

반용 거니(gurney)를 운반하는 두 명의 보조원을 만났다. 어제는 4명의 부상자가 생겨 그들을 운반해 내려왔는데 비행기가 착륙할 만한 마땅한 곳이 없기 때문에 이렇게 사람들이 직접 실어 나르는 것이란다.

베이스 캠프로 돌아와 안전하게 산에서 내려왔다고 서명을 한 후 간단한 흐기도 남겼다. 킬리만자로 등반만으로 우러는 동질감과 자부심으로 가슴이 벅찼고 자랑스러운 할아버지 대열에 오른 이웅일, 이하성씨와 산 정상을 도전하기 위해 다시 오겠다고 다짐하는 몸짱 이대룡씨, 안전하게 등반할 수 있도록 즈치의를 자청한 성형외과 조수호 박사, 한 명의 낙오자 없이 안전하게 등반을 마쳐 얼마나 감사한지 모두에게 감사드린다.

게임 사파리 Game Safari

세계의 많은 사람들이 이곳 탄자니아로 모이는 가장 큰 이유 중 하나가 자연상태의 야생동물을 보기 위해서일 것이다. 자연에서 태어나 야생의 본능을 그대로 유지한 동물들은 흔히 동물원의 맹수들과는 분명히 차이가 있는데 약육강식의 법칙에 따라 잡아 먹고 잡아 먹히는 생생한 장면을 볼 수 있기 때문에 사파리게임은 사람들에게 호기심과 흥미를 준다.

그 외에도 수백만 마리의 초식 동물들이 물과 풀을 찾아 이동하는데 이것이 지구상에서 가장 큰 규모이기 때문에 이 장관을 보기 위해 경비행기, 열기구, 자동차 등을 이용하는 관광객들이 많다.

초식 동물인 윌드비스트(wildebeest), 얼룩말, 사슴 등이 이동할 때 이동 통로에서 기다리고 있는 맹수들과 강물 속에 도사리고 있는 악어떼 등은 평화로워

보이는 이곳에 팽팽한 긴장감을 준다.

동물들이 이동할 때 제일 선두에는 키가 크고 멀리 볼 수 있을 뿐만 아니라 달리기가 빠른 얼룩말이 이동하고 그 다음에 윌드비스트(wildebeest)가 뒤따르며 사슴의 한 종류인 가젤(gazelle)이나 임팔라(impala)가 그 뒤를 따른다.

사람들은 다큐멘터리를 통해 이런 장면들을 많이 보았을 것인데 이곳에서 느끼는 현장감은 어떤 매체를 통해서도 전달 될 수 없는 감동이 있다. 어떤 특정한 동물과 식물은 한정된 국립공원에서만 볼 수 있기 때문에 4개의 국립공원을 빠짐 없이 보기로 하였다.

우리가 건기인 10월로 방문 계획을 세운 이유는 큰 무리의 동물 이동은 볼 수 없지만 비가 올 경우 비포장도로에서 발생할 여러가지 상황에 대한 부담감을 줄이기 위해서였다. 참고로 이곳은 12월~1월이 우기로 접어들어 육식동물을 관찰하기에 제일 적합한 시기여서 이때 유럽에서 많은 관광객이 몰려온다.

아프리카 북쪽의 이집트 카이로(Cairo)와 남쪽의 남아공 케이프 타운(Cape Town)의 중간 지점인 아루샤에는 인구 27만 명이 살며 국제회의가 많이 개최되기 때문에 '회담과 협정의 도시'라 부른다. 특히 르완다(Rwanda) 내전 후 평화 협정이 바로 이곳에서 조인된 바 있으며 아프리카연합은 아프리카 인권재판소를 이 도시에 설립한 것만 보아도 이 도시의 중요성을 알만하다.

시내 어디에서나 메루산(Mt. Meru)을 볼 수 있고 조금만 나가면 킬리만자로 산이 있어 관광객들이 이 도시를 중심으로 여행을 한다.

우리는 제일 먼저 서쪽의 옹고롱고로(Ngorongoro) 분화구를 지나 에이야씨(Eyasi) 호수를 향해 떠났다. 그곳에는 석기시대에나 볼 수 있을 것 같은 부시맨(Bushman)으로 불리는 하드쟈베(Hadzabe) 족과 블랙 스미스(Black Smith)라 불리는 다투가(Da Tooga) 족을 만나기 위해서다.

호수로 향하는 길에 한 여인이 웅덩이에 고여 있는 흙빛의 물을 길어 당나귀에 싣고 가는 모습을 보았는데 그 물을 식수로 사용하는지 아닌지 차마 물어볼 용기가 나지 않았다.

많은 사람들이 아프리카 나라에 우물 파주기에 기부한다는 이야기를 들었지만 눈으로 직접 보니 환경이 너무도 열악하다. 세계에서 두 번째로 크다는 빅토리아 호수(Lake Victoria)가 바로 이 나라에 있는데 그 물을 끌어올 수는 없는 것일까? 우리는 매일 샤워하고 설거지를 할 때 물을 틀어 놓은 채 하며 아낌없이 세제를 사용하여 빨래를 한다. 한쪽에서 이토록 물을 낭비하고 있는데 한쪽에서는 먹을 물이 없어 흙탕물을 가라앉혀 식수로 사용한다고 생각하니 가슴이 무거워진다.

집에 돌아가면 정말 물을 아껴 써야겠다고 다짐해 본다. 내 생각에 종지부를 찍듯 달리던 차가 멈추었고 안내인 던칸(Duncan)씨가 가리키는 곳을 보니 키가 장대처럼 큰 기린 다섯 마리가 나무 잎사귀를 뜯어 먹고 있었다.

기린은 차가 다니는 길 옆에 서 있었는데 사람을 크게 경계하지 않는 것 같았다. 우리가 운이 좋다면 코끼리는 기본이고 사자와 표범, 치타(cheetah) 등도 이렇게 가까이에서 볼 수 있을 거라니 믿을 수가 없다. 흥미진진한 여행이 펼쳐질 기대감에 소풍을 앞둔 소녀처럼 가슴이 두근거린다.

하드쟈베족 Hadzabe tribe 과 다투가족 Da Tooga tribe

에이다씨(Eyasi) 호수 근처에 살고 있는 하드쟈베족(Hadzabe tribe)과 다투가족(Da Tooga tribe)들은 탄자니아에서 가장 긴 역사를 가진 소수 민족이다. 하드쟈베는 비록 글은 없지만 구전으로 내려오는 그들의 고유언어를 사용하며 한 추장 밑에 약 10~15명의 주민이 살고 올두바이(olduvai)라 부르는 갈대와 비슷한 억센 풀로 엮어 만든 움막집에서 산다. 움막집 속을 보니 아무것도 없고 그들이 사냥한 동물의 껍질만 바닥이 깔려 있었는데 유목민처럼 옮겨 다니기 때문인 것 같다. 특이한 것은 집터를 옮기는 이유가 가축의 방목이나 양식을 구하기 위해서가 아니라 부족 중 누군가 죽으면 그 시신을 자기들이 살던

하드쟈베족의 집들

들판에 버리고 그 동네를 떠난다고 하니 정말 독특한 장례 문화가 아닐 수 없다. 버려진 시신을 주로 하이에나(hyena)가 먹기 때문에 그들이 사냥한 모든 동물은 다 먹지만 절대로 하이에나 고기만은 먹지 않는다고 한다. 우리는 절대 이해할 수 없는 일이지만 존중해 주어야 할 그들 나름의 의식인 것이다.

부시맨(Bushman)으로 더 잘 알려진 이들은 로잘(resale) 나무 수액에서 축출한 독을 사용하여 만든 독화살로 사냥을 하는 용감한 종족으로 지금은 500~1,000여 명 정도만 이곳에 살고 있는데 사냥한 고기는 포를 떠서 말리거나 불에 구워 먹기도 한다.

이곳의 남자들은 동물의 가죽으로 가슴을 가리고 맨발로 들판을 누비며 사냥

바오바브 열매와 하드쟈베족의 이모 저모

을 하는데 이와는 대조적으로 예쁜 유리구슬을 꿰어 머리띠도 하고 구슬 목걸이와 팔찌도 하는 등 장신구에 특히 공들인 모습이 독특하다.

여자들은 천으로 몸을 감거나 가슴을 가리지 않은 사람 등 다양하지만 장신구는 빠트리지 않은 모습이다. 물이 귀하니 씻을 수도 없을 뿐 아니라 집 청소와 설거지가 필요 없이 고기 한 조각을 칼로 잘라 나누어 먹으면 된다. 불은 한 곳에 불씨를 잘 보관하고 있지만 바람이 심하게 불거나 비가 와서 불씨가 꺼졌을 경우 부싯돌이나 나무 마찰을 이용해 불을 다시 만든다니 한 방울의 물과 작은 불꽃이 얼마나 소중한지 느끼게 해주는 곳이다.

이곳은 커다란 바오바브(baobab) 나무가 많이 자라고 있다. 바오바브 열매는 작은 럭비공(rugby ball)만하고 손으로 쉽게 부술 수 있으며 속에는 콩만한 크기의 씨가 한가득 박혀 있는데 식감이 깍하사탕을 깨물어 먹는 듯하고 맛은 새콤한 레몬(Lemon) 맛이다.

바오바브나무

하드쟈베족의 사냥 준비

바오바브 열매를 가루로 만들어 죽을 끓여 먹기도 하고 열매 속의 과즙은 주스로 마시며 여자들이 들판에서 채취한 꿀과 나무 뿌리도 함께 먹는다.

이들을 만나기 위해선 그들의 언어를 할 수 있는 사람이 꼭 있어야 하는데 침입자로 오해 받으면 날카로운 화살을 쏠 수도 있기 때문이다. 가가(Gaga)씨와 동행하여 그들의 마을을 찾아 사냥하는 모습과 살아가는 모습을 보니 이곳에서의 시간만 아주 천천히 흐르고 있는 것은 아닐까 하는 생각이 들었다.

하드쟈베족과 이웃하여 살고 있는 다투가(Da Tooga)족은 블랙 스미스(Black Smith)라 불리는 철기 장인들이다. 다투가 부족이 만든 사냥에 쓰일 화살촉과 창 그리고 칼 등은 하드쟈베족이 사냥한 고기와 가죽으로 물물교환 된다.

이들 부족의 특성상 유리구슬 장식 대신 동이나 은 등으로 만든 철재 장식을 선호하고 지금은 농사를 짓는 사람들의 수가 많이 늘어 비교적 안정된 생활을 하며 20여 가구가 에이아씨 호수 근처에 살고 있단다.

교과서 속에서나 존재할 것 같은 수렵시대 사람들이 우리와 같은 21세기를 살고 있는 것이다. 지금이 20세기인지 21세기인지 그들에게는 아무 의미가 없을 것이고 시간 이탈자 같은 그들의 삶을 그대로 존중해 주고 싶다.

마사이족 Massai tribe

마사이족은 케냐 남부와 탄자니아 북부에 살고 있으며 국립공원 가까이에 살기 때문에 다른 종족에 비해 잘 알려진 부족이다.

나일(Nile)강 상류에 살던 이들이 케냐(Kenya)와 탄자니아로 이주해 온 것은 약 200~300년 밖에 되지 않으나 그들의 용맹스러움을 정부로부터 인정받아 이곳에서 목축업을 하며 살게 되었다.

그들은 마(Maa)어를 사용하지만 영어와 스와힐리(Swahili)어도 능통하며 농사를 짓거나 반유목 생활 또는 일 년 내내 유목 생활을 하는데 보통 유목 생활을 하는 사람들을 마사이족이라 부른다.

아프리카에 살고 있는 약 120만 명의 마사이족은 남자 한 명이 여러 명의 아내를 둔 일부다처제인 까닭에 최근 몇 년 사이에 인구가 급격히 늘었는데 자녀들의 수가 많은 남자가 부유하고 존경 받는 사람으로 여겨지는 것과도 무관하지 않다. 이들은 노동력이 될 아이들과 소를 부의 척도로 여긴다. 염소와 양도 기르지만 소를 가장 가치 있는 동물로 여기며 남자 아이들에게는 어릴 때부터 가축 돌보는 일을 가르친다. 진흙과 소똥 그리고 나무줄기를 엮어 만든 둥그런 토담집을 짓는 것은 온전히 여자의 몫으로 사냥을 제외한 모든 일을 한다. 시집 온 아낙은 자기가 살 집을 손수 짓는데 부인이 10명이면 토담집이 10개, 부인이 30명이면 집이 30개다. 물론 아버지 집은 가장 크고 중앙에 위치해 있으며 가시나무로 담장을 만들어 맹수들로부터 가축을 보호한다.

둥근 마사이족의 토담집은 허리를 구부려야 들어갈 수 있고 내부는 열 발자국 정도의 크기에 조그

만 환기창을 만들어 놓아 그 구멍으로 빛도 들어올 뿐더러 통풍 기능도 한다. 이 작은 구멍이 아니라면 상당히 깜깜한데 작은 구멍이 있는데도 내부는 칠흑같이 깜깜하여 양손을 벽에 대고 조심스럽게 들어가니 가운데 돌멩이 3개가 놓여 있는 곳이 부엌 겸 식사를 하는 다목적 공간이고 안에는 길쭉한 타원의 방이 2개 붙어 있으며 이 방에는 겨우 두 사람이 누울 수 있는 공간이 있다.

방 한 칸씩 엄마와 아이들이 나누어 쓰지만 아버지가 오시면 아이들은 다른 집으로 가고 아버지가 그 방을 사용한다고 한다. 많은 부인들 사이에 격렬한 싸움이 오고 갈 법도 하지만 아무 불평 없이 화목하게 잘 살고 있는 게 마냥 신기하다. 같은 여자로서 달갑지 않은 풍습이다. 우리가 이렇게 마사이족들이 사는 곳을 속속들이 볼 수 있는 것은 관광상품 때문인데 그들도 변화의 흐름을 온전히 빗겨나지는 못하는 모양이다.

가는 길목 언덕 위로 작은 집이 옹기종기 모여 있는데 이 동네는 89세의 마사이족 집이라 한다. 그는 70세의 첫째 부인부터 22세의 마지막 부인까지 22명의 아내를 두고 있으며 180명의 자녀를 가진 부유한 사람이다. 그는 3,000마리의 소를 가지고 있으며 이곳에서 태어난 자녀들을 위해 사립학교도 만들어 자녀들이 공부할 수 있도록 하였으니 영향력 있는 동네 유지라 할 수 있다.

이들의 식생활 중 특이한 것은 소의 피를 마시는 것인데 소를 죽여 피를 마시기도 하지만 살아 있는 소의 목에 빨대를 꽂아 마시기도 한다. 살아있는 소의 피를 마신 후 빨대 꽂은 자리에 약초를 붙여 놓으면 완전하게 아물 때까지 약 3~4주가 걸리는데 소의 생명에는 아무 지장이 없고 일괄적으로 한 마리의 소에 한 달에 한 번 꼴로 피를 뽑는다 한다.

이들은 아침에 이렇게 피를 마시고 육식 위주의 식사에도 콜레스테롤과 비만이 없고 평균 키가 173cm나 된다고 한다. 의상은 주로 용맹함을 의미하는 붉은색, 하늘과 물을 뜻하는 푸른색을 선호하여 휘둘러 감았고 구슬을 꿰어 만든 목걸이와 어깨까지 내려오는 요란스러운 색깔의 구슬 귀걸이를 구멍을 크게 낸 귓불에 여러 개를 걸어 치장한다.

남자들은 용맹함의 상징으로 어릴 때 칼로 두 뺨에 흉터를 만들고 14살이 되면 마취하지 않은 상태에서 포경 수술을 하는데 비명을 지르거나 울면 남자의 위신이 떨어지는 일로 생각하여 이를 악물고 참아야 한다니 아직 어린 나이인데 정말 딱한 일이다.

여행 중 세렝게티(Serengetti) 국립공원에서 얼굴에 하얀 페인트 칠을 하고 검

은 옷을 입은 남자 아이들이 서 있었는데 이들이 바로 포경수술을 한 아이들로 이런 의상을 한 달 동안 입는다고 한다.

오래 전에는 포경수술을 받기 전에 창이나 활로 사자 사냥을 꼭 해야 했는데 일종의 성인 의식이었던 모양이다. 여자 아이들 역시 할례 수술을 해야 하는데 만일 이 수술을 하지 않는다면 결혼할 수 없는 여자로 취급 당하거나 값이 아주 떨어져 소 한 마리도 받을 수 없는 여자가 된다니 비위생적인 환경에서의 수술도 문제지만 꼭 없어져야 할 정말 고약한 풍습이다.

한때 케냐(Kennya) 정부에서는 사파리 관광사업을 장려하기 위해 마사이족을 살던 곳에서 강제 이주 시키려 했는데 이주할 처지에 놓인 마사이족들은 관광산업의 원흉인 사자를 모두 없애자는 의견에 따라 사자 사냥에 나섰고 실제로 많은 사자들을 죽이자 정부에서 부랴부랴 이주를 철회하였으니 그들의 용맹과 단결심이 대단하다.

지팡이를 들고 껑충껑충 뛰는 마사이 춤이 이어지고 여인들이 부르는 고음의 노랫가락이 바람을 타고 흩어진다. 황량해 보이는 누런 들판을 배경으로 하늘 높이 뛰어오르는 남정네의 붉은 옷자락이 푸른 하늘과 어우러져 한 폭의 그림이 되어 버렸다.

올두바이 계곡 Olduvai Gorge

사파리 가는 길에 들려서 볼 수 있는 이 계곡은 2백만 년 전 이곳에 인류의 조상이 살았다는 리키박사(Leeky) 부부 주장에 전 세계의 이목을 불러모은 곳이다. 올두바이 계곡은 이곳에 서식하는 선인장 같은 올두바이(Olduvai)라는 식물에서 그 이름을 따온 것인데 식물의 나무 속은 동물의 먹이가 되고 껍질은 집을 지을 때 사용하며 물이 없는 아프리카에서만 자라는 식물이다.

이 계곡은 옹고롱고로 분화구에서 약 50km 북동쪽에 위치하며 우리는 이 박물관에서 현대 인류의 조상이라고 추측하는 뼈와 유적들을 돌아 보았다. 그랜드캐니언처럼 위에서 내려다 볼 수도 있고 자동차로 계곡을 달려 볼 수도 있으나 일단은 국립공원관리국에서 주최하는 유적지에 관한 강의를 꼭 들은 후에야 계곡을 둘러 볼 시간이 주어진다.

여러 개의 계곡이 만드는 장관은 길이가 48km, 깊이는 90m로 일직선 같이 가파르고 협곡은 여러 층으로 이루어져 있어 여러 겹의 시루떡을 켜켜이 얹어 놓은 듯한데 15000~210000년 전에 쌓인 지층이라 한다.

케냐 출신의 영국 고고학자인 리키박사 부부는 이곳에서 50구 이상의 고대 인류 유해와 화석들 그리고 그들이 사용했을 것이라 추측되는 석기유물을 출토

올두바이 계곡(위) / 갈대 같이 생긴 올두바이(아래)

했다. 이것들은 내셔널 지오그래픽(National Geographic) 잡지에 실리는 등 다양한 연구를 발표하여 인류 고고학의 획을 긋는 학자가 되었는데 영국의 고고학자인 브라이언 파간 박사(Dr. Brian Fagan)는 "6백만 년 전 인류는 동 아프리카(East Africa)에서 태어나 살면서 유럽(Europe)을 거쳐 아시아(Asia)로 그리고 북극(Artic)을 통해 북아메리카(North America)로 이주한 후 다시 남아메리카(South America)의 끝인 파타고니아(Patagonia)까지 이주했다"며 이를 인류가 행한 '대장정의 여행(The Great Journey)'이라 했다. 이는 리키박사 부부의 주장과 일맥상통하는 내용이라 할 수 있다.

올두바이(Olduvai) 계곡 박물관에는 고고학에 관심이 많았던 일본인 의사 요시하루 세키노(Yoshiharu Sekino)가 몸소 시행한 인류의 대장정과 그가 대장정 길에 이용했던 자전거가 전시되어 있었다. 그는 1993년 12월 5일 남미(South America)의 끝자락 나바리노(Navarino)섬을 출발점으로 자전거를 타고 북으로 북으로 올라가 북아메리카의 알라스카에서 카약(kayak)을 타고 베링(Berling) 해협을 건넜고 다시 자전거로 유라시아(Eurasia)를 지나 탄자니아의 래톨리(Laetoli)에 2012년 2월 10일 도착하여 약 8년 반 만인 2,990일의 대장정을 마쳤다.

그가 어떠한 원동력으로 그 오랜 시간을 보냈을지 알 수 없다. 분명한 것은 수많은 난관에 부딪쳤을 것이고 흐트러지는 자신을 추스르며 참고 견뎌야 했을 것이다. 박물관을 찾은 평범한 사람으로 나는 그에게 무한한 경의를 표하며 눈부시게 표류하는 빛을 향해 밖으로 나선다.

빅토리아 호수 Lake Victoria

아프리카에서 가장 큰 빅토리아 호수는 수면 면적만도 69,500평방km로 1858년 나일강의 물줄기를 찾아 나섰던 영국의 탐험가 존 해닝 스페크(John Hanning Speke)에 의해 발견되었으며 영국 빅토리아 여왕(Queen Victoria)의 이름을 따 빅토리아 호수로 명명되었지만 원주민들은 이 호수를 니냔자(Nyanza)호수라 불렀고 아랍인(Arab)들은 우케레웨(Ukerewe) 호수라 불렀다.

세계에서 가장 큰 호수는 북미에 있는 수페리얼 호수(Lake Superior)이며 그 다음으로 큰 호수가 바로 이 빅토리아 호수인데 이 호수는 담수호(freshwater lake)로 약 400,000년 전에 생성 되었다 한다.

남북의 길이는 210마일, 동서의 길이는 150마일이나 되며 카게라(Kagera)강을 비롯한 수천 개의 작은 강으로부터 물이 흘러들고 호수 북쪽과 우간다(Uganda)의 진자(Jinja)를 통해 나일(Nile)강으로 흘러간다.

이 호수 안에는 많은 섬들이 있고 호수의 해변 길이만도 장장 2,000마일이나 되는데 호수의 6%는 케냐(Kenya)에 51%는 탄자니아 그리고 43%는 우간다(Uganda)에 속해 있으며 수백 종의 물고기가 살고 있다.

호수의 깊이는 수심이 80m나 되는 곳도 있지만 평균 40m로 대체적으로 얕아 호수의 크기에 비해 물의 양은 많지 않으나 이 물은 아프리카의 여러 나라를 돌며 메마른 아프리카 대지를 적시는 젖줄이다.

세렝게티(Serengeti) 공원을 지나 빅토리아 호수가 있는 도시 가까이 들어오니 포장된 도로 옆으로 집과 상가들이 나오고 벼농사를 짓는지 논에 물이 담겨 있다. 다른 곳에 비해 물이 풍족하여 호수를 중심으로 50마일 이내에는 많은 사람들이 살고 있으며 아프리카에서는 인구밀도가 가장 높은 지역이라 한다.

우리가 머물렀던 세렝게티 국립공원 숙소에서 곧장 오면 3시간 반 정도 걸리는 거리를 야생동물을 구경하느라 아침 7시 30분에 떠나서 점심시간이 훨씬 지난 후에야 도착했다.

우리가 머물게 될 숙소는 영국인 소유의 스펙크 베이랏지(Speke Bay Lodge)인데 호숫가에 있는 8개의 방갈로와 조금 떨어진 곳에 있는 2개를 합해 모두 10개의 방갈로와 십여 개의 텐트가 있다.

숙소 홍보는 어떻게 하는지 궁금하여 물어보니 숙박시설이 모자라 보통 여행사에서 미리 일 년치 방을 다 예약하기 때문에 광고할 필요도 없고 손님이 없을까 걱정도 하지 않는다니 이 멀리까지 정말 많은 관광객이 찾아오는 모양이다. 때문에 더 많은 숙박시설을 짓기 위해 호숫가의 부지를 매입하고 건축에 박차를 가하고 있다니 놀라울 뿐이다. 이곳 주민들은 주로 고기를 잡아 생계를 꾸려왔는데 서서히 관광을 통한 서비스업으로 바뀌고 있다고 한다. 그래서인지 부족의 전통음악과 춤을 보여 주는 쇼도 생겨나고 어떤 섬에는 야생동물을 우리에 가둬 두고 관광객들에게 볼 거리를 제공한다고 하니 어쩔 수 없는 경제 논리인가 싶다.

하룻밤에 $319라는 방갈로(bungalow)는 둥근 원두막 같이 생겼고 원통 모양의 천정은 양철로 되어 있고 밖은 야자수 잎으로 덮어 로맨틱한 분위기다. 방 바닥은 평평한 돌로 깔려있어 시원하며 샤워장과 화장실 그리고 다락방(attic)까지 있어 아이들과 함께 여행을 하는 가족들에게는 안성맞춤이다.

호수 쪽으로 베란다(veranda)가 있어 호숫가로 산책을 가거나 베란다에 앉아 호수로 빠져드는 태양을 바라 브며 저녁 노을을 감상할 수도 있다.

수영을 할 수 있냐는 물음에 지배인은 악어가 수시로 나오기 때문에 조심하란다. 저렇게 잔잔한 호수에 악어라니 절대로 믿을 수 없지만 낮 시간에 일광욕을 위해 모래사장에 나오는 악어 떼를 조심하라는 경고는 장난 같지 않아 물속에 들어가는 건 포기하기로 했다.

호숫가에 서 있는 다리가 가는 작은 물새, 나무 위에 둥지를 튼 머리가 하얀 아이랜드 피쉬 독수리(island fish eagle), 물가에서 연신 무언가를 먹는 오리가 유난히도 풍요롭게 느껴진다.

지난 며칠 동안 사나운 맹수를 쫓느라 몸과 마음이 고단했는데 오랜만에 느끼는 평온함이 싫지 않다.

우리는 아침 일찍 숙소를 떠나 30~40분을 통나무 배를 타고 빅토리아 호수 동쪽에 있는 어촌 마을로 갔다. 마을에는 수꾸마(Sukuma), 루오(Luo), 마사이(Masaai), 하야(Haya), 쿠리야(Kuria) 등 7개의 소수 민족이 살고 있는데 그들은 부족마다 전통과 생활방식이 다르단다. 마침 시장이 열리고 있어 어부들이 잡아 온 생선도 팔고 야채와 생필품도 팔아 많은 사람들로 분주하다. 갑자기 시장이 소란해지면서 한 여인이 언성을 높이며 사납게 싸움을 걸었다. 그 주위로 사람들이 모여드는데 이상하게도 싸움은 말리지 않고 빙 둘러서서 웃고만 있다.

안내인 로버트의 말에 따르면 두 여인은 같은 남편을 둔 시앗 사이로 편애로 인한 질투가 싸움의 원인이란다. 여자에게는 너무 가혹한 현실이어서 재미있기 보다는 마음이 무겁다.

이 마을에 한 개 뿐인 학교에는 약 200명의 학생들이 있는데 7분의 선생님들이 돌아가며 아이들을 가르친단다. 번화가라는 곳은 다른 동네 뒷골목처럼 초라하지만 주민들의 구심점인양 많은 사람들이 모여있다. 마침 텔레비전에서 축구 경기를 중계하는지 동네 남자들은 방에 가득 모여 있고 볼 수 없는 사람들을 위해 길가에 매달아 놓은 확성기를 통해 중계방송을 틀어준다. "그랏나야반마야"라고 구성지게 선창을 하면 새가 우는 소리 같이 "끄리리리"라고 화답하는 수꾸마족의 뱃노래 소리를 들으며 우리는 숙소로 돌아왔다.

옹고롱고로 분화구 Ngorongoro crater

대부분의 분화구는 화산이 폭발하여 생기는데 반하여 옹고롱고로 분화구는 약 200만 년 전 화산이 폭발할 때 함몰되어 생긴 것으로 넓이는 250km²이고 분화구의 지름만도 20km이며 깊이는 장장 600m라 한다. 자동차를 타고 분화구 밑까지 내려가는데 만도 제법 시간이 걸리니 그 크기가 상상 이상일 뿐 아니라 분화구 밑에서 위를 올려다보면 까마득하게 느껴져 순간적으로 이곳이 분화구라는 것을 잊게 한다.

마사이(Massai)말로 '큰구멍'이라는 뜻의 옹고롱고로 분화구는 바닥(crater base)의 해발 높이만도 1,600m로 이는 로키 산맥 기슭에 위치한 덴버(Denver)와 비슷한 고도(altitude)이며 푸른 초원과 물이 있어 야생 동물이 살기에 천혜의 조건으로 아프리카에서도 손꼽히는 야생 동물의 서식지다.

1979년 유네스코(UNESCO)자연유산으로 지정된 엄청난 넓이의 옹고롱고로 분화구는 약 20,000여 종의 동물들이 살고 있는 야생동물 보호지역으로 이곳에 사는 동물들은 풀을 따라 이동하지 않고 우기에만 다른 곳으로 이동한다.

이곳에는 오랜 가뭄에도 마른적이 없다는 두 개의 큰 호수가 있는데 분화구 동쪽에 샘으로부터 물이 나와 만들어진 호수와 분화구 중심지에 있는 염분이 많아 마치 바닷물 같은 또 다른 호수가 있다. 호수 외에도 군데군데 조그만 연못

위에서 내려다 본 옹고롱고로 분화구

국립공원 입구에 사는 원숭이 종류의 올리브 바분

국립공원 입구 매표소

들이 있어 항상 풀이 자라기 때문에 야생동물에게는 명당 중의 명당으로 최상의 서식처라 할 수 있다.

옹고롱고로는 아루샤(Arusha)에서 서쪽으로 약 180km로 떨어져 있으며 올두바이(Olduvai) 계곡과 더불어 세렝게티(Serengetti) 국립공원과도 모두 연결되어 있다.

다행이 오늘 아침은 날씨가 좋아 야생 동물을 많이 볼 수 있겠다는 기대감으로 분화구를 향해 떠났다. 옹고롱고로 분화구는 입장하는데 별도의 절차가 필요해서 안내인들이 국립공원 입구에서 수속을 하는 동안 원숭이의 한 종류인 올리브 바분(olive baboon)이 우리의 시선을 끌었다.

길 한복판을 점령한 바분(baboon)들이 무엇 때문에 싸움을 하는지 끽끽대는 소리가 요란한데 천방지축 사방으로 뛰어다니는 모습이 무섭기까지 하다.

자동차 창문을 꼭 닫지 않으면 차 속으로 들어와 먹을 것을 가져간다며 주의를 주었는데 얼마나 기세가 등등한지 무시할 말은 아닌 것 같다. 입산 허가서를 받는데 소요되는 한 시간이 너무 길게 느껴진다. 우리는 오랜 기다림 끝에 비로소 빨간 흙 먼지를 날리며 공원 안으로 들어갈 수 있었는데 공원으로 들어서자 그렇게 좋던 날씨가 갑자기 어두워지기 시작하더니 하늘에서 분무기를 뿌리듯 가느다란 비가 내리며 앞이 보이지 않는다.

자동차 윈도우 와이퍼(window wiper)가 부지런히 움직여도 짙은 안개로 지척을 분간할 수 없을 정도로 자욱해지기 시작한다. 빼곡하게 자란 아름드리 나무가 안개 속에 묻히며 마치 중국의 산수도 안으로 들어 온 듯 느껴져 불안한 마음에 부채질을 한다. 걱정스러운 나의 마음을 알았는지 안내인 던칸씨는 가는 길은 늘 이렇게 안개가 가득하지만 분화구에 가면 날씨가 좋을 것이라고 우리를 안심시킨다.

믿는 마음 반, 의심하는 마음 반하면서 밖을 보니 날씨가 개이는 것 같기도 하고 아닌 것 같기도 하여 마음만 조급한데 자동차는 그 사이 소 떼와 함께 한가롭게 서 있던 마사이 소년을 지나고 하룻밤에 $1,400를 호가한다는 호텔을 지나쳐 영화 제작자이자 동물애호가인 마이클 그리즈멕(Michael Grzimek)을 기리는 돌탑 앞에 섰다.

기념비에는 1934년 독일의 베를린(Berlin)에서 태어나 1959년 비행기 사고로 생을 마감하기까지 일생을 아프리카에서 야생동물 생태 연구에 바친 그의 공로를 치하하고 있었다. 그는 아버지 버나르드(BernhardGrzimek)가 쓴 책 '야생동물이 살 곳이 없다(No room for wild animal)'라는 책을 영화화하여 공전의 히트를 기록하였는데 그 수익금을 생태계 연구 자금으로 기부하고 자신도 연구에 참여하던 중 비행기 사고로 25세의 젊은 나이에 유명을 달리했다. 그가 연구한 동물의 이동 경로를 통해 동물의 숫자를 계산하는 방법은 지금도 이용되어 동물의 개체 수를 추정한다니 대단한 일이 아닐 수 없다.

그의 묘비에는 이렇게 쓰여 있었다.

"그는 그가 가진 모든 것, 그의 목숨까지 야생 동물에게 주었다"

"He gave all he possessed including his life for the wild animal"

아버지도 먼저 떠난 아들의 묘 옆에 묻히길 원해 아들과 함께 잠들어 있다는 안내인의 말에 가슴이 뭉클해지며 마음이 숙연해졌다.

휴게소는 분화구를 한 눈에 볼 수 있는 곳으로 아프리칸 들소(African buffalo)의 머리뼈가 여기저기 놓여 있고 관광객들은 이 두개골을 들고 기념사진을 찍느라 여념이 없다. 그 사이 잿빛 구름 사이로 햇빛이 보이기 시작하여 멀리 큰 호수가 보이고 한가운데 실오라기처럼 보이는 길도 보인다. 우리는 휴게소에서 잠시 휴식을 취한 뒤 사파리 차를 타고 한참을 분지 바닥을 향해 내려갔는데 육안으로는 야생 동물의 모습이 좀처럼 보이지 않는다.

드디어 뚜렷한 줄무늬를 자랑하는 얼룩말(zebra)이 보이고 그 옆에는 큰 사슴 종류인 가젤(gazelle)이 유유히 걷고 황금관을 쓴 듯한 두루미(crowned crane)가 먹이를 찾아 주둥이를 땅 속에 박고 있다.

갈색에 목이 길고 유난히 눈이 큰 암놈 타조(ostrich) 뒤로 검은 깃털을 바람에 날리며 거침없이 성큼성큼 걸어가는 수놈 타조도 볼만하다.

혹멧돼지(warthog)와 아프리칸 버팔로(African buffalo)도 시선을 끄는데 차 앞으로 암놈 사자 두 마리가 궁둥이만 보이며 어슬렁거리며 걸어간다. 그 거리낌 없는 모습에 맹수의 모습은 없고 집에서 키우는 길이 잘 든 누렁이 느낌이니 조금의 긴장감도 없어 귀엽기까지 하다. 그러나 밤이 되면 맹수들이 공격할 수 있기 때문에 정해진 시간 안에 공원 밖으로 나가야 한다니 좀 두렵긴 하다.

멀리 소금 호수에는 수천 또는 수만 마리의 홍학이 어떤 놈은 서 있고 어떤 놈

은 날아가며 장관을 연출한다. 웅덩이 속 호수는 많은 동물의 휴식처 같다. 웅덩이 속에는 하마가 자맥질하며 작은 귀를 쫑긋거리는데 물 속에 잠겨 있을 때는 마치 나무 조각이 떠 있는 것 같이 보인다.

분화구 안에 있는 호수에 마련된 피크닉 장소에 도착해서야 마침내 차 밖으로 나올 수 있었다. 마침 두 마리의 펠리칸(pelican)이 호수에서 씽크로나이즈(synchronize)를 하듯 멋들어진 포즈를 연출한다.

안내인은 나무 위로 독수리(vulture)가 새끼를 품고 있으니 분명 수놈(vulture)도 주위에 있을 것이라 하는데 정말 건너편에 여우같이 생긴 재칼(jackal)과 함께 있었다.

안내인이 가리킨 초원 쪽에는 검은 코뿔소가 있다는데 너무 멀어서 잘 보이지 않고 마치 검은 더미가 수북이 쌓여 있는 것처럼 보인다. 이들은 시력이 약해 잘 볼 수 없어 위험에 재빨리 대처하지는 못하지만 후각이 발달되어 위험을 감지한다고 한다. 검은 코뿔소는 뿔이 30~80cm이고 키는 140~160cm이며 수놈의 몸무게는 2,000~2,500kg, 암놈은 2,000kg이라고 하니 그 무게가 어마어마하다.

임신기간은 15개월로 보통 한 마리만 낳는데 아기 코뿔소는 35~50kg이더 보통 수유기는 2~3년으로 어미와 함께 살거나 단독생활을 하는데 수컷은 단독으로 행동할 때가 많단다. 평균 수명은 35~50년으로 초식동물로 먹이를 구하기 위해 5~15마일 정도를 걸어 다니다가 위험을 감지하면 꼬리를 세우고 시속 30마일로 달린다니 그 모습이 장관이 아닐 수 없겠다.

나뭇잎도 별로 없는 초라한 나무가 이 황량함을 더하고 서쪽으로 뉘엿뉘엿 지는 붉은 해는 하늘도 붉게 물들여 너무나 아름답다. 꾸미지도 더하지도 않는 이 자연 그대로를 인간이 지켜주면 얼마나 좋을까? 오래도록 이 모습 그대로 남아 있게 말이다.

세렝게티 Serengeti 국립공원 ❶

마사이 말로 '끝 없는 평원(Endless Plain)'이라는 세렝게티는 탄자니아에서 가장 오래된 국립공원으로 케냐(Kenya)의 국경과 인접하여 마사이마라(Massai Mara) 국립 야생동물 보호지역까지 모두 포함된다.

넓이만도 14,500 평방킬로미터(5,700 평방마일)나 되는 광활한 곳으로 끝이 보이지 않는 목초지와 화산이 폭발할 때 날아온 바위들로 운치를 더한다. 이 바위들은 빙산의 일각처럼 땅 위로 보이는 부분은 극히 일부분이고 어마어마하게 큰 바윗덩어리가 땅 속에 박혀있단다. 바윗덩어리 틈 사이로 자란 나무들이 마치 잘 손질된 분재처럼 멋있다.

공원은 야생동물의 천국으로 수많은 동물들이 자연의 법칙에 순응하며 살아가고 있는 야생동물을 보기 위해 사람들은 끊임없이 이곳을 찾아 온다. 때문에

중앙세렝게티(Central Serengeti route)와 동세렝게티(East Serengeti route) 등 여러 루트로 사파리 게임을 할 수 있는 여행 상품이 개발된 상태다.

사파리 게임을 오는 사람들이 가장 보고 싶어하는 빅파이브(big 5)는 사자(lion), 표범(leopard), 코끼리(elephant), 코뿔소(rhinoceros) 그리고 아프리칸버팔로(buffalo)를 꼽을 수 있겠다. 하마(hippopotamus)와 치타(cheetah)를 포함한 빅세븐(big 7)도 운이 좋으면 다 만나 볼 수 있는 곳이 바로 이곳이다. 1981년 유네스코(UNTSCO)에서 세계자연유산으로 지정한 이 국립공원 안에는 국립공원 직원과 연구원 그리고 텐트 캠프(tent camp)호텔에서 일하는 사람들만 거주할 수 있다.

국립공원에 들어갈 때마다 입장료를 지불해야 하고 수속마저 간단하지 않은 것은 도처에 위험이 도사리고 있기 때문이지만 국립공원마다 입구에서 지체하는 시간이 만만치 않아 불편하다.

게임 사파리를 하기 위해서는 국립공원내의 비포장도로를 토요다 랜드쿠르스(toyota landcruiser) 같은 차를 타고 달리는데 흙먼지는 물론 울퉁불퉁한 길을 달리는 동안 몸이 콩 볶이듯 흔들려 반나절만 차를 타도 온몸이 쑤시며 뜨거운 물에 데쳐 놓은 시금치처럼 기운이 쭉 빠진다. 사파리 안내원들은 이를 '아프리칸 마사지(African Massage)'라 부르며 씨익 웃는데 처음에는 그렇게 힘들더니 며칠을 타고 다니니 적응이 되어 차와 함께 움직이는 요령도 터득하고 입안으로 흙먼지가 들어와 버적거리면 물로 헹궈버리는 여유마저 생겼다.

세렝게티(Serengeti)를 가기 위해서 옹고롱고로(Ngorongoro) 극립공원을 지나자마자 삼거리가 나오는데 오른쪽으로 가면 하드쟈베(Hadzabe) 족이 사는 에이아씨(Eyasi)호수로 가는 길이고 왼쪽 길로 가면 세렝게티(Serengeti)국립

295

공원으로 가는 길이다.

이 삼거리에서 보면 마사이(Masaai)족의 마을도 보이고 붉은 산 밑으로 누렇게 말라버린 풀들이 융단처럼 펼쳐져 있으며 키 작은 아카시아(acacia) 나무가 능선을 따라 서 있는 모습이 단조롭지만 아름다운 그림처럼 펼쳐진다. 낮게 드리웠던 구름이 조금씩 사라지며 푸른 하늘이 보이기 시작한다.

세렝게티 국립공원(Serengeti National Park)이라 쓰여 있는 입구를 지나 아무것도 없는 누런 평원을 한 시간 정도 달려 국립공원 관리사무실에 다다랐다. 게이트(gate)에는 자동차 차단기가 내려져 있으며 차들이 길게 줄을 서 있는데 공원 입장 허가서를 받기 위해선 한 시간 이상을 기다려야 한다. 우리는 기다리는 동안 호텔에서 준비해 준 도시락을 가지고 사람들이 있는 피크닉 테이블(picnic table)로 갔다.

사파리 여행을 하기 위해 숙소를 떠나면 도시도 없고 식당도 없기 때문에 미리 도시락을 준비해야 하고 맹수 때문이기도 하지만 적당한 장소가 없어 차 안에서 먹을 때도 많다. 그러니 이렇게 피크닉 테이블도 준비되어 있고 마실 물과 화장실도 있으니 이만하면 호사를 누리는 것이다.

수건을 물에 적셔 목과 가슴에 걸쳐 보지만 금세 마른다. 아직 국립공원 안에 들어가지도 못했는데 더위로 얼굴이 화끈화끈 거린다. 입안은 온통 흙먼지로 버적거려 물로 헹구고 물수건으로 대충 얼굴을 닦았는데 하얀 수건이 황토색으로 변한다. 안내인 데이비스(Davis)가 통행증을 받아와 드디어 동물의 왕국으로 입성할 수 있었다.

길 건너 평온하게 풀을 뜯어 먹고 있는 임팔라(impala)와 가젤(gazelle)의 무리를 보았는지 표범(leopard) 한 마리가 어슬렁거리며 걸어 온다. 사냥하는 장면을 볼 수 있을까 하는 기대감에 한참을 기다렸는데 눈치 빠른 동물들은 달아나고 인기척 때문인지 표범은 포기하고 나무 속으로 몸을 감추었다.

텐트 주위나 사람들이 많이 모이는 곳에는 영락 없이 청색과 검은색이 섞인 깃발을 볼 수 있는데 이는 이곳에 사는 체체파리(tsetse fly) 퇴치용 깃발로 약품 처리가 되어 있어 이곳에 앉은 파리는 죽는다.

체체파리(tsetse fly)는 검은색과 청색을 좋아하기 때문인데 사파리 여행을 나갈 때는 절대로 검은색과 청색 옷은 입지 말아야 한다. 체체파리는 흡혈 파리라는데 직접 옷 위로 물려보니 따끔하고 그 따끔한 느낌이 5분 정도 지속되는 것 같앉다. 붓거나 아프진 않지만 수면병을 옮기며 악성의 경우 수면 상태에 빠지다가 수개월 안에 사망할 수 있단다. 체체파리에 여러방 물리면 소가 죽을 수도 있기 때문에 마사이족들은 '소를 죽이는 파리'라 부르며 이 체체파리가 떼거리로 나타나면 소를 보호하기 위해 다른 곳으로 이주하기도 한다니 좀 무시무시하다.

내셔널 지오그래픽(National Geographic)에서 제작한 다큐멘터리 덕분에 우리는 편안하게 안방에서 세렝게티를 현장감 있게 볼 수 있어 어떻게 저렇게 잘 찍나 늘 궁금하였는데 이곳 나무에 설치되어 있는 수 많은 카메라를 보고 궁금증이 풀렸다.

우리는 국립공원 내에 있는 텐트 호텔에 묵었는데 우리들이 머문 숙소는 비교적 고급 숙소로 야자수 잎으로 얼기설기 엮어진 지붕만 있는 집 속에 텐트(tent)를 친 것으로 텐트 입구에는 지퍼가 잠겨 있으며 이 지퍼 아래로 자물쇠가 있어 나름 이중 잠금 장치다.

지퍼(zipper)로 된 문을 열고 들어가면 침대가 있는 방이 있고 그 뒤로 또 다른

사파리 동안 머무는 텐트 숙소와 휴게소

지퍼 문을 열고 들어가면 조그만 방이 나오는데 화장실 겸 샤워를 할 수 있는 공간이다. 샤워를 하기 전 텐트 밖에 걸린 물주머니 속에 물을 넣어야 샤워 할 수 있는데 물의 양이 제한되어 있어 비누칠을 한 후 재빠르게 비누를 헹궈내야 할 정도의 적은 물이다. 중요한 것은 둘을 채운 후 빨리 사용하지 않으면 그 사이 코끼리가 와서 물을 다 마셔 버릴 수 있으므로 바로 샤워를 해야 한다니 상상만으로도 재밌다.

숙소가 있는 이곳도 코끼리를 비롯한 맹수들이 출몰하기 때문에 어두워지면 꼭 용맹한 마사이 경비원(Masaai security guard)과 함께 밖으로 나가야 된다며 이곳 매니저(manager)가 단단히 주의를 주었다. 방마다 호루라기가 있으니 위험한 상황에 처하면 즉각 알리라고 했지만 텐트 속에 맹수라도 들어오면 어쩌나 지레 겁이 난다. 담장도 없이 맹수들이 우글거리는 이곳에 달랑 천으로 만든 천막뿐이어서 과연 우리의 안전을 책임질 수 있을까 하는 불안한 마음인데 동물들의 울음소리까지 들리니 더욱 걱정스럽다. 맹수가 오면 대처할 능력이 있는 것도 아니고 단지 마사이 경비원에게 의지해야 한다니‥더군다나 그들은 창 하나만 가지고 있을 뿐이어서 드려운 마음이 더한다.

불이 있으면 동물이 무서워한다는 말도 들었지만 이 천막 호텔방은 태양열을 사용하여 초저녁에만 잠시 전등불을 켜 줄 뿐이었다. 텐트 창문으로 보이는 별은 검은 대륙 아프리카에 은빛 구슬을 뿌려 놓은 듯 유난히 아름답게 반짝인다. 알 수 없는 동물의 울부짖는 소리를 자장가로 삼으며 두려운 마음과는 달리 너무 피곤했던 나는 깊은 잠 속으로 빠져 버렸다. 오늘 본 표범과 치타가 따라오는 꿈을 꾸면 어쩌나 하는 걱정도 해 보았다.

세렝게티 Serengeti 국립공원 ❷

흑멧돼지를 잡은 표범이 내장이 있는 배 쪽은 다 먹고 나머지 부분을 나무 위로 가지고 올라가려고 몇 번이나 애쓰다가 아프리칸 들소(African Buffalo)떼가 오는 바람에 할 수 없이 포기하고 그냥 나무 위로 올라갔다.
그 사이 어디서 왔는지 두 마리의 하이에나(hyena)가 와서 눈치를 보며 들소떼가 지나가기를 기다리고 있는 모습이 내가 탄자니아에 있음을 일깨워 준다. 표범도 배가 부른지 나머지 고기는 상관하지 않는 모양으로 그냥 무심하게 바라보고 있다. 사자 다음으로 크다는 표범은 길이만도 1.7m~2m나 되고 몸무게는 50~80kg이라는데 고양이과의 동물로는 가죽의 무늬만 달랐지 호랑이와

나무 위로 올라간 표범. 그 밑으로 떼지어 가는 아프리칸 들소

매우 흡사하다.

언뜻 보면 치타(cheetah)와 표범은 고양이과의 동물로 비슷하게 생겨 처음보는 우리 눈에는 쉽게 구별이 되지 않는다. 그러나 치타는 두 눈에서 코와 입으로 연결된 검은색 줄이 나 있으며 무늬가 비슷해 보이지만 표범의 문양이 장미꽃 모양이라 하여 더 화려하다. 치타는 표범에 비해 다리가 길고 배가 홀쭉하며 고양이와 비슷하게 생겼고 표범보다 늘씬한 느낌을 받았다.

치타가 사냥하는 모습을 보기 위해 기다렸지만 암놈과 수놈이 장난질하며 한가하게 돌아다닐 뿐이어서 아쉬웠다. 이번 여행에서 암사자 8마리와 수사자 2마리를 보았는데 역시 수사자의 모습은 밀림의 왕처럼 보였다. 수사자의 경우 길이가 2.6~3.3m이고 꼬리의 길이는 0.7~1m이며 몸무게가 160~250kg이라

사냥을 끝낸 후 쉬고 있는 암 사자들

원숭이

치타

하이에나

니 단연 우세하다. 암놈도 길이가 1.9~2.6m이고 몸무게는 100~180kg이나 한다니 치타보다 훨씬 크다. 수놈의 갈기는 암놈보다 두 배는 더 커 보이게 하는 착시 현상에 범접할 수 없는 위엄까지 느껴진다.

보통 맹수들 보다 크기도 크고 날카로운 송곳니에 항상 숨기고 다닌다는 날카로운 발톱을 감히 어느 누가 상대가 될까? 그러나 사냥은 하지 않고 오로지 종족과 가족을 지키는 역할만 하다가 젊은 사자에게 밀려나면 홀로 외롭게 생을 마친다니 인간의 삶과 크게 다를 바가 없다는 생각이 들었다.

우두머리 수사자를 라이온 프라이드(lion pride)라하며 한 마리의 수사자 밑에 약 30마리의 사자들이 한 영역 안에 살며 암놈은 라이어네스(lioness)라 부르고 먹이 사냥을 담당한다. 수사자는 20시간 이상 자거나 쉬지만 자기 영역에 오줌이나 똥을 누어 내 땅이라고 확실하게 표시하므로 다른 사자가 자기 구역 안으로 들어오지 못하게 한다.

만약 이를 어기고 들어 왔을 때는 생사를 거는 싸움으로 자기 영역 관리를 철

개미성 하마 무리

저희 하고 암놈들이 큰 동물을 잡을 때 힘에 부치면 즉시 달려가 사냥감을 제어하는 역할을 하니 든든한 보호자이자 파수꾼이라 할 수 있다.

암놈과 수사자가 함께 있는 모습은 흔치 않다고 하는데 마침 한 쌍이 개미성(termite castle) 옆에 나란히 앉아 있어 암수를 비교해 볼 좋은 기회도 있었다. 안타깝게도 밀림의 왕 사자도 서서히 개체 수가 줄어 세렝게티에 약 500마리밖에 남아 있지 않다는 걱정스러운 소식은 밀림의 법칙을 지키지 않는 사람들 때문이라니 부끄럽기 짝이 없다.

몸집이 큰 하마는 강이나 호수에 사는데 피부가 너무 얇아 태양에 노출되는 낮 시간은 늘 물속에서 산다. 얇은 피부가 타는 것을 예방하고 육중한 몸을 지탱하기 위해 물속에 있다가 시원한 밤이 되면 물에서 나와 15km 정도 걸어 다니며 풀을 뜯어 먹고 새벽이 되면 다시 물속으로 돌아가는 초식동물이다.

하마와 크로커다일(crocodile)은 함께 상부상조하며 절대 서로를 해하지 않고 사이 좋게 사는데 만약 실수로 악어가 하마의 새끼를 물어 죽였을 경우 그 악어는 하마의 억센 아구에 씹혀 뼈도 못 추리고 죽어 버린다고 하니 사실은 악어가 꼼짝도 못 하는 것이 아닐까?

만야라 호수 Lake Manyara 국립공원

만야라 호수(Lake Manyara) 국립공원은 아루샤(Arusha)에서 약 80마일(125km) 서쪽에 있으며 비교적 길이 좋아 약 한 시간 반 정도 걸리기 때문에 좀 더 많은 시간을 사파리 게임에(game safari) 할애할 수 있어 관광객들은 이곳과 타랑기리(Tarangire) 국립공원만을 방문하기도 한다.

리프트 계곡(Rift Valley) 속에 자리 잡고 있는 이 공원은 삼분의 이가 호수로 비교적 수심이 얕고 약알카리성을 띠는 소금물 호수여서 많은 철새들의 보금자리로 알려져 있다.

이 국립공원의 넓이는 127평방마일(330km^2)로 끝이 보이지 않는 만야라 호수가 자리잡고 있어 호수를 다 돌아 다닐수 있는 길은 없고 루프(loop)처럼 만들어 놓은 일방통행 같은 길을 따라 정글처럼 우거진 숲속을 들어갔다가 되 돌아 나올수 있게 되어 있으며 물이 많을 때는 이 호수에서 카누(canoe)도 탈 수 있다. 그러나 나는 한 관광객이 아이들과 함께 카누를 탔다가 물속에 있던 하마의 등에 배가 부딪쳐 아이가 물에 빠졌지만 악어가 많아 결국 구하지 못하고 아이를 잃었다는 이야기를 들어 카누는 여행에서 제외해 버렸다.

이곳은 지하수에서 나오는 물이 풍부하여 주위에 티크(teak) 나무를 비롯한 자이안트 피그(giant fig), 마호가니(mahogany) 등의 나무들로 울창한 숲을 이루고 있어 내가 아프리카에 있는지 아니면 아마존 정글(Amazon jungle)에 있는지 분간이 되지 않았다.

세렝게티(Serengeti)나 옹고롱고로(Ngorongoro)와는 완전히 다른 분위기로 빅 세븐과 같은 동물들은 쉽게 만날 수 없지만 홍학(flamingo)을 비롯한 수 백 종의 철새들과 작은 동물을 보는 재미가 쏠쏠한 곳이다.

이곳에 서식하고 있는 사자들은 주로 나무 위에서 사는데 이는 땅에 습기가 많기 때문이기도 하고 모기나 개미 등 벌레를 피해하기 위해서 이기도 하다. 다른 국립 공원에서 서식하는 사자들도 땅이 젖고 모기도 많은 우기에는 나무 위로 올라간다.

헤밍웨이(Hemingway)는 이곳이 아프리카에서 가장 아름다운 곳이라고 찬사를 아끼지 않았다는데 숲이 우거지고 새들이 퍼드덕 날며 이제껏 다니던 곳과는 사뭇 다른 생동감이 느껴져서 그랬나 보다.

언덕 위에서 내려다 보는 만야라 호수는 끝이 보이지 않는데 호수 건너편이 타랑기리국립공원이라 했다. 이름 모를 새들이 울고 검은색의 윌드비스트 떼들

멀리 보이는 만야라 호수

풀을 뜯어먹고 있는 윌드비스트

과 코끼리, 가젤 등을 볼 수 있었고 특히 호수 가까운 지점에는 더 이상 들어가지 마라는 경고문이 있어 다른 루트(route)를 통해 나와야 했다.

공원 밖으로 나오니 몇 주 전에 온 비로 인해 길이 침수되고 큰 바윗덩어리가 길을 막아 겨우 차 한 대가 지날 수 있도록 통로를 만들어 놓았다.

이곳은 마을도 있고 상점도 있어서 구경도 하고 현지인도 만날 수 있는데 특히 에보니(ebony)나 마호가니(mahogany) 나무로 조각한 마사이(Masaai) 사람들과 나무로 된 가면과 구슬로 엮어 만든 장신구들이 매우 독특했다.

특히 원색의 그림이 많이 걸려있는데 그림에 대해 별다른 안목이 없지만 강렬한 느낌이 눈길을 끌었다. 이곳에서는 아루샤에 도착해서 호텔에 든 이후 처음으로 텐트(tent)가 아닌 랏지(lodge)에 들어가 뜨거운 물이 가득 담긴 욕조에 목욕을 하니 진시황제와 양귀비가 목욕했다는 화청지가 부럽지 않다.

도시가 있기 때문인지 전기불도 계속 공급되고 뜨거운 물도 방에서 끓여 마실 수 있으니 이 소소한 일상이 너무 감사하게 생각된다. 그러나 랏지의 하룻밤 숙박비가 $475를 호가 한다니 만만치 않은 비용에 놀랐다.

행복은 작은 데서 찾을 수 있는데 나는 일상 생활에서 너무 큰 욕심을 부리지 않았나 반성해 보는 기회도 되었다.

타랑기리 국립공원
Tarangire national park

이 여행의 마지막 사파리 게임(game safari)을 할 타랑기리(Tarangire) 국립공원은 탄자니아에서는 6번째로 큰 국립공원으로 만야라 호수(Lake Manyara) 국립공원과 인접해 있다.

타랑기리(Tarangire)라는 이름은 이 공원을 가로지르며 흐르는 타랑기리 강의 이름에서 기원된 것으로 이곳에 사는 모든 야생동물들은 건기가 되면 풍성하게 자란 풀을 먹기 위해 이곳으로 모여들어 동물들에게는 파라다이스이자 동물과 식물의 젖줄이다.

만야라 호수(Lake Manyara) 국립공원에 사는 동물들도 건기에는 타랑기리(Tarangire) 국립공원으로 이동했다가 우기가 되면 다시 돌아가고 세렝게티에 사는 동물들도 다른 곳으로 옮겼다가 다시 건기에는 이 강으로 모이기 때문에 우기와 건기 동안 먹이를 찾아 움직이는 동물의 대이동(migration)을 볼 수 있는 곳이기도 하다.

탄자니아에는 약 400만 마리의 윌드비스트(wildebeest)가 살고 매년 약 40만 마리의 새끼가 태어나며 약 8만 마리는 잡아 먹혀 죽는데 그래도 급속도로 번지는 동물이다. 특히 코끼리(elephant)를 비롯한 기린(giraffe), 얼룩말(zebra), 가젤(gazelle), 윌드비스트(wildebeest) 등은 쉽게 볼 수 있고 수 많은 종류의 크고 작은 조류(birds)도 헤아릴 수 없이 많다.

아프리카의 상징이자 이곳 사람들이 신성시하는 바오바브(baobab) 나무는 둘레가 10m 이상 되는 거대한 나무로 이곳의 바오바브나무와 마다가스카(Madagascar)의 바오바브나무와는 모양새가 매우 다르다.

탄자니아의 바오바브나무는 밑동이 크고 아래위 둘레가 비교적 고르며 보통의 나무처럼 굵은 가지 없이 마치 나무를 뿌리째 뽑아 거꾸로 심어 놓은 듯하다. 괴상하게 생긴 바오바브나무에 대한 설명을 열심히 노트에 필기를 하며 경청했는데 차가 너무 많이 흔들린 탓에 무슨 내용인지 알아 볼 수 없을 정도다. 던칸씨가 들려 준 이야기를 떠올리자면, 바오바브나무에 얽힌 전설로 호숫가에 씨가 떨어져 자라게 된 바오바브는 다른 나무들처럼 잎도 크고 푸르고 무성하며 예쁜 꽃도 피우고 있는 줄 알았다가 바람이 없는 어느 날 명경 같은 호수에 비친 자신의 모습을 보고 깜짝 놀랐다.

늙은 코끼리 가죽 같은 나무껍질과 형편 없이 뻗은 나뭇가지, 색깔도 없는 꽃을 보고 너무 실망하여 바오바브는 하나님께 불공평하다고 계속 불만을 터트렸고 하나님은 더 이상 자기의 모습을 보고 불평하지 못하도록 거꾸로 심어 놓았다는 이야기다.

두 번째 전설은 아프리카에는 처음으로 바오바브나무가 생기고 그 다음 야자수가 생겼는데 쭉쭉 뻗은 야자수를 본 바오바브나무는 자신도 야자수처럼 되고 싶다고 하나님께 부탁했다. 또 탐스럽게 붉은 꽃을 피운 나무를 보고는 또 하나님께 부탁하여 키도 크고 예쁜 꽃도 피우게 되었다.

그러던 어느 날 열매가 주렁주렁 매달린 무화과 나무를 보고 바오바브는 또 하나님에게 훌륭한 열매도 열리게 해 달라고 조르기 시작했다. 끝도 없는 바오바브의 부탁에 하나님도 화가 나서 나무를 통째로 뽑아 거꾸로 땅에 박아 바오바브나무는 더 이상 세상을 볼 수 없을 뿐만 아니라 아무런 요구도 할 수 없게 되었다.

세 번째 전설은 하늘에서 거꾸로 떨어져서 그렇게 되었다는 박장대소할 이야기다. 그들 사이에서는 바오바브 꽃을 따는 사람은 사자에게 잡아 먹힌다거나 바오바브나무 열매가 떨어진 강이나 호수의 물을 마신 사람은 절대 악어에게

누렁이 개와 같이 생긴 암 사자(위) / 타랑기리 강(아래)

물려 죽지 않다는 이야기가 그들 사이에 전설로 전해지고 있단다.

좀 어이없는 이야기지만 바오바브의 신비로운 모습처럼 현실성이 먼 이야기들로 가득해서 재밌다. 이곳에서 만난 암사자 중에 목걸이를 한 놈은 공원관리국에서 매어 놓은 것으로 연구 관찰을 위해서인지 다른 야생동물의 생태를 관찰하기 위해서인지는 알 수 없지만 금세 사냥한 동물을 뜯어 먹고 있지 않았다면 평범한 개 목걸이를 한 누렁이로 착각 했을 뻔했다.

아프리카 여행을 하면서 만난 사람들은 문명의 이기를 부러워하지 않았다. 다만 자연의 흐름에 순종하고 호합하며 순수한 삶을 살아가고 있었다. 탄자니아의 멀고도 험한 이번 여행은 나에게 많은 것을 생각하게 했고 내가 잊고 있었던 나의 과거를 일깨워 주었을 뿐 아니라 함께하는 세상의 일원으로 어떻게 살아야 하는지 고민하게 만들었다.

이른 새벽 요란하게 울리는 자명종 소리에 시작되는 일과 속에서 과연 얼마나 나 자신에게 충실했으며 진정 타인을 배려하는 마음을 가졌는지 자문해 보았다. 옆을 살피지 않고 너무 앞만 바라보며 달려온 것은 아닌지 이제는 순리에 따라 좀 내려놓는 삶도 괜찮을 것 같다.

석양이 만야라호수 위로 붉게 타오르듯 작은 새들은 하늘 높이 날아올라 검은 별이 된다. 내일이면 이 아름다운 사람들과 헤어져 나의 삶으로 돌아가야 한다. 나는 지금도 종종 꿈을 꾼다. 평화롭지만 긴장감이 팽팽한 세렝게티 평야, 하늘 높이 펄쩍 뛰는 마사이족들, 초원을 달리며 잡아먹고 먹히는 야생 동물들 그리고 모든 것을 감싸 안은 자연의 위대함을 일깨워 본다.

여행에 미친 닥터부부 ❸

1판 1쇄 인쇄 | 2018년 6월 10일   **1판 1쇄 발행** | 2018년 6월 15일

엮은이 | 이하성 · 이형숙   **펴낸이** | 윤다시   **펴낸곳** | 도서출판 예가
주소 | 서울시 영등포구 영신로 45길 2   **전화** | 02)2633-5462   **팩스** | 02)2633-5463
이메일 | yegabook@hanmail.net   **블로그** | http://blog.daum.net/yegabook
등록번호 | 제 8-216호

ISBN | 978-89-7567-597-3   13980

※ 잘못된 책은 바꿔드립니다.
※ 인지는 저자와의 합의하에 생략합니다.
※ 가격은 표지 뒷면에 있습니다.